W0359934

Aus dem Inhalt

Vorwort

Kein Mensch lebt heute in einem Land unter Menschen mit nur einer Kultur und Religion. Also sind wir alle gefordert, das Fremde, den anderen Menschen mit seinem Glauben und seinen Sitten wahrzunehmen und zu tolerieren. Niemand kann heute noch den Anspruch erheben, daß seine eigene Kultur, seine Religion die einzig wahre sei. *„Sorgfältig muß die Selbsterziehung darüber wachen, daß nichts mehr in der Seele sitzt, was der einen Religion den Vorzug geben könnte vor der anderen.“* (Rudolf Steiner, GA 138/1959/26.08.1912/S. 36)

Aber – wie ist die Realität derzeit? Brennende dänische Fahnen, aufgeputschte Volksmassen, Beleidigung einer Religion durch Karikaturen, Folter und ein völkerrechtswidriger Krieg im Namen der Demokratie, Staatsterror hier, terroristische Anschläge dort, Messerstechereien an Berliner Hauptschulen, Gewalt gegenüber Ausländern in vielen Gegenden Deutschlands – ist das die Welt, die wir uns wünschen? Sieht so eine Welt aus, in der wir einander mit Respekt und Toleranz begegnen?

Weltweit, in unserem Land, in unserer Nachbarschaft und vielleicht sogar in uns selbst droht die Stimmung derzeit zu kippen. Vorurteile, unreflektierte Meinungsbilder – oft von den Medien vereinseitigt – schieben sich in unsere Vorstellungen und trüben den unvoreingenommenen Blick auf den anderen Menschen, die andere Kultur, die andere Religion.

Die meisten glauben – um mit Lessings *„Nathan der Weise“* zu sprechen –, daß sie den wahren Ring besitzen, dem die Kraft innewohnt, beliebt zu machen; aber – siehe da – *„jeder liebt sich selber nur am meisten“* und erkennt nicht mehr, daß die eigene Religion und die eigene Kultur keineswegs höhergestellt sind als die anderen.

Wir möchten deshalb mit diesem Buch einen Beitrag zum Kulturdialog leisten.

Wiederum haben wir viele Fachleute befragt, die über die Hintergründe des Karikaturenstreits und des weltweiten Terrorismus berichten, über die gegenseitigen Vorurteile im Westen und in islamischen Ländern und über den politischen Islam. Wir werfen einen Blick auf die muslimische Welt, vor allem auf die Situation der Beduinen auf dem Sinai; und wir schauen auf Berlin, speziell auf die Integrationsprobleme in Stadtteilen wie Neukölln und auf den Widerstand gegen den Bau einer Moschee in Pankow. Außerdem beleuchten wir die Familienstrukturen konservativer kurdischer und türkischer Familien und die daraus entstehenden Integrationsprobleme der Migranten. Ferner berichten wir von einer Reise zu den Tuareg nach Niger.

„So wenig wie jemand, der eine Pflanze betrachtet und der Blüte den Vorzug vor der Wurzel gibt, sich ein objektives Urteil über den ganzen Bau der Pflanze schaffen kann, so wenig kann derjenige ein richtiges Urteil gewinnen, der die Religionen nicht in völlig gleicher Unbefangenheit betrachten kann.“ (Steiner, ebd.)

Bilderkampf

Interview mit Freimut Duve

von Wolfgang Weirauch

Freimut Duve, *geb. am 26. November 1936 in Würzburg, aufgewachsen in Hamburg; verheiratet, drei Kinder. Waldorfschule in Hamburg, 1956 Abitur an der Waldorfschule in Stuttgart. Studium in Hamburg: Geschichte (Schwerpunkt Überseegeschichte), Anglistik und Soziologie. 1959/1960 Vertreter einer deutschen Flugreisegesellschaft in Nordafrika. 1961 Forschungsaufenthalt zum Studium britischer Kolonialgeschichte in Südafrika und Simbabwe. Während des Studiums journalistische Tätigkeit. Seit 1962 Mitaufbau der Deutsch-Kurse für Gastarbeiter (vhs). 1965 hauptamtlicher Betreuer für ausländische Studenten an der Universität Hamburg. 1966 bis 1969 Persönlicher Referent des Hamburger Wirtschaftssenators. 1969/1970 politischer Redakteur beim Stern. 1970 bis 1989 Lektor im Rowohlt Verlag und Herausgeber der politischen Buchreihe rororo-aktuell. 1975 Gründung der Vierteljahresschrift „Technologie und*

Politik". 1990 bis 1992 Herausgeber der Reihe „Luchterhand Essay". 1975 bis 1980 Mitglied des Rundfunkrates des NDR. Mitglied der IG Druck und Papier. Mehrere Vortragsreisen in die USA, in arabische Länder, in Afrika und in Mexiko. 1966 Mitglied der SPD; 1974 bis 1989 Mitglied des Hamburger Landesvorstandes. Mitglied des Bundestages von 1980 bis 1998. Von 1998 bis Dezember 2003 erster Beauftragter für die Freiheit der Medien der OSZE (Organisation für Sicherheit und Zusammenarbeit in Europa) mit Sitz in Wien.

Veröffentlichungen:

- *1965: Kap ohne Hoffnung oder die Politik der Apartheid (Hrsg.)*
- *1968: Die Restauration entläßt ihre Kinder (Hrsg.)*
- *1970: Der Rassenkrieg findet nicht statt. Entwicklungspolitik zwischen Angst und Armut*
- *1986: Aufbrüche (Hrsg.)*
- *1994: Vom Krieg in der Seele*

Der Karikaturenstreit hat in den ersten Monaten dieses Jahres (2006) zu erheblichen Differenzen, Aufwallungen und Gewalttaten geführt. Auf der einen Seite stehen die westlichen Menschenrechte wie z.B. die Pressefreiheit, aber auch die bewußte Provokation der Muslime durch eine rechte dänische Zeitung, auf der anderen Seite stehen der Volkszorn über das nichtbeachtete Abbildungsverbot Mohammeds, bewußt geschürte Massendemonstrationen in einigen arabischen Ländern und Gewalttaten.

Und auf beiden Seiten – im Westen wie auch in der muslimischen Welt – scheint es so, als würde man nur noch zu Vorurteilen über die jeweilig andere Seite fähig sein, immer öfter redet man den Kampf der Kulturen herbei, statt auf nüchternen und fruchtbaren Kulturdialog zu setzen.

Ähnliches spielt sich bei der Integration von Ausländern in Deutschland ab. Die Probleme an der Rütli-Schule haben die Augen der Öffentlichkeit schlagartig für verschiedene Konfliktpotentiale in unserem Land geöffnet, die nach Lösungen schreien, wenn man auf Zukunft gesehen gewaltsame Auseinandersetzungen vermeiden will.

Freimut Duve zeigt durch seinen jahrzehntelangen Einsatz in vielfältigen kulturellen und politischen Bereichen und Einrichtungen, wie man vorbildlich Kulturdialog bewerkstelligen kann, z.B. durch „Deutsch für Ausländer" – ein Begriff, den er selbst geprägt und dessen Inhalt er lange Zeit in die Praxis umgesetzt hat.

Lesen Sie in diesem einführenden Interview auch, welche Rolle die Medien und die Technologie im weltweiten Bilderkampf und bei der derzeitigen Integrationsfrage von Ausländern spielen und welche Position Freimut Duve zu der Familie von Hatun Sürücü einnimmt, dessen jüngstes Familienmitglied bislang als einziger für den Ehrenmord an seiner Schwester verurteilt worden ist. Und lesen Sie, wie wir zu gemeinsamen Werten finden können.

Wolfgang Weirauch: Sie haben früher in vielerlei Form Gespräche mit Ausländern geführt. Können Sie einmal schildern, in welcher Weise Sie sich um Ausländer gekümmert haben?

Freimut Duve: Anfang der 60er Jahre war ich Beauftragter der Hamburger Universität für die ausländischen Studenten. Im Zuge dessen beriet ich junge Leute aus der Türkei, aus Asien, Afrika oder Südamerika. Alle waren junge Menschen mit Abitur, und ich beriet sie auch bei der Auswahl der Studienfächer. Der Rektor, dem ich damals unterstellt war, trug diese Arbeit sehr engagiert mit. Im Laufe der Jahre ist aus dieser ersten Initiative sehr viel entstanden.

Deutsch für Ausländer

Etwa ab dem Jahre 1965 kümmerte ich mich zusätzlich um die damals so genannten *Gastarbeiter*, die zuerst ohne ihre Frauen nach Deutschland kamen und in Hamburg z.B. in alten Eisenbahnwaggons untergebracht wurden. Sie arbeiteten den ganzen Tag, aber niemand dachte daran, daß sie auch Deutsch lernen mußten. Deshalb begann ich mit meiner damaligen Frau Sprachkurse für Ausländer zu geben, die ich „Deutsch für Ausländer“ nannte – eine Begriffsschöpfung, auf die ich stolz bin und die von mir stammt. Für diese Kurse waren wir zu Gast im neuen „Haus der Jugend“ am Hauptbahnhof. Die Arbeiter kamen am Sonnabend nach der Arbeit etwa ab 14 Uhr zu uns. In der ersten Zeit – auch darauf bin ich wirklich stolz – haben wir von 14 bis 20 Uhr kostenlos Deutschkurse für diese erwachsenen Schüler gegeben. Es waren viele Gruppen, mit denen wir meist zwei Stunden arbeiteten; Menschen aus den verschiedensten Ländern, u.a. auch die ersten türkischen Gastarbeiter – mit einigen bin ich heute noch befreundet.

Damals interessierte sich wirklich niemand für die Sprachkenntnisse der Ausländer. Wenn sie Deutsch lernen wollten, hätten sie teure Sprachkurse buchen müssen, für die sie aber kein Geld hatten. Im zweiten oder dritten Jahr wurde die Volkshochschule auf meine Kurse aufmerksam, übernahm sie in ihre Regie, und ich bekam dafür dann auch ein Honorar.

W.W.: Das ist ja eine gelungene Integration in frühen Jahren. Wurden Sie seitens mancher Deutscher wegen Ihres Engagements für die Gastarbeiter angegriffen?

F. Duve: Eigentlich nicht, höchstens ein wenig kokett belächelt, aber das gehört zum Leben dazu.

Verantwortung für die Wertelemente anderer

W.W.: Der Karikaturenstreit, die Integration und der Prozeß gegen die Mörder von Hatun Sürücü bewegen derzeit die Gemüter vieler Menschen. Beginnen wir einmal mit dem Karikaturenstreit: Trifft die Redakteure der *Jyllands-Posten* eine Mitschuld an diesem Streit? Hätte die Pressefreiheit vor der Beleidigung einer Religion haltmachen müssen?

F. Duve: Zur Pressefreiheit gehört in gewisser Weise auch Verantwortung. Insofern hat man auch für andere Religionen und deren Wertelemente eine Verantwortung. Andererseits darf der Karikaturist seine Pressefreiheit nutzen, und von seiten des Staates darf man an dieser Stelle nicht intervenieren. Der Karikaturist kann natürlich seine Karikaturen entwerfen, aber seitens der Redaktion hätte man ihn vielleicht anders beraten können, man hätte ihn auch bitten können, die Zeichnung zu verändern, die Aussage aber trotzdem deutlich stehenzulassen. Die unmittelbare Mohammed-Bebilderung hätte vermieden werden können.

© Axel ‚Luckson' Ludwig for Public Domain

Der Kabarettist Dieter Hildebrandt während einer Lesung

W.W.: Sie würden also nicht so weit gehen, wie Dieter Hildebrandt es einmal in einem Interview ausgesprochen hat: daß in einer Karikatur jeglicher Tabubruch möglich sein müsse?

F. Duve: Verbieten darf man es nicht, aber Tabubruch ist die eine Seite, Verantwortung die andere. Man sollte sich jedoch in der Redaktion zusammensetzen und das Vorgehen besprechen; und wenn man sich dann zu einem Tabubruch durchringt, muß man natürlich mit eventuellen Konsequenzen rechnen.

Ideologischer Mißbrauch

W.W.: Auf der anderen Seite wurden die Karikaturen in verschiedenen arabischen Ländern für ideologische Zwecke mißbraucht.

F. Duve: Das ist wesentlich dramatischer: Die Karikaturen wurden nicht von der religiösen Seite, sondern mittels halbkrimineller Aufputschung und durch islamistisch geprägte Medien hochgespielt. Daraus wurde eine politische Propaganda – scheinbar religiös geprägt –, die aber überhaupt nichts mit Religion zu tun hat. Auf der einen Seite müssen wir also eine Taktlosigkeit konstatieren, auf der anderen aber eine wesentlich dramatischere Propaganda. Ich könnte es verstehen, wenn man in der Moschee zornig gegen die Karikaturen predigt; aber die daraus entstandene weltweite islamistisch geprägte Medienpropaganda lehne ich scharf ab. Das ist eine geradezu propagandistische Medienmaschinerie, gestützt auf Medien, die man aus dem Westen übernommen hat. Diese Propaganda hat nichts mit Mohammed und dem Islam zu tun, sondern man stützt sich auf Medienpropaganda, ähnlich wie es Goebbels oder später die Serben gemacht hatten, um damit politische Zwecke durchzusetzen.

Der Reduktionismus der Begriffe

W.W.: Man hat den Eindruck, daß durch den Gebrauch der Medien – sowohl in der arabischen Welt als auch im Westen – ein verzerrtes Bild der jeweils anderen Seite vermittelt wird. Welche Einseitigkeiten in der Darstellung des Islam bzw. verschiedener arabischer Länder stellen Sie in westlichen Medien fest?

F. Duve: Überall haben wir eine *Verbilderung* der öffentlichen Debatte, die ja eigentlich keine Debatte mehr ist. Es ist kaum noch eine Wortdebatte, sondern ein Bilderkampf. Innerhalb dieser Bebilderung spielt es eine große Rolle, wie *der Islam* dargestellt wird. Der Islam ist heutzutage aber weit gefächert. Es gibt den Koran als Buch, es gibt eine islamische Religion, die im 7. Jahrhundert unter ganz bestimmten Bedingungen eines beduinischen Volkes entstanden ist, und alle Ausprägungen, die daraus bis heute entstanden sind. Diese Religion wurde entwickelt, lange bevor das Öl entdeckt wurde. Im 7. Jahrhundert gab es bestimmte Formen der Härte, die auch in die Religionsgesetze mit übernommen wurden, ähnlich wie es im Katholizismus mit der Inquisition oder den Kreuzzügen der Fall war. Viele Islamisten nötigen den Islam, indem sie ihn als kompaktes Religions- und Weltbild für ihre einseitigen Zwecke mißbrauchen, ohne aber alle Muslime, die verschiedensten islamischen Länder und die unterschiedlichsten islamischen Ausprägungen wirklich zu repräsentieren.

Genauso einseitig ist es, wenn man im Westen von „dem Islam" spricht, sobald ein Islamist den Islam für seine Zwecke mißbraucht. Wenn wir genau nach Pakistan, Indonesien oder auch in die verschiedenen Länder des Nahen Ostens schauen, so gibt es kein kompaktes Bild des Islam. Diese Reaktion des Westens auf den Islam und die Verkleinerung der Begriffe habe ich schon während des Balkankrieges erlebt. Auf seiten vieler westlicher Medien war es „der Islam", der gegen die Serben bzw. die orthodoxen Christen anging – aber diese dualistische Sichtweise entsprach einfach nicht der Wirklichkeit, und man hätte sich wesentlich besser informieren können. Die religiöse, soziale und kulturelle Realität in Bosnien war eine ganz andere. In allen muslimischen Ländern gibt es Menschen, die in erster Linie Ärzte, Lehrer oder Kaufleute sind und nicht Muslime.

Der Reduktionismus globalisierter Begrifflichkeiten ist dasjenige, was ich am gefährlichsten finde. Man muß genau hinschauen, und die Wahrheit wird man nur in der konkreten Wirklichkeit erkennen, nicht aber durch den Gebrauch von oberflächlichen und reduktionistischen Begriffen. Es gibt eben nicht „das Christentum", „das Judentum" und „den Islam". Die Wissenschaft mag solche übergreifenden Begriffe benötigen, aber so etwas in die Politik zu übertragen – und vor allem in die Publizistik – ist höchst gefährlich.

W.W.: Inwieweit wird in vielen arabischen Medien ein verzerrtes Bild vom Westen dargestellt?

F. Duve: Im Grunde sind es westliche Medien, denn sie sind ja nicht aus ägyptischer oder iranischer Kultur entstanden. Das uralte arabisch-islamische Bilderverbot würde es ja eigentlich verbieten, Bilderkämpfe zu inszenieren. Und so verwendet man in der arabischen Welt in den Medien uralte Muster – ähnlich wie auch im Nahen Osten –, indem man behauptet,

Unterlegt: Entstehung des Symbols für den Islam (Folgeseite) aus den Symbolen für Judentum, Christentum und dem umfassenden islamischen Mond.

der Westen und Israel als Ganzes würden bestimmte Dinge tun. Je stärker man das medial inszeniert, desto folgenschwerer ist die Wirklichkeitsveränderung. Irgendwann hat diese einseitige Propaganda Erfolg. Goebbels hat damals mit Hilfe des Radios ohne irgendeine inhaltliche Begründung einen Wortrassismus verbreitet, der lediglich auf einigen unsinnigen Ideen des Germanentums usw. basierte – aber mit einem Male wurde daraus eine weltweite politische gewaltorganisierende Bewegung.

Zwei Fragen an die türkische Gesellschaft

W.W.: Die türkischen Zeitungen haben bis in die 80er Jahre ein durchaus positives Bild von Deutschland dargestellt. Warum änderte sich das in den Jahren danach bis heute?

F. Duve: Als Mitglied des Bundestages war ich mehrere Male in der Türkei. Mich interessierte immer das europäisch-türkische Verhältnis, und dabei vor allem zwei Fragen. Die eine war, inwieweit die türkischen Medien akzeptieren konnten, daß es eine Geschichte kurdischer Herkunft und Sprache gibt. Ich war auch einige Male in den kurdischen Gebieten der Ost-Türkei und glaube, daß es mir und einigen anderen europäischen Kollegen gelungen ist, die Kollegen in Ankara ein bißchen davon zu überzeugen, daß sie die kurdische Sprache akzeptieren müssen. Die Worte Kurde oder Kurdistan waren in der Türkei verboten. Das war eine unerträgliche Radikalisierung und Vereinseitigung des türkischen Geschichtsbewußtseins.

Die zweite Frage betraf den Völkermord an den Armeniern im Jahre 1915. Ich hielt einige Vorträge an der Universität in Istanbul und machte diese Frage immer wieder zum Thema. Wenn ich in anderen Ländern über die Verbrechen dieser Staaten spreche, dann erwähne ich immer die Herausforderung, die für einen Deutschen die Beschäftigung mit den „eigenen" Nazi-Verbrechen darstellt. Aber in der Armenien-Frage – und das ist mein Vorwurf an die türkischen Medien – waren wir niemals erfolgreich. In den türkischen Medien wird die armenische Frage bis heute vollkommen verschwiegen, und an dem türkischen Schriftsteller Pamuk kann man erkennen, welchen Mutes es bedarf, diese Frage in der Türkei anzusprechen.

W.W.: In den türkischen Zeitungen kann man eine Art Doubletalk feststellen. Die in Deutschland erscheinende türkische Presse ist wesentlich deutschfeindlicher als die gleichen Blätter in der Türkei. Haben Sie eine Erklärung dafür, warum für die 2,5 Mio. Türken in Deutschland von vielen türkischen Medien ein so negatives Bild von Deutschland vermittelt wird?

F. Duve: Dazu kann ich nicht allzu viel sagen, da ich mich in der letzten Zeit nicht mit dieser Materie befaßt habe. Aber ich halte dieses deutschfeindliche Bild für skandalös, vor allem die schon angesprochene Simplifizierung der Begriffe, wie z.B. „die Türken" und „die Deutschen". Solche reduktionistischen Begriffe verzerren die Wirklichkeit. Diese in Deutschland erscheinenden türkischen Zeitungen führen auch zu einer Binnenradikalisierung der in Deutschland lebenden Türken oder Deutsch-Türken. Das ist eine Art Diaspora-Effekt.

Christliche Werte?

W.W.: Familienministerin von der Leyen hat jüngst davon gesprochen, daß unsere westliche Gesellschaft auf christlichen Werten aufgebaut sei. Würde Ihnen spontan ein christlicher Wert einfallen?

F. Duve: Da bin ich sehr zurückhaltend.

W.W.: Mir würde auch kein christlicher Wert einfallen.

F. Duve: Die Wertvorstellungen des Westens basieren meist auf den Menschenrechten, die über die Jahrhunderte entwickelt und erkämpft worden sind, einige kommen aus den großen alten Kulturen; auf jeden Fall kommen sie nicht aus Schleswig-Holstein oder der Elbmarsch. Wenn man sich anschaut, welche Werte aus der Antike oder aus dem islamischen Bereich zu uns gekommen sind, und wenn man sich gleichzeitig vergegenwärtigt, auf welche Weise die Juden von den Muslimen geschützt wurden – z.B. als sie aus Spanien von den Christen vertrieben wurden –, dann sollte man in der Darstellung rein christlicher Werte sehr vorsichtig sein.

Integration in einen Wertekanon

W.W.: Kann man Integration überhaupt auf christlichen Werten aufbauen, oder macht man damit einen Staat wie Deutschland zu einem Gottesstaat mit christlichen Vorzeichen?

F. Duve: Ich würde davor warnen, denn wir haben eine ganz klare Verfassung. Das Gemeinsame aller in Deutschland lebender Bürger ist die

Verfassung – und hier bin ich im Grunde sehr streng mit den ausländischen wie mit den eigenen Bürgern –, also Bürgerrecht und Bürgerpflicht. Unsere Verfassung hat ja eine sehr lange Leidensgeschichte, aber was letztendlich im Sinne von Freiheit, Gleichheit und Verantwortung in den einzelnen Artikeln seinen Niederschlag gefunden hat, ist der Wertekanon, auf den wir uns berufen müssen. Und hier spielt die Religionsfreiheit eine Rolle, aber nicht eine bestimmte Religion unter vielen.

W.W.: Wenn Integration beidseitig gelingen soll, was muß dann geleistet werden – zuerst einmal auf seiten Deutschlands? Müssen wir konstatieren, daß wir ein Einwanderungsland sind?

F. Duve: Das müssen wir mit Sicherheit, weil wir es immer waren. Deutschlands Größe über die Jahrhunderte war, daß wir ein Durchwanderungs-, ein Einwanderungs- und ein Auswanderungsland waren. Allein hier in Hamburg haben wir seit über 100 Jahren auch schwarze Mitbürger. Die Wirklichkeit in Deutschland war auf der einen Seite die Kleinheit der Verwaltung im Kaiserreich und danach, auf der anderen Seite, eine Vielfalt von Einwanderern, z.B. aus Polen, später aus der Türkei usw. Und diese Einwanderer müssen wir mit unseren Bürgerrechten und unserer Sprachkultur auf der Basis unserer gemeinsamen Werte verbinden.

Integrationshemmnisse durch technologische Errungenschaften

W.W.: Welche Wirkung hat es auf die sogenannten Gastarbeiter, wenn sie jahrzehntelang so bezeichnet werden?

F. Duve: Ich habe diesen Begriff ab einem bestimmten Zeitpunkt radikal abgelehnt. Darüber hinaus geht es auch nicht, daß man Menschen in der zweiten oder dritten Generation „Deutsche türkischer Herkunft" nennt. Es sind schließlich deutsche Bürger. Aber wir alle, die wir uns vor Jahrzehnten für die sogenannten Gastarbeiter engagiert haben, haben nicht mit den drei gewaltigen Veränderungen gerechnet, die die Assimilation von technisch-technologischer Seite erschwert haben.

W.W.: Woran denken Sie dabei?

F. Duve: Das billige Fliegen, das billige Telefonieren und das Fernsehen. Diese technologischen Errungenschaften, die mit fremdländischer Kultur nichts zu tun haben, brachten die eigentliche Veränderung bei der Integration von Ausländern in Deutschland mit sich. Als türkischer Einwanderer kann ich z.B. relativ problemlos und billig Kontakt zu meinen türkischen Verwand-

Karte der Türkei, aus CIA World Factbook GIF

ten in Anatolien aufnehmen, weil diese auch Telefon haben. Wenn jemand aus der in der Türkei lebenden Familie krank wird, dann schickt man eben den Sohn mit einem Billigflug in die Türkei, oder man fliegt selbst hin. Und viele Türken legen sich jeden Monat etwas Geld zurück, mit dem sie dann nach der Rente ein Haus in der Türkei kaufen. Also: Sie gehen zurück.

So etwas konnten z.B. die Polen im Ruhrgebiet vor fast 150 Jahren überhaupt nicht machen. Im besten Falle besuchten sie noch ein- oder zweimal in ihrem Leben ihre Heimat, denn damals gab es keine Autos, und man hatte kein Geld. Wir haben heute also eine vollkommen andere Weltverbundenheit und ganz andere Formen der Ein- und Auswanderung. Das ist eine neue kulturelle Herausforderung. Als Türke kann man heute in Deutschland problemlos türkisches Fernsehen schauen, in türkischen Läden einkaufen, und man braucht sich eigentlich nicht in Deutschland zu integrieren. Aber genau das ist das Problem! Und insofern spielt das gemeinsame Bürgerrecht eine herausragende Rolle, und man darf nicht mit ihm herumspielen.

Integrationsbereitschaft im Einzelfall prüfen

W.W.: Was kann man von den Ausländern bei der Integration zusätzlich zu der Akzeptanz unseres Rechtswesens erwarten?

F. Duve: Man kann von ihnen erwarten, daß sie sich als Bürger in die bürgerlichen Rechte und Pflichten einleben, was aber viele Deutsche mittlerweile auch nicht mehr tun. Von allen Ausländern, die mittlerweile

Deutsche geworden sind oder auch noch als Gäste bei uns leben, muß man erwarten können, daß sie unsere Bürgerrechte akzeptieren. Die meisten tun das auch. Viele dieser Menschen möchten sich in Deutschland integrieren, aber dann geschieht es z.B., daß ein „Deutscher türkischer Herkunft" einen Schrebergarten mieten möchte, er bekommt auch einen zugesprochen, aber dann heißt es leider auf deutscher Seite oft, daß sie in ihren Reihen keinen „Türken" haben wollen. Das ist ein Skandal, und dadurch radikalisiert sich der „Deutsche türkischer Herkunft". Dadurch entsteht gegenseitiges negatives Hochschaukeln.

W.W.: Stoiber hat neulich gefordert, daß diejenigen Ausländer, die sich nicht integrieren würden, das Land verlassen müßten. Sind solche Forderungen berechtigt und realistisch?

F. Duve: Wer sich nicht integrieren will, verstößt gegebenenfalls gegen bestimmte Gesetze und muß dann mit entsprechenden strafrechtlichen Konsequenzen rechnen. Aber gerade dann, wenn Ausländer Deutsche geworden sind, kann man nicht mit Schlagworten aufwarten, daß sie „abhauen" sollen, sondern sie müssen wie alle anderen Bürger auch die Regeln befolgen, die in Deutschland gelten.

W.W.: Eine realistische Forderung ist es, daß alle Schulkinder einigermaßen Deutsch beherrschen, wenn sie die Schule besuchen wollen. Wenn aber das Erlernen der deutschen Sprache verweigert wird, wie geht man dann mit diesen Menschen um?

F. Duve: Das ist eine schwierige Frage. Auf jeden Fall bin ich der Meinung, daß alle Kinder Deutsch sprechen müßten, und zwar zugunsten der Kinder, aber auch zugunsten unserer Gemeinsamkeit im Land. Wenn eine Familie, die noch keine deutschen Pässe hat, erklärt, daß sie in Deutschland nur Geld verdienen, nicht aber die deutsche Sprache erlernen wolle, dann eröffnet sich hier ein Grenzbereich, in dem das Aufenthaltsrecht genauer geprüft werden sollte. Aber die Integrationsbereitschaft sollte wirklich im Einzelfall geprüft und nicht pauschal beantwortet werden.

W.W.: Liegt die Verweigerung der westlichen Gesellschaft bei vielen Ausländern nicht vorwiegend daran, daß sehr viele der ausländischen Jugendlichen überhaupt keine berufliche Perspektive haben?

F. Duve: Das ist ein großes Problem, dessen Auswirkungen wir momentan gerade sehr stark in Frankreich erleben. Dort gibt es sehr viele Menschen, die fließend Französisch sprechen und auch gut schreiben können, mit denen die Integrationsbemühungen eigentlich gut gelaufen sind, die aber dann doch plötzlich feststellen, daß sie eigentlich Afrikaner geblieben sind und von den Franzosen auch so behandelt werden. Ich habe schon vor längerer Zeit mit Ivan Illich darauf hingewiesen, daß wir auf eine strukturelle Arbeitslosigkeit bestimmter Menschenkreise zulaufen, und um diese Menschen muß man sich bemühen. Das ist ein kultureller Auftrag. Man sollte hier vielleicht an eine Art Grundeinkommen denken, so daß man aus dem Schema herauskommt, daß man seine Identifikation ausschließlich über den Arbeitsplatz definiert.

Verfassungskultur

W.W.: Was war an der Multikulti-Politik blauäugig, und inwiefern ist diese Politik gescheitert?

F. Duve: Ich kann diesen Begriff eigentlich gar nicht akzeptieren. Ich habe zwar immer für einen kulturellen Respekt geworben; über alldem steht aber die Bürgerpflicht. Wenn jemand z.B. sagen würde, daß seine Kultur ihm vorschreibe, daß er über seine Frau herrschen solle, dann darf kein Multikulti gelten, denn dann verstößt er gegen unsere Grundrechte. Multikulti muß also auch heißen: Akzeptanz der gemeinsamen Bürgerrechte und Bürgerpflichten. In den USA schwört man auf die Fahne – wir dagegen müssen unser Grundgesetz stärker in den Vordergrund tragen. Wir müssen es nicht heiligsprechen, aber wir sollten deutlicher betonen, daß dieses Grundgesetz die Basis ist, auf der wir alle miteinander leben. Das ist unsere Verfassungskultur.

Männerherrschaft

W.W.: Inwieweit ist die Unterdrückung der Frau in islamischen bzw. arabischen Ländern religionsbedingt, inwieweit liegen ihr alte Traditionen bzw. Männerherrschaft zugrunde?

F. Duve: Dabei handelt es sich eindeutig um Männerherrschaft. Wenn man Elemente des 7. Jahrhunderts in die moderne Welt hinübernimmt, dann ist das ein Mißbrauch der Religionsgeschichte. In der damaligen beduinischen Gesellschaft wurde die Frau hoch geachtet. Und auch heute ist es noch so in Beduinen-Familien, daß Mann und Frau absolut souverän behandelt werden. Jegliche Diskriminierung der Frau, die man in arabischen Ländern finden kann, ist absolute Männerdominanz schlimmster Prägung. Mir hat es gereicht, als ich einst reiche Saudis in Paris sah, die dort mit ihren Privatflugzeugen gelandet waren. Die Frauen mußten hinter ihnen gehen, während die Männer selbst in flotter Kleidung herumliefen und mit anderen europäischen Frauen versuchten zu flirten. Man braucht dies nur einmal gesehen zu haben, um zu erkennen, welche Brutalität hinter diesem ganzen Gehabe steht.

W.W.: Wie beurteilen Sie den Prozeß des Ehrenmordes an Hatun Sürücü und den Freispruch der Brüder? Müßten nicht alle individuell bestraft werden?

F. Duve: Dabei handelt es sich um uralte Familienmuster, die es vor Jahrhunderten in ähnlicher Form auch in Europa gab. Diese Art der Familienheroisierung führt zur Gewalt.

Im Falle des Mordes an Hatun Sürücü ist die gesamte Familie, nach meiner bisherigen Beurteilung, eine Mordplanungsgruppe, und alle, auch die Eltern, müßten einzeln vor Gericht erscheinen. Dann müßte recherchiert werden, wie dieser Mordauftrag zustande gekommen ist. Wenn eine Mörderbande plant, daß einer von ihnen ein Opfer erschießt, dann ist jeder dieser Bande in irgendeiner Form mitbeteiligt. Und ähnlich scheint mir dieser Fall zu sein.

W.W.: Wie stehen Sie zum Kopftuch der Frau? Ist es ein religiöses Symbol oder ein Zeichen der Unterdrückung der Frau? Ist es in Ordnung, daß in den meisten Bundesländern die religiösen Symbole aus der Schule verschwinden und eine muslimische Lehrerin ohne Kopftuch unterrichten muß?

F. Duve: Die Kopfverschleierung lehne ich ab, das Kopftuch dagegen nicht. Das Kopftuch bietet für viele Frauen die Chance, daß sie die Kosten des Modewettlaufs durch Haarstyling usw. ziemlich reduzieren können. Wenn sie mit Selbstbewußtsein in alter Tradition ein Kopftuch tragen, so ist das m.E. in Ordnung. Auch in bezug auf muslimische Lehrerinnen in der Schule bin ich nicht so streng. Ich würde das den einzelnen Schulen selbst überlassen und es ist nicht zum Gesetz machen.

Am Anfang steht die Selbstkritik

Interview mit Udo Steinbach

von Wolfgang Weirauch

Prof. Dr. Udo Steinbach, *geb. 1943 in Pethau/Zittau. 1949 Einschulung in Cunewalde bei Bautzen. 1954 Übersiedlung in die Bundesrepublik Deutschland. 1956—1963 Besuch des humanistischen Görres-Gymnasiums in Düsseldorf, 1963 Abitur, 1963-1965 Wehrdienst. 1965—1970 Studium der Islamkunde und Klassischen Philologie an den Universitäten Freiburg i Br. und Basel, 1970 Promotion zum Dr.phil.*

1971—1975 Leiter des Nahostreferats bei der Stiftung Wissenschaft und Politik in Ebenhausen/Isar, einem Forschungsinstitut der Bundesregierung, 1975 Leiter der türkischen Redaktion der Deutschen Welle. Seit 1976 Direktor des Deutschen Orient-Instituts, Hamburg, des einzigen nichtuniversitären Forschungsinstituts in der Bundesrepublik Deutschland, das sich mit wirtschaftlichen, politischen und sozialen Problemen des modernen Nahen und Mittleren Ostens befaßt, Herausgeber von „Orient" (Deut-

sche Zeitschrift für Politik und Wirtschaft des Orients), „Schriftenreihe des Deutschen Orient-Instituts" sowie „Mitteilungen des Deutschen Orient-Instituts". Langjähriger Vorsitzender der Deutschen Arbeitsgemeinschaft Vorderer Orient für gegenwartsbezogene Forschung und Dokumentation (DAVO). Berater- und Gutachtertätigkeit für zahlreiche öffentliche und private Einrichtungen.

Veröffentlichungen zu Politik und Gesellschaft des zeitgenössischen Nahen und Mittleren Ostens, u.a.:

– zusammen mit Werner Ende: „Der Islam in der Gegenwart. Entwicklung und Ausbreitung. Staat, Politik und Recht. Kultur und Religion". 4. Aufl. München: Beck Verlag, 1996.

– zusammen mit Rüdiger Robert: „Der Nahe und Mittlere Osten. Politik. Gesellschaft. Wirtschaft. Geschichte. Kultur". Opladen: Verlag Leske + Budrich, 1988.

– Herausgeber: „Arabien. Mehr als Erdöl und Konflikte". Opladen: Verlag Leske + Budrich, 1992.

„Politisches Lexikon Nahost/Nordafrika". 3. Aufl. München: Beck Verlag, 1994.

– zusammen mit Volker Nienhaus: „Entwicklungszusammenarbeit in Kultur, Recht und Wirtschaft. Grundlagen und Erfahrungen aus Nahost und Afrika". Opladen: Leske + Budrich, 1995.

– „Die Türkei im 20. Jahrhundert. Schwieriger Partner Europas". Bergisch Gladbach: Lübbe, 1996.

– zusammen mit Nils Feindt-Riggers: „Islamische Organisationen in Deutschland. Eine aktuelle Bestandsaufnahme und Analyse". Deutsches Orient-Institut, Hamburg, 1997.

– zusammen mit Rémy Leveau und Franck Mermier: „Le Yémen contemporain", Paris: Karthala, 1999.

– „Geschichte der Türkei". 2. Aufl. München: Beck Verlag, 2001.

Der Karikaturenstreit erhitzte Anfang des Jahres 2006 weltweit die Gemüter. Schon im Herbst letzten Jahres erschienen in der rechten dänischen Tageszeitung *Jyllands-Posten* zwölf Karikaturen, die Mohammed darstellen sollten, teils in sehr beleidigender Art. Lange Zeit geschah nichts. Elf Botschafter aus islamischen Ländern ersuchten zwar um ein Gespräch beim dänischen Ministerpräsidenten Fogh Rasmussen, aber er hatte angeblich keine Zeit für sie.

Und so trugen dänische Muslime diese Karikaturen Anfang des Jahres in einzelne arabische Länder, zusätzlich vermischt mit gefälschten Karikaturen, die noch beleidigender waren, aber niemals in der *Jyllands-Posten* veröffentlicht worden waren.

Das rief den – teilweise staatlich gelenkten – Protest gegen Dänemark in verschiedenen islamischen Ländern hervor, mit allen gewalttätigen Folgen.

Der Karikaturenstreit ist nur ein Symptom dafür, wie schnell man in Orient und Okzident zu Vorurteilen neigt. Im Westen wirft man oft den Islam und alle Muslime in einen Topf: Man sieht einige islamistische Gewalttäter und glaubt, alle Muslime seien per se gewaltbereit, und der Islam sei eine Religion der Gewalt.

Auf der muslimisch-arabischen Seite sieht man die Greueltaten der Amerikaner im Irak, die jahrzehntelange einseitige Parteinahme für Israel; und immer wieder erkennt man mit Schrecken, was hinter den Postulaten der Bush-Administration steckt, wenn deren Vertreter von Demokratie, Menschenrechten und Freiheit sprechen. Aber anstatt zu differenzieren, daß nur einige Menschen im Westen die westlichen Menschenrechte verraten, wirft man oft den gesamten Westen in einen Topf.

Und die Bilder in den Medien verstärken die gegenseitigen Vorurteile.

Derzeit scheint es so, als würden gewisse Kräfte alles daransetzen, daß es aufgrund von Mißverständnissen, Vorurteilen und Gewalttaten zu einem Kampf der Kulturen kommt. Aber gerade das Gegenteil ist vonnöten! Nur wenn man den anderen Menschen kennenlernt, wenn man mit ihm spricht und seine Eigenheiten studiert, wenn man die fremde Kultur und die andere Religion kennenlernt, kann man in einen Kulturdialog eintreten.

Aber dazu braucht man Kenntnisse von der Welt. Mit Udo Steinbach – dem Leiter des Orient-Instituts in Hamburg – befragte ich einen Fachmann in diesen Fragen. Wir sprachen über den Karikaturenstreit, über die Vorurteile gegenüber dem Islam und gegenüber dem Westen, über den politischen Islam, über die aktuelle Situation in Palästina, im Irak und im Iran und darüber, wie man die gegenseitigen Vorurteile abbauen und miteinander ins Gespräch kommen kann.

Wolfgang Weirauch: War die Veröffentlichung der Mohammed-Karikaturen in der *Jyllands-Posten* eine bewußte Provokation des verantwortlichen Redakteurs oder der gesamten Redaktion?

Udo Steinbach: Soweit ich das verfolgen konnte, war es eine bewußte Provokation. Man wollte die Belastbarkeit der muslimischen Community in Dänemark testen. In Dänemark gibt es seit einigen Jahren eine fast erschreckende Bewegung nach rechts, eine ausländerfeindliche Stimmung, vor allem auch gegen Muslime. In diesem Zusammenhang muß man die Veröffentlichung der Karikaturen in der *Jyllands-Posten* sehen.

W.W.: Kann man von einem westlichen Redakteur erwarten, daß er um das Verbot im Islam weiß, Allah und Mohammed abzubilden?

U. Steinbach: Wenn wir davon ausgehen, daß die Veröffentlichung der Karikaturen eine bewußte Provokation war, dann muß man natürlich auch davon ausgehen, daß die Redakteure von dem für Muslime provokatorischen Charakter dieser Karikaturen Kenntnis hatten. Ich bin mir sicher, daß es ihnen klar war, auf welche Sensibilitäten sie stoßen würden. Von einem dänischen Redakteur kann man erwarten – gerade bei dem immer stärker werdenden Zusammenleben von Muslimen und Nicht-Muslimen –, daß er im großen und ganzen über die Empfindlichkeiten der Muslime informiert ist.

Rassistische Strömungen in Dänemark

W.W.: Die Eskalation begann erst, als andere europäische Zeitschriften die Karikaturen nachdruckten und der dänische Ministerpräsident Fogh Rasmussen die elf Botschafter aus muslimischen Ländern nicht empfing. Wollte er die extrem rechte Danske Folkeparti nicht verärgern, oder warum hat er sie nicht empfangen?

Foto: Lars K. Crone © freeware
Anders Fogh Rasmussen

U. Steinbach: Es ist kaum nachvollziehbar, daß ein Ministerpräsident diese Botschafter nicht empfangen hat. Denn wenn elf Botschafter um einen Termin bei ihm nachsuchen, ist es eigentlich eine Selbstverständlichkeit – so beschäftigt er auch sein mag –, daß er früher oder später diesem Ansinnen nachkommt und ihnen wenigstens eine Stunde einräumt. Die Tatsache, daß Rasmussen diese diplomatische Selbstverständlichkeit abgelehnt hat, zeigt, daß er mit seiner Reaktion nach der öffentlichen Befindlichkeit und Stimmung gehandelt hat.

W.W.: Seit einigen Jahren gibt es eine breite rassistische Strömung in Dänemark, vor allem gegen die Muslime. Wie erklären Sie sich die Islamphobie vieler Dänen?

U. Steinbach: Dänemark ist ein kleines Land, das in besonderer Weise der Migration aus islamischen Ländern ausgesetzt war. Dieses Zahlenverhältnis ist das eine. Auf der anderen Seite gab es verschiedene Vorfälle, die die Empfindlichkeit vieler Dänen erregten, so daß immer mehr Dänen zu der Meinung kamen, mit den Muslimen eine Migrantengruppe zu haben, die sich überhaupt nicht in Dänemark integriert.

Der Volkszorn in der arabischen Welt

W.W.: Hinzu kommt, daß man den starken Eindruck gewinnen mußte, daß die aufgepeitschten Massen in verschiedenen arabischen Ländern gelenkt waren. Würden Sie dem zustimmen?

Und wie ist die dabei entstandene Aggressivität zu erklären?

U. Steinbach: Wenn wir auf die islamisch-arabische und persische Kulturgeschichte schauen, finden wir dort immer wieder das Phänomen der Blasphemie. Auch in der zeitgenössischen arabischen Literatur haben wir Dichter, die sich aktiv zum Nihilismus bekennen und unter diesen Vorzeichen auch polemische Äußerungen gegen die Religion zum Ausdruck bringen. Alle diese Äußerungen haben bis heute keine nennenswerten Reaktionen gezeitigt. Daß nun aber der Volkszorn in der arabischen Welt so aufkocht – auch wenn er teilweise bewußt gelenkt war –, zeigt, daß in der Empfindlichkeit der islamischen Seite irgend etwas passiert sein muß. Diese Form von Karikaturen hat eine ganz besondere Form von Aggressivität hervorgerufen.

W.W.: Es wurde auch bewußt ein falsches Bild verbreitet – ein Mann mit Schweineohren und Schweinenase –, mit der Falschaussage, daß der Westen so Mohammed darstelle. In Wirklichkeit war es ein Teilnehmer auf einem französischen Agrarfest. Wer hat Interesse daran, solche Lügen zu lancieren?

U. Steinbach: Eine solche Fälschung ist ganz besonders gravierend, denn sie zeigt, daß dänische Muslime diese Fälschungen und diesen Streit ganz bewußt in die islamische Welt hineingetragen haben. Sie sind nach Saudi-Arabien gereist und haben dort bei einer bestimmten Gelegenheit die Karikaturen unterbreitet, einschließlich der Fälschungen. Und sie wußten, daß sie gefälscht waren. Das zeigt, daß bei einigen dänischen muslimischen Funktionären die Stimmung so ist, daß man die andere Seite bewußt provozieren wollte. Möglicherweise wollten sie den Graben zwischen der nicht-muslimischen dänischen Mehrheit und der muslimischen Minderheit vertiefen. Das wirft ein schlechtes Bild auf einige der Muslime in Dänemark und andererseits auf diejenigen, die in der islamischen Welt ihrerseits diesen Vorgang für ihre eigenen religionspolitischen Zwecke ausgebeutet haben.

W.W.: Wollte man in einigen Ländern von den eigenen Problemen ablenken, z.B. in Syrien von den inneren Verwicklungen in den Hariri-Mord, in Saudi-Arabien von den inneren Problemen und im Iran vom Atomkonflikt?

U. Steinbach: In Saudi-Arabien weniger. Dort ist es auch zu keinen großen Protesten gekommen, und man hat sich darauf beschränkt, die

© wikipedia

Boykottaufruf gegen dänische Produkte

Regale von dänischen Produkten zu leeren. Auch einige Theologen haben gewettert, aber das war eine andere Form von Protest, als wir sie z.B. im Libanon oder in Damaskus erlebt haben. Insbesondere in der syrischen Hauptstadt stand die Regierung dahinter. Selbstverständlich hätte die syrische Regierung verhindern können, daß die dänische Botschaft angegriffen wird bzw. daß es dort zu Brandstiftungen kommt. Die syrische Regierung, die unter internationalem Druck und unter dem Druck der eigenen Öffentlichkeit steht, hat hier versucht, emotional zu punkten, indem sie die Demonstranten machen ließ, was sie wollten.

W.W.: Inwieweit wurde die Aufwiegelung der Massen auch von islamistischen Kreisen geschürt, um wieder Oberwasser in möglichst großen Bevölkerungskreisen zu erlangen?

U. Steinbach: Auch diesen Hintergrund muß man sehen. Islamistische Kreise hatten auch ihre Finger mit im Spiel, um ihrerseits das Wasser auf ihre Mühlen zu lenken, indem sie sich wieder einmal als Vorkämpfer ihrer Islam-Vorstellungen zeigen konnten; auch als Vorkämpfer gegen einen Westen, der die islamische Welt und die islamische Religion despektierlich behandelt.

Das Abbildungsverbot

W.W.: Was ist der Hintergrund des Verbots, Allah und Mohammed abzubilden?

U. Steinbach: Der Hintergrund ist ähnlich dem – zeitgleichen – des Byzantinischen Reiches. Ein dezidiertes Abbildungsverbot finden wir – zumindest im Koran – nicht. Wenn wir die frühislamische Kunst betrachten, die Wüstenschlösser besuchen oder die große Moschee in Damaskus besichtigen, finden wir durchaus bildliche Darstellungen. Der leitende Gedanke hinter dem Abbildungsverbot ist wahrscheinlich, daß der Mensch nicht den Schöpfungsakt wiederholen soll, indem er sich durch eine Abbildung zu einer Gottähnlichkeit aufwirft. Das bezieht sich auf die Bilder insgesamt. Die Gestalt des Propheten hat in diesem Bilderverbot noch einmal einen ganz besonderen Stellenwert.

W.W.: Soweit ich orientiert bin, stehen am Grab von Mohammed in Medina sogar zwei Wächter mit vom Grab abgewandtem Gesicht, um darüber zu wachen, daß Mohammed nicht angebetet wird.

U. Steinbach: Das ist richtig. Das unterscheidet den Islam ganz wesentlich vom Christentum. Der Prophet hat keine besondere Heiligkeit, schon gar nicht eine Gottessohnschaft. Der Islam kennt auf der anderen Seite Jesus als Propheten und achtet ihn sehr hoch, aber er bleibt ein Prophet. Was der Islam aber nicht akzeptiert, ist, daß Christus als Gottes Sohn verherrlicht wird.

W.W.: Gilt das Bilderverbot nur für das Abbilden von Mohammed und Allah oder für das Abbilden aller Menschen?

U. Steinbach: Das Bilderverbot ist nur partiell beachtet worden. Auf der einen Seite hat es die islamische Kunst in der Weise geprägt, daß sich ein ungeheurer Formenreichtum entwickelte, ein Reichtum in Form von abstrakten Darstellungen, von Mustern und Pflanzen. Die Geometrie trat an die Stelle der menschlichen Abbildung. Andererseits weiß jeder, der islamische Kunst studiert hat, daß es immer wieder Epochen und Völker in der islamischen Welt gegeben hat, in denen Bilder von Menschen gezeichnet oder gemalt worden sind – vor allem im iranischen Raum im Sinne der Miniaturmalerei. Gerade weil der iranische Raum das Bilderverbot ignoriert hat, wirkte diese Tradition auch auf das Osmanische Reich, in welchem oft Bilder gezeichnet worden sind. Ähnliches gilt für das Mogulreich in Indien. Das Bilderverbot ist also immer nur teilweise beachtet worden, und insbesondere das Kleinbild hat eine herausragende Tradition in der islamischen Kunstgeschichte.

Jahrelange Diskussionen über das Kino bei den Saudis

W.W.: Ich war in Afghanistan und habe im Königspalast gesehen, wie die Taliban sogar die Vogelköpfe von den Mosaiken herausgekratzt haben. Ist das eine groteske Verzerrung des Abbildungsverbots?

U. Steinbach: Das ist auf jeden Fall eine groteske Verzerrung und ein besonders rückwärtsgewandter traditioneller Islam. Die Taliban kommen aus der wahhabitischen Schule. Seit Mitte des 18. Jahrhunderts finden wir in Saudi-Arabien eine Verbindung der Familie Saud mit dem Theologen Mohammed Ibn al-Wahhab, einem besonders konservativen Islam-Interpreten. Von daher stammt der Begriff wahhabitisch. Die Saudis haben diesen Wahhabismus weit in die übrige islamische Welt exportiert, auch nach Indien hinein, wo er unter konservativen Muslimen immer noch sehr populär ist. Aber was die Taliban gemacht haben – Augen auskratzen, Sprengen der

Buddha-Statuen –, ist eine Extremform eines konservativen traditionalistischen Islam, wie er noch immer in Saudi-Arabien lebendig ist.

W.W.: Wie verträgt sich das Bilderverbot mit den Medien, speziell dem Fernsehen, das von seiner Entstehungsgeschichte her ja nun ganz westlich ist?

U. Steinbach: Das hat in der langen Geschichte der Auseinandersetzung mit dem Westen keine Probleme hervorgerufen, wenn wir etwa an Nordafrika, die Türkei und selbst an den Iran denken. Aber dort, wo der konservative Islam im Vordergrund steht – also in Saudi-Arabien –, hat die Einführung des Kinos und des Fernsehens tatsächlich Probleme geschaffen. Die Saudis hatten schon ein Problem damit, daß eine erste Telegraphenlinie über ihr Territorium gelegt wurde, denn dies lag außerhalb des konventionellen Verständnisses der göttlichen Schöpfung. Man hat jahrelang über das Kino diskutiert. Aber der König und die politische Elite konnten sich dem kulturellen Druck dieses technischen Fortschritts nicht auf Dauer widersetzen. Auf der anderen Seite sah man sich einem starken Druck der erzkonservativen wahhabitischen Geistlichkeit ausgesetzt, die diese Medien verhindern wollte. Der König mußte viele Jahre behutsam verhandeln, bis er das geistige Establishment einigermaßen beruhigen konnte. Überzeugt hat man dessen Vertreter aber bis heute nicht. In Saudi-Arabien steht man also einerseits dem technischen Fortschritt nicht im Wege, während man andererseits die grundlegenden Positionen der Geistlichkeit ernst nimmt – ein schwieriger Spagat.

Feindbilder gegen den Islam

W.W.: Wer Mohammed mit einer Bombe im Turban zeigt oder in einer Karikatur einem Selbstmordattentäter den Zugang zum Himmel mit den Worten verwehrt: „Stopp, uns sind die Jungfrauen ausgegangen!", der hat Vorurteile bzw. schürt Feindbilder. Woher stammen diese Vorurteile gegen den Islam im Westen, und welche Feindbilder werden damit genährt?

U. Steinbach: Der Islam als Bedrohung, der Islam als Feindbild – das geht sehr weit in die Geschichte zurück. Gleichermaßen gibt es das Vorurteil von Mohammed als Prediger einer christlichen und jüdischen Häresie, des Propheten als Wüstling und ähnliche Klischees, die sich an seiner Gestalt entzündet haben – auch das geht weit bis ins Mittelalter zurück. Solche

Vorurteile sind auch heute noch subkutan im westlichen Islam-Bild vorhanden. In den letzten Jahrhunderten waren diese Vorurteile nicht mehr so gravierend. Sie spielen erst wieder seit einigen Jahrzehnten eine Rolle, seit sich der Islam mit einem Male zurückmeldete; und zwar meldete er sich in vielfältiger Weise zurück. Einerseits prägten die Öl-Sheiks das Bild. Seit Anfang der 70er Jahre trat der Islam u.a. auch als gewaltbetonte Erscheinung zutage, in der Religion und Politik zusammengemischt wurden. Prägend waren ferner 1979 die Machtübernahme von Khomeini im Iran und später der islamistische Terror. Die Rückkehr des Islam wurde für den Westen vor allem durch diese gewaltsame Komponente sichtbar, gerade auch in den Ländern, mit denen der Westen Ölinteressen verband. Durch diese einzelnen Erscheinungen verband sich – mehr oder weniger bewußt – die öffentliche Meinung mit den alten Vorurteilen gegenüber dem Islam aus der Zeit des Mittelalters. Man braucht dabei ja nur an Dantes „Göttliche Komödie" zu denken, wo Mohammed in der tiefsten Hölle schmort; oder auch an gewisse Dramen aus der Zeit der Aufklärung.

Die beste aller Gemeinden?

W.W.: Um nicht in Vorurteile gegen alle Muslime zu verfallen oder sie gar alle als potentielle Attentäter anzusehen: Liegt das Hauptproblem des Islam darin, daß ihm neben der Religion auch eine politische und gesellschaftliche Dimension innewohnt, wie man sie bei anderen Religionen so nicht findet?

U. Steinbach: Ganz ohne Zweifel. In den islamischen Gesellschaften finden wir ein Unterlegenheitsgefühl gegenüber dem Westen, das wir in anderen Kulturkreisen so nicht feststellen können, obwohl diese im großen und ganzen das gleiche Schicksal erlebt haben wie die islamische Welt. Das hinduistische Indien, das buddhistische Asien, das konfuzianische China – sie alle hat der Westen unterworfen. Trotz allem finden wir in diesen Ländern heute sehr selbstbewußte Gesellschaften, die auch ihre Religion in einer sehr selbstbewußten Weise mit ihrem eigenen Entwicklungsprozeß verbinden.

Deshalb muß man schon die Frage stellen, warum die islamische Welt gegenüber dem Westen so komplexbesessen reagiert. Eine der wichtigsten Ursachen hierfür ist das Zusammenwirken von Politik und Religion, die Schwierigkeit eines Muslims, den religiösen Raum vom säkularen Raum zu trennen. Hinzu kommt die einem Muslim zutiefst innewohnende Überzeugung, daß seine vom Islam geprägte Gesellschaft unmittelbar auf dem göttlichen Wort beruht und daß in diese Gesellschaft hinein direkt das göttliche Wort in arabischer Sprache gesprochen worden ist.

Deshalb haben Muslime ein Problem damit, daß sie nicht in vollkommenen Staaten leben, sondern Lichtjahre davon entfernt sind, eine vollkommene Gesellschaft zu sein; daß sie in zurückgefallenen Gesellschaften leben, die auch noch vom Westen dominiert werden und die in wachsendem Maße nicht nur gegenüber dem Westen weiterhin zurückfallen, sondern auch gegenüber den hinduistisch, buddhistisch und konfuzianisch geprägten asiatischen Ländern. Im Koran, Sure 3, Vers 110, spricht Gott in die islamische Gemeinschaft hinein: „Ihr seid die beste aller Gemeinden." Und dieser Vision, diesem Auftrag, die islamische Gemeinde zur Vollkommenheit zu führen, widerspricht die Gegenwart geradezu dramatisch.

Der Widerspruch zwischen dieser Vision und der jeweiligen politischen Gesellschaft bzw. der kulturellen Realität begann schon im 18. Jahrhundert. Und die Diskrepanz zwischen der westlichen Dominanz und der islamischen Vision von der Vollkommenheit und der Überlegenheit der eigenen Gesellschaft zeigt sich in unseren Tagen in der Palästina-Frage und in der westlichen Militärpräsenz im Irak in geradezu dramatischer Weise. Von daher entsteht in den Koordinaten der Religion des Islam eine gewaltsame Gegenreaktion.

W.W.: Und wie erklären sich die Muslime diesen Widerspruch? Wie erklären sie sich die Rückschrittlichkeit der meisten arabischen Staaten? Schließlich sind die meisten arabischen Staaten gegenüber den westlichen Staaten äußerlich relativ erfolglos: 70 Millionen der 300 Millionen Araber sind Analphabeten, es gibt kaum Demokratie, kaum Pressefreiheit, seit Mamun sind in mehr als tausend Jahren nur so viele Bücher ins Arabische übersetzt worden, wie in Spanien in einem Jahr erscheinen; in vielen Ländern sind die Frauen Menschen zweiter Klasse usw. Welchen Anteil hat der Islam an der Unterentwicklung der arabischen Staaten?

U. Steinbach: Das ist schwer zu sagen. In den ersten Jahrhunderten der Entstehung des Islam brachte dieser einen enormen kulturellen Aufbruch mit sich, gleichzeitig eine gewaltige Kraft – eine kulturelle Kraft, eine Kraft in den Künsten und Wissenschaften, in der Architektur und der Philosophie. Auch hatte der Islam in der Begegnung mit der griechischen Kultur nicht die geringsten Minderwertigkeitskomplexe, sondern er suchte sich das heraus, was für die eigene kulturelle Entfaltung wichtig war, und man hat unendlich viel aus dem Griechischen ins Arabische übersetzt. Und das Eindringen des griechischen Geisteslebens in ein muslimisch geprägtes Gefäß ist mit ein Grund dafür gewesen, daß der ungeheure Aufbruch der islamischen Kultur stattgefunden hat. Der Höhepunkt war im 8. und 9. Jahrhundert.

W.W.: Wodurch brach diese Entwicklung ab?

U. Steinbach: Vielleicht ist der Umschlagspunkt 1258 mit der Eroberung Bagdads durch die Mongolen, wodurch sich der Islam konservativ verfestigte und sich allen von außen kommenden positiven Einflüssen widersetzte. Vielleicht ist dieser Punkt auch erst 1492, als die Muslime aus Spanien vertrieben wurden und sich der Westen durch die Entdeckung und Eroberung von Amerika ein völlig neues Weltbild schuf. An diesen Daten kann man wahrscheinlich den Wendepunkt in der islamischen Welt festmachen, und es begann eine Zeit, in der die islamische Welt keine Kreativität mehr aus sich heraus entwickeln konnte. Demgegenüber konnte der Westen diese Kreativität entfalten, weil er den Menschen im allerweitesten Sinne aus der Religion emanzipierte. Ob das nun die Kunst, die Entdeckungen der Wissenschaft oder die Philosophie der Aufklärung war – der Mensch entfaltete sich nach seinen eigenen Gesetzen, die er in sich selbst spürte und legitimierte. Und dies alles hat die islamische Welt nicht nachempfunden, da sie in den Koordinaten einer Religion befangen war und ist, die sich konservativ verfestigten und sich gegen alles zur Wehr setzten, was geeignet gewesen wäre, dieses konservativ verfestigte Bild zu sprengen.

W.W.: Und wie erklärt sich ein heutiger Muslim die äußere Erfolglosigkeit des Islam bzw. der arabischen Staaten? Denn er kann ja nicht am Koran zweifeln. Wie erklärt er sich, daß er nicht in der besten aller Gemeinden lebt?

U. Steinbach: Die Erklärungen und Reaktionen sind vielfältig. In der Religion als solcher finden wir die Gründe nicht, aber in der Art und Weise, wie diese Religion gelebt wird. Deshalb gibt es eine starke Bewegung, diese Religion konservativ zu erneuern; und diese Reformen sind rückwärtsgewandte Reformen. So denkt der konservative Islam und im Extrem auch der fundamentalistische Islam; westliche „Neuerungen" gilt es zu eliminieren.

Andere Muslime ziehen eine vollkommen andere Konsequenz und sagen, daß man den Islam zukunftsgewandt modernisieren müsse, daß

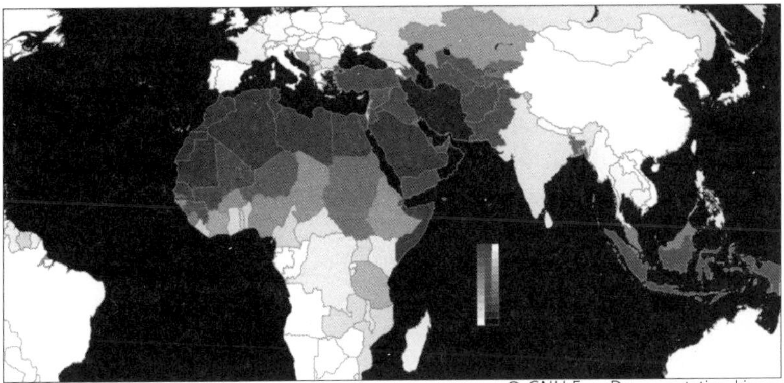

Staaten mit einem islamischen Bevölkerungsanteil von mehr als 10 %

man den Islam zwar erhalten, ihn aber mit den westlichen Standards kompatibel machen müsse. Das betrifft vor allem Demokratie und Menschenrechte. Solche Reformtheologen gibt es überall in der islamischen Welt, weniger allerdings im arabischen Raum, sehr viel stärker dagegen in der Türkei, im Iran und in Südostasien.

Und eine große Zahl von Muslimen – und das ist die dritte Reaktion – bleiben religiös, sind aber bemüht, den religiösen Raum vom säkularen Raum zu trennen. Das sind die Bemühungen in der Türkei seit den 20er Jahren des vorigen Jahrhunderts, die aber weithin Wirkung gezeigt haben. Diese Muslime messen dem Islam nur noch eine selektive Rolle in der Gesellschaft zu – vor allem im Familienrecht; ansonsten haben sie das westliche Recht eingeführt und sehen Politik und Gesellschaft weithin als getrennt an.

Aber diese Prozesse wurden vom Westen nicht gerade gefördert; denn der Westen fand sich wegen seiner Ölinteressen eher mit konservativen Verhältnissen ab. Und westliche Interessen blockieren noch immer die Erneuerungsimpulse in dieser Region. Sie stehen der unbefangenen Hinwendung zur westlich geprägten Moderne und einer kreativen Auseinandersetzung mit dieser im Wege.

Der politische Islam als Phänomen des 20. Jahrhunderts

W.W.: Entstand die islamistische Idee bzw. die des politischen Islam mit dem Wahhabismus?

U. Steinbach: Eigentlich ist der politische Islam eine Erfindung des 20. Jahrhunderts, während der Wahhabismus eher eine Abwehrreaktion ist, die sich selbst sehr stark im Islam gründet, und zwar in seiner konservativen Interpretation; allerdings mit einer gewissen Tendenz, sich auch in andere Bereiche der islamischen Welt zu exportieren. Der politisch-ideologische Islam – d.h. der Versuch, aus dem Islam einen Ismus, eine Ideologie zu machen – ist ein Phänomen des 20. Jahrhunderts. Und dieses Phänomen ist nicht von den großen europäischen Ideologien des 20. Jahrhunderts zu trennen, insbesondere nicht vom Nationalsozialismus und vom Marxismus/Leninismus bzw. Kommunismus.

Ich frage mich häufig, wer der Lenin des Islam ist. Der Marxismus ist ja eher eine geistige, eine wissenschaftliche Auseinandersetzung mit dem kapitalistischen Wirtschaften, während Lenin daraus eine politische Agenda gemacht hat. Und wer hat nun aus dem Islam eine politische Agenda im Sinne einer Ideologie gemacht?

Dazu fallen mir vor allem zwei Namen ein. Der eine ist Sayyid Qutb, der Ägypter, der 1966 gehängt wurde. Er hat – mit Blick auf die totalitären Konstrukte in Europa – den Islam ebenfalls zu einem potentiell totalitären ideologischen Konstrukt gemacht, das im Extrem auch die Gewaltanwendung bzw. den Terrorismus rechtfertigt.

Den anderen muslimischen Lenin sehe ich in Khomeini, der ähnlich wie Lenin seine Lehre außerhalb seines Landes formuliert hat, bevor er mit der Revolution im eigenen Land siegte. Lenin wurde im verplombten Waggon durch Deutschland aus der Schweiz nach St. Petersburg verbracht, Khomeini kam mit der Air France aus Paris nach Teheran. Hier gibt es einige kuriose Parallelitäten. Khomeini hat aus der Aktualisierung der Schia, des schiitischen Islam, eine revolutionäre Ideologie gemacht und am Ende auch eine erfolgreiche Revolution zustande gebracht. Man kann also die Politisierung des Islam nicht verstehen, ohne Parallelen zwischen politisch-ideologischen islamischen Theologen und den großen totalitären westlichen Ideologien herzustellen.

Mit Gewalt gegen die heidnische Welt

W.W.: Was sind die Hauptaussagen von Sayyid Qutb?

U. Steinbach: Seine Hauptaussage ist, daß diese Welt dschahilitisch ist, also heidnisch. Sie ist in der Dschahiliya, der Heidenzeit, befangen, die der Prophet auf der arabischen Halbinsel vorfand, als er seine Revolution durchführte, d.h. den wahren Islam verkündete. Und wie der Prophet aus der dschahilitischen Welt die islamische Welt geformt hat, die islamische Ordnung aufgebaut hat, auf der Basis des Koran und der islamischen Gesetze – so muß auch der Muslim heutzutage handeln, indem er aus der dschahilitischen Gesellschaft die wahrhaft islamische Gesellschaft formt. Das geht nur durch die Errichtung einer nizam islami, einer islamischen Ordnung – und dazu ist die Avantgarde berufen.

Hier können wir Parallelen zu Lenin zeichnen. Bei Lenin hatte die Avantgarde das richtige Bewußtsein, bei Sayyid Qutb hatte die Avantgarde die richtige Lesart. Mit der richtigen Lesart wird der Koran so gelesen, daß er als Buch geeignet ist, die Probleme der Zeit zu lösen, denen die islamische Welt politisch, ökonomisch und kulturell ausgesetzt ist. Diese richtige Lesart geht bei den terroristischen Nachfolgern Sayyid Qutbs so weit, daß sie auch die Gewaltanwendung rechtfertigt. Alles dient dem Zweck der Umwandlung der dschahilitischen Gesellschaft in eine wahrhaft islamische Gesellschaft, der Herstellung einer islamischen Ordnung mit totalitären Zügen. Wer in dieser dschahilitischen Welt lebt und sie akzeptiert, wird zum kafir, zum Ungläubigen, stigmatisiert, und der takfir bedeutet, einen anderen zum Ungläubigen zu erklären. Und damit macht man den Ungläubigen vogelfrei und kann dazu aufrufen, ihn zu töten.

Eine neue Lesart des Dschihad

W.W.: Und das basiert auf einer ungerechtfertigten Ausdehnung des Dschihad?

U. Steinbach: Auf diese Weise wird auch wieder das Dschihad-Konzept belebt, ein Konzept der frühen islamischen Zeit, nämlich der Umwandlung des dar ul-harb, des Gebietes des Krieges, in das Gebiet des Islam (dar ul-islam) mittels Dschihad. Dieser Feldzug unterliegt nach den Schriften der Theologen allerdings strengen Regeln, die alle von den Theologen ausgearbeitet worden sind. Dieses Dschihad-Konzept hat viele Jahrhunderte geruht, später wurde es aufgeweicht zu einem Konzept der Verbesserung des Menschen, zur Verbesserung der Seele. Das ist alles gut und schön, aber unter den aggressiven fundamentalistischen islamischen Ideologen der Neuzeit wird der Dschihad wiederum zu einem Konzept der aktiven Umwandlung der dschahilitischen Gesellschaft in die wirkliche islamische Ordnung.

W.W.: Darf ein Privatmann, wie z.B. Sayyid Qutb, zum Dschihad aufrufen?

U. Steinbach: Der politische Islam ist nicht mehr mit den Schriften der Frühtheologen kompatibel. Diese frühen Theologen schrieben unter den Bedingungen eines islamischen Staates, der auch einen islamischen Führer hatte, nämlich den Kalifen. Das ist heute alles nicht mehr gegeben. Aber in den islamistischen Kreisen sieht man es so, daß jeder der Avantgarde, der die richtige Lesart hat, die entsprechenden Schlüsse ziehen und die richtigen Maßnahmen treffen kann – alles mit dem Zweck, die heidnische Gesellschaft in eine islamische zu transformieren.

W.W.: Ein Muslim muß ja seine eigene Religion bzw. seine islamische Ordnung verteidigen, wenn diese angegriffen wird. Muß ein Muslim auch die Vertreter der anderen Buchreligionen verteidigen, wenn diese in der Ausübung ihrer Religion behindert werden?

U. Steinbach: Die Verteidigungssituation ist etwas sehr Wichtiges. Die Verteidigungsdimension des Dschihad gilt besonders dann, wenn der Islam von außen angegriffen wird. Für den politischen Islam gilt das auch in der Gegenwart: Man sieht den Islam angegriffen, also darf man sich auch zur Wehr setzen. In bezug auf die anderen Buchreligionen kann ich nicht unbedingt erkennen, daß bei deren Verteidigung die Dschihad-Dimension einzubringen ist, da für die geduldeten Christen und Juden eher eine passive Doktrin gilt.

Vor allem in der Gegenwart wird diese Haltung immer diffuser, weil die Juden und die Christen ein Teil des Feindbildes sind; denn sie sind Teil jener dschahilitischen Gesellschaft. Vor allem die Juden haben mit der zionistischen Bewegung – so sieht es der politische Islam – islamische Gesellschaften unterwandert und sind damit zu einem Feindbild geworden, auch wenn man immer wieder versucht, zwischen Zionismus und Judentum zu unterscheiden. Die Christen werden durch diese Doktrin zu den Urhebern eines kolonialistischen Komplotts, einer kolonialistischen Konspiration zwischen den eigenen dschahilitischen Eliten und den Amerikanern und Europäern. In der extremen Deutung, in der extremen Dschihad-Auslegung, in der Einstellung der Islamisten, den Koran auszulegen, wird immer weniger zwischen den Religionen unterschieden; denn der christliche Raum – Europa und die USA – und die jüdische

Religion – vertreten durch Israel – werden zunehmend in die politische Dimension gerückt. Damit verliert auch das Konzept des Schutzbefohlenen, der „Leute des Buches“, seine Bedeutung.

Schwere Verwerfungen in der muslimischen Gesellschaft

W.W.: Um nicht die Vorurteile gegen alle Muslime weiter zu nähren: Kann man ungefähr sagen, wie viele der Muslime dieser Idee des politischen Islam anhängen?

U. Steinbach: Das ist eine kleine Minderheit. Dabei muß man bedenken, daß das Konzept der Dschahiliya zuerst einmal auf die islamische Welt angewandt wird; denn die Zustände der meisten islamisch-arabischen Staaten sind für den politischen Islam dschahilitische Gesellschaften. Deswegen sind diese Staaten viel stärker durch Gewalttaten betroffen als der Westen. Schon von daher ergibt sich, daß die Mehrheit der Muslime zwischen Marokko und Indonesien gegen ein extremistisches Konzept sind, das die Gewaltanwendung aus dem Islam heraus legitimiert. Und das ruft auch die Theologen auf den Plan, die Sayyid Qutbs Konzept der Dschahiliya und Khomeinis Konzept der „Herrschaft des anerkannten Gottes“ ablehnen. Hier tut sich eine große Kluft zwischen den Theologen auf, die eher klassisch-legalistisch denken, und den Islamisten, insbesondere den Dschihadisten, die antilegalistisch denken und die den Koran in den Kontext der politischen Herausforderung stellen.

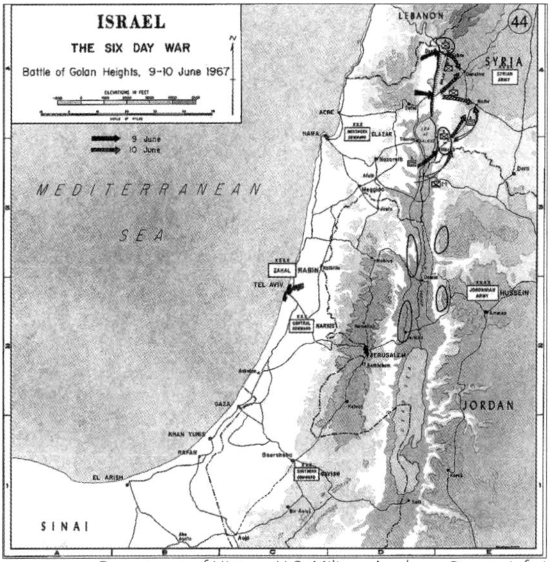

Department of History, U.S. Military Academy © gemeinfrei

Die Schlacht um den Golan

Dadurch ergeben sich schwere Verwerfungen innerhalb der muslimischen Gesellschaften. Die Masse der Muslime folgt den Theologen, die ein konservatives Islamverständnis haben. Deshalb sind die Islamisten, die aus dem Islam heraus Gewaltanwendung rechtfertigen, bezogen auf die gesamte muslimische Welt, in einer verschwindend geringen Minderheit.

Siege und Niederlagen des politischen Islam

W.W.: Wie stark wirkt auf die islamistischen Kreise die Unfähigkeit der arabischen Nationalstaaten, speziell ihr Scheitern im Sechs-Tage-Krieg von 1967?

U. Steinbach: Das war sicherlich ein Schlüsseldatum, ein Datum, das dem doktrinären, ideologisch verstandenen Islamismus Tür und Tor geöffnet hat. Das war das Datum, an dem deutlich wurde, daß sich die arabisch-islamische Welt nicht aus sich selbst heraus befreien kann, daß sie ihre Probleme von Befreiung, Entwicklung und von politischer Legitimation nicht lösen kann. Dieses Versagen insbesondere der verwestlichten Eliten – Nassers, des jordanischen Königs und der syrischen Führung – wurde zu einer Wasserscheide derjenigen, die schon seit Jahr-

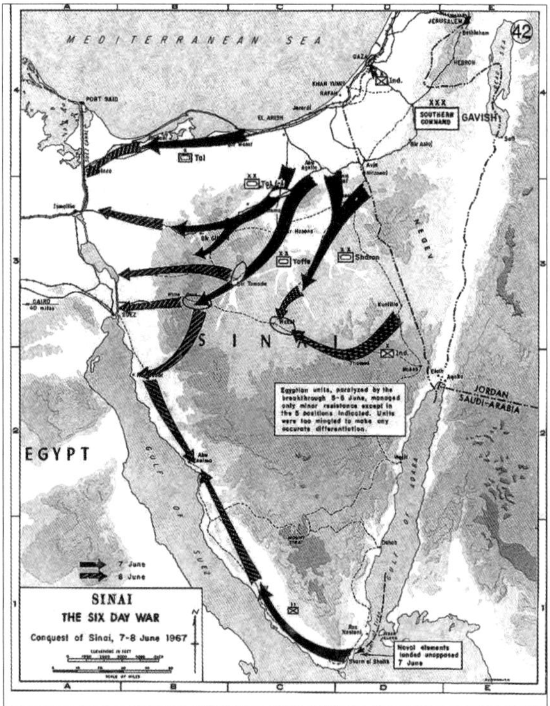

Department of History, U.S. Military Academy © gemeinfrei

Eroberung der Sinai-Halbinsel am 7.-8. Juni 1967

© gemeinfrei

Nasser mit Chruschtschow

zehnten gepredigt hatten, daß die Zukunft des Islam nicht in einer Trennung zwischen Staat und Religion und nicht in der Übernahme westlicher Entwicklungsparadigmen läge, sondern in einer Rückkehr zu einem Islam, der am Ende auch politisch verstanden wird und die politischen Probleme aus den islamischen Koordinaten heraus zu lösen beansprucht.

W.W.: Wie stark wirkte andererseits der Sieg Khomeinis in diesen Kreisen?

U. Steinbach: Das war ein gewaltiges Datum, vergleichbar der Französischen Revolution. Andererseits, wenn wir uns fragen würden: Wo stand die Französische Revolution 27 Jahre nach 1789, dann würden wir auch keine positiven Schlußfolgerungen ziehen. Trotzdem begreifen wir erst jetzt ansatzweise, was dieses Datum für gewisse Kreise wirklich bedeutet hat. Ende der 70er, Anfang der 80er Jahre war dieses Datum zunächst einmal ein Zeichen dafür, daß sich die islamische Welt würde befreien können. Und es wurde klar, daß diese Befreiung nicht von den Eliten kommen könne, sondern nur von der Bevölkerung selbst, der umma, der islamischen Gemeinschaft.

Von daher erklärt sich auch ein Teil des ersten Golfkrieges, des irakisch-iranischen Krieges in den Jahren 1980—88. Zunächst war es ein aufgezwungener Krieg, aber später wurde dieser Krieg zeitweilig von Khomeini mit dem Ziel der Veränderung der islamischen Welt und dem Ziel der Veränderung des Verhältnisses zwischen islamischer und westlicher Welt

Foto: webpage of the FBI © gemeinfrei

Osama bin Laden

geführt. Das hatte sogar seine Auswirkungen weit in die sunnitische Welt hinein, und man glaubte, daß man sein Schicksal jetzt in die eigene Hand nehmen könne. Aber das ist bis heute nicht gelungen; denn in keinem Land vollzog sich eine Revolution wie im Iran. Die einzige Veränderung war Mitte der 90er Jahre die Hinwendung zum Terrorismus, um die Gesellschaften, die sich nicht verändern wollten, gewaltsam, terroristisch zu verändern. Solche Terrorakte fanden vorwiegend in Algerien und Ägypten statt.

W.W.: Ein weiterer Erfolg war sicherlich die Vertreibung der Sowjets aus Afghanistan 1980.

U. Steinbach: Auch das ist ein Schlüsseldatum, obwohl auch das ambivalent zu betrachten ist. Auf der einen Seite ist es ein Erfolg des dschihadistischen Islam; andererseits ist der dschihadistische Islam, besonders in Afghanistan, immer wieder vom Westen unterstützt worden. Osama bin Laden und die Seinen haben massiv vom Westen Hilfe erhalten. Auch die Hamas wurde in den 80er Jahren zunächst einmal von Israel unterstützt, und die Muslimbrüder wurden von Sadat aus dem Gefängnis entlassen, um ein Bollwerk gegen die ägyptische Linke zu bilden. So etwas hört man in dschihadistischen Kreisen nicht gern, trotz allem ist es eine Tatsache. Denn der Westen hat diese islamistische Bewegung zu bestimmten Zeitpunkten instrumentalisiert.

Al-Qaida: die Basis

Trotzdem ist nach dem Selbstverständnis der Islamisten die Vertreibung der Sowjets aus Afghanistan ein Schlüsseldatum; denn mit dem gleichzeitigen Zusammenbruch der Sowjetunion glaubte man in islamistischen

Kreisen, daß man nun auch die einzig übriggebliebene Supermacht – die USA – aus den Ländern des Nahen Ostens vertreiben könne. Ein Schlüsseldatum hierfür ist der zweite Golfkrieg (1991), der Wille der USA, Saddam Hussein aus dem Irak zu vertreiben, und bei gleichzeitiger Stationierung amerikanischer Truppen auf der arabischen Halbinsel.

Hier beginnt das Umdenken von Osama bin Laden und seinen Anhängern: Man sah sich erfolgreich im Vertreiben der Sowjets aus Afghanistan und wollte nun die einzig verbliebene Supermacht vom islamischen Territorium vertreiben. Das führte zur Gründung von Al-Qaida, was nichts anderes als die Basis, die Grundlage bedeutet – das ist gar kein islamischer Name, wie er normalerweise in diesen Kreisen üblich ist. Al-Qaida würde die Grundlage zur Verbindung aller militanten Organisationen sein, die sich weithin in der islamischen Welt gebildet hatten; man würde sie eigentlich nur noch zu koordinieren haben, um die letzte Schlacht zu schlagen.

W.W.: Damit sprechen Sie an, daß der politische Islam keine einheitliche Bewegung ist, wenn man z.B. nur an die Gegensätze Taliban und Iran oder Iran und Saudi-Arabien denkt. Gibt es Bestrebungen im sunnitischen politischen Islam, mit den Schiiten zu einem ähnlich erfolgreichen Modell wie dem Iran bzw. zu einer einheitlichen Bewegung zu kommen?

U. Steinbach: Wie in allen totalitären Ideologien gibt es auch hier unterschiedliche Auslegungen. Das haben wir z.B. in der Auseinanderset-

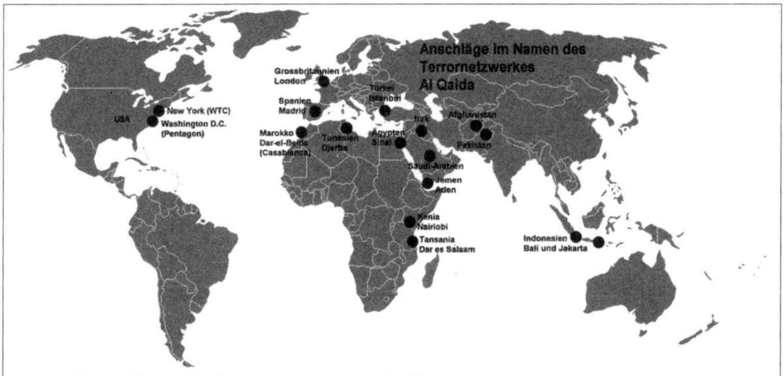

Karte zu den Terroranschlägen von Al-Qaida

zung zwischen dem chinesischen und dem sowjetischen Kommunismus und zwischen dem sowjetischen und dem europäischen Kommunismus erlebt. In ähnlicher Weise müssen wir uns das in den islamistischen Kreisen vorstellen. Und so ist in der Tat die Qaida-Ideologie eine ganz andere als die von Khomeini. Zwar dachte Khomeini auch sehr stark politisch, aber er kam aus dem Schiismus, während die Qaida aus dem sunnitischen Raum stammt. Hieraus resultierte zumindest die Gegnerschaft zwischen den Taliban und dem Iran, die Mitte der 90er Jahre bis an den Rand des Krieges gegangen ist.

„War on terrorism"

W.W.: Die Gama'at al-Islamiya bot Mubarak 1998 einen Waffenstillstand an. War der politische Islam damit an ein Ende gekommen?

U. Steinbach: Das schien zunächst so zu sein. Auch ich war damals der Ansicht, daß sich der politische Islamismus auf dem absteigenden Ast befand. Daß die Gama'at al-Islamiya – wenn auch unter anderem Namen – und der politische Islam insgesamt eine Wiederbelebung feiern, hängt mit dem 11. September und seinen Folgen zusammen und damit, wie vom Westen aus der „War on terrorism" geführt worden ist. Die Tatsache, daß die Amerikaner im Spätherbst 2001 die Taliban aus Afghanistan vertrieben haben, hat zu keinerlei Reaktionen in der islamischen Welt geführt. Die Taliban waren einfach zu unbeliebt. Der Iran hat die Nordallianz in Afghanistan – und damit die USA – gegen die Taliban unterstützt. Die Wasserscheide war mit Sicherheit die Entscheidung des amerikanischen Präsidenten, aus welchen Gründen auch immer und unter Vorspielung falscher Tatsachen, den „War on terrorism" in die islamische Welt zu führen, vor allem in den Irak. Das hat einmal mehr den Islamisten Wind in die Segel geblasen, und deswegen konnten die extremsten Positionen und extremsten Interpretationen des Islam Platz greifen.

Doppelte Standards in Palästina

W.W.: Ein Schlüsselland ist auch Palästina. Wer hat in Palästina das Scheitern des Friedensprozesses wirklich zu verantworten – die israelische Besatzungspolitik und die Siedler oder die palästinensischen Selbstmordattentäter?

Foto: Joshua Paquin © Creative Commons Attribution 2.0 License

Tempelberg, Südmauer

U. Steinbach: Zunächst einmal müssen wir in die 90er Jahre zurückblicken. Wenn wir dann in bezug auf das Scheitern des Friedensprozesses fragen, was zuerst da war, die Henne oder das Ei, dann liegt die Schuld eindeutig bei Israel. Man kann keinen Friedensprozeß führen und gleichzeitig den Menschen das Land wegnehmen. Aber das ist geschehen. Der Wendepunkt war dann natürlich der Ausbruch der Intifada im September 2000, der auch noch einmal durch Israel, nämlich durch das Erscheinen Scharons auf dem Tempelberg, provoziert wurde.

W.W.: Wie kann man die Zuspitzung in Palästina heute noch entflechten? Denken wir an die demokratisch gewählte Hamas, die das Existenzrecht Israels verweigert und Selbstmordattentäter unterstützt; auf der anderen Seite an eine israelische Regierung, die eine Mauer durch das Land zieht, die die Palästinenser dadurch in die Armut treibt und einen funktionierenden Palästinenserstaat verunmöglicht; denken wir an ausbleibende westliche Geldmittel, an das soziale Elend in der Bevölkerung und vieles mehr!

U. Steinbach: Hier wird man beiden Seiten eine Schuld geben müssen. Die Hauptschuld liegt aber weiter bei den Israelis: bei der Fortsetzung der Besatzung, der Fortsetzung der Siedelei, der Fortsetzung der israelischen Politik, die Resolutionen der Internationalen Gemeinschaft zu ignorieren. Aber auch die palästinensische Seite hat wenig Anstrengungen gemacht, daß die palästinensische Führung als friedenswilliger und friedensfähiger Verhandlungspartner für die Israelis erscheint.

Eine Entflechtung ist durchaus noch möglich, wenn die Internationale Gemeinschaft als ehrlicher Makler und notfalls auch mit Druck auftritt. Aber das tut sie nicht. Die Konfliktpartner unter sich – die Israelis und die Palästinenser – sind vermutlich nicht mehr in der Lage, aus eigenen Kräften zum Frieden zu finden. Aber diese Internationale Gemeinschaft ist nicht als geschlossene Gemeinschaft existent; denn schon die Europäer sprechen nicht mehr mit einer Stimme. Die USA verfolgen eine proisraelische Politik – ohne jeden Ehrgeiz, als ehrlicher Makler zwischen den Palästinensern und den Israelis aufzutreten. Und nun ist die gesamte Angelegenheit noch durch den Wahlsieg der Hamas erschwert. Das hat die Position der Internationalen Gemeinschaft nicht gerade verbessert, denn auf der einen Seite hat man die Palästinenser aufgefordert zu wählen, und nun stellt sich heraus, daß sie falsch gewählt haben.

Und an dieser Stelle wird der alte Vorwurf der doppelten Standards wieder laut. Man verlangt der palästinensischen Seite, der Hamas, einiges ab, den Israelis aber verlangt man nichts ab. Das Hauptproblem liegt nicht in erster Linie bei der Hamas, sondern bei der Fortsetzung der israelischen Besetzung. Jetzt macht man Hamas viele Vorwürfe und stellt zahlreiche Forderungen auf, aber wer spricht von der fortgesetzten Besatzung, von den zahlreichen Tötungen, wer spricht von der völligen Vernachlässigung der Resolutionen der Internationalen Gemeinschaft, der Landnahme durch die Mauer? Niemand! Deshalb ist die Internationale Gemeinschaft in den Augen der Palästinenser, aber auch bei großen Teilen der arabischen Welt, nicht mehr in der Lage, als ehrlicher Makler aufzutreten. Vor diesem Hintergrund bin ich sehr skeptisch, daß bei einem Friedensprozeß noch etwas herauskommen kann.

Die stärkere Macht im Nahen Osten, Israel, wird das tun, was Herr Olmert angekündigt hat: nämlich die einseitige Grenzziehung mit Hilfe der Mauer. Und diese Mauer wird das Problem im Nahen Osten betonieren.

Al-Qaida als dezentrales Netzwerk

W.W.: Hat die Qaida heute noch die führende Rolle im politischen Islam, oder ist sie mittlerweile ein selbst operierendes dezentrales Netzwerk?

U. Steinbach: Sie ist ganz gewiß ein dezentrales Netzwerk. Al-Qaida ist nur noch ein ideologisches Programm bzw. eine Kampfparole, aber keine Institution, die hinreichend erkennbare Strukturen hätte. Sie ist fast nur noch ein Slogan für einen Kampf gegen den Westen mittels Dschihad und Terror. Es gibt selbständige Strukturen in Algerien, Saudi-Arabien, im Irak, in Pakistan oder Afghanistan; und auch diejenigen, die im europäischen Kontext – Madrid und London – zugeschlagen haben, sind selbständige Organisationen, wenn es denn überhaupt Organisationen sind. Gemeinsam ist ihnen allerhöchstens eine westfeindliche Ideologie. Sie alle operieren weitgehend unabhängig im nationalen Kontext, werden aber nicht durch eine gemeinsame Führung gesteuert.

W.W.: Kann man damit rechnen, daß die Qaida oder andere Terroristen eine Atombombe in ihre Hände bekommen und sie auch werfen werden?

U. Steinbach: Bis auf weiteres nicht. Ich bin der Meinung, daß keine Regierung in der Region des Nahen Ostens, die Atomwaffen hat bzw. haben könnte, daran interessiert wäre, eine solche Waffe an die Terroristen weiterzureichen. Denn dann wäre die eigene Gesellschaft am meisten gefährdet. Wenn z.B. die pakistanische Führung irgendwelchen Terroristen – meinetwegen versprengten Taliban – Atomwaffen zukommen ließe, dann wäre das das Todesurteil vieler Menschen in Afghanistan und Pakistan.

Auch die Iraner, über die momentan so viel gesprochen wird, haben nicht die Spur eines Interesses, eine Proliferation in Gang zu setzen, der sie am Ende selbst zum Opfer fallen würden. Das atomare Programm des Iran hat sehr viel mit dem Status zu tun und auch damit, daß man nicht mehr in eine Situation wie 1980 kommen möchte. Denn damals saß man auf einem Berg von westlicher Technologie, wurde vom westlich unterstützten Irak angegriffen und konnte die eigene Technologie aufgrund des Embargos nicht mehr benutzen.

Kulturkampf oder Kulturdialog?

W.W.: Ähnlich wie sich in Palästina die Situation durch die Härte des israelischen Staates einerseits und durch die Selbstmordattentäter andererseits beständig hochschaukelt, scheint es auch weltweit so zu sein, daß diejenigen Kräfte, die einen Kampf der Kulturen wollen, immer mehr Erfolg haben. Kann man davon sprechen, daß es so etwas wie eine dritte Kraft gibt, die eine solche Auseinandersetzung will und ins Religiöse verlagert? Oder sind es nur die Neocons in den USA auf der einen Seite und die Islamisten auf der anderen Seite, die sich gegenseitig hochschaukeln?

U. Steinbach: Auf jeden Fall ist an dieser dritten Kraft etwas dran; denn auf beiden Seiten gibt es Elemente, die ihre Konfliktbereitschaft in eine religiöse Dimension heben. Das bezieht sich auf den amerikanischen Präsidenten und die Neocons – er bringt für sie das Gute, und dieses wird religiös verbrämt. Dadurch bekommt ein politischer Konflikt eine kulturelle, ja sogar eine religiöse Dimension. Auf der islamischen Seite finden diejenigen Gehör, die verlautbaren lassen, daß man sich in einem historischen Abwehrkampf gegen die Kreuzfahrer befinde. Und sie kleiden ihre eigene Interpretation in die Pflicht zum Widerstand, den Dschihad.

So gesehen gibt es tatsächlich eine Dimension, die die Religion für politische Zwecke instrumentalisiert. Trotzdem glaube ich, daß wir weit von einem wirklichen Kampf der Kulturen entfernt sind. In den USA wird das Konzept der Neocons bei weitem nicht einheitlich befürwortet. Zwischen Europa und den USA haben sich zeitweilig tiefe Verwerfungen aufgetan, und von den Verwerfungen in der islamischen Welt haben wir bereits gesprochen. Trotzdem müssen wir sehr sensibel betrachten, daß wir in einer Situation sind, in der die eine oder die andere Seite ihre Konflikte mit der jeweils anderen Seite in eine religiöse Dimension hebt.

W.W.: Westliche Menschenrechte und Demokratie kommen in breiten Kreisen der muslimisch-arabischen Welt nicht gut an, wenn man nur an Israel, den Irakkrieg oder Abu Ghraib denkt. Hat der Westen damit einen Kulturdialog verspielt?

U. Steinbach: Auf jeden Fall. Die Konzepte, die wir anzubieten haben und täglich wie eine Monstranz vor uns hertragen – nämlich Demokratie und Menschenrechte –, sind Konzepte, denen man in der islamischen Welt durchaus offen begegnen möchte. Denken Sie z.B. an die kürzlich erfolgten Demonstrationen in Kairo gegen Mubarak, wo also endlich etwas in Gang kommt. Denken Sie an die Bereitschaft der Iraker, zur Wahlurne zu gehen, obwohl es lebensgefährliche Umstände waren. Das ist die eine Seite in der muslimisch-arabischen Welt, und das Konzept der Zurückweisung der autokratischen Strukturen hat dort eine hohe Popularität.

Aber das Demokratiekonzept, wie es vor allem von den USA vorangetragen wird, ist längst diskreditiert, und zwar durch die Gewalt, die angewandt wird; diskreditiert durch die Politik Israels, diskreditiert durch die Folterungen in Abu Ghraib. Deshalb sind wir nicht in der Lage, als politische und moralische Referenz derjenigen zu dienen, die eigentlich den politischen Wandel in der arabischen Welt wollen.

White House photo by Eric Draper. ©gemeinfrei

Mohamed Hosni Mubarak

W.W.: Gibt es eine Möglichkeit der Fortentwicklung im Islam, durch die man auch dort zu einer Trennung von Religion und Staat oder zu westlichen Menschenrechten – wie z.B. der Gleichberechtigung von Mann und Frau – kommen kann?

U. Steinbach: Das gibt es. Zunächst einmal ganz spürbar und konkret innerhalb der Türkei, und zwar nicht nur auf der politischen Ebene, sondern auch auf der theologischen. Hier gibt es Diskussionen, in denen die Trennung von Religion und Politik auch theologisch und islamreformerisch nachvollzogen wird. Ähnliche Konzepte, vielleicht sogar noch weiterreichende, haben wir in Südostasien, wo führende südostasiatische Theologen und Politikwissenschaftler Konzepte formuliert haben, die von einer Trennung von Religion und Politik ausgehen.

Daneben gibt es ein Land, in dem diese Frage kämpferisch ausgetragen wird, sich aber bisher noch nicht institutionell verfestigt hat – und das ist der Iran. Acht Jahre lang haben wir dort erlebt, daß von unten ein starker Druck entstand, das System der „Herrschaft des anerkannten Gottes", das System der islamischen Republik, in Richtung weiterführender demokratischer Elemente wie Partizipation, Pluralität und Rechtsstaatlichkeit zu verändern. Das war eine dramatische Konfrontation mit einem politischen System, das am Ende nicht gezögert hat, ständig die Religion für die Politik und den Machterhalt der an der Macht befindlichen Politiker zu instrumentalisieren. Daran ist Herr Chatami gescheitert. Letzten Endes ist er auch an sich selbst gescheitert; denn einerseits wollte er den Fortschritt haben, andererseits bestand er immer wieder auf der „Herrschaft des anerkannten Gottes". Auch bestand er darauf, daß die Grundlagen des Systems nicht verändert werden dürften – mit dem Ergebnis, daß Herr Chatami so etwas wie ein iranisch-islamischer Gorbatschow geworden ist. Er wollte die Veränderung, gleichzeitig aber wollte er die Basis des Systems beibehalten.

Am Anfang steht die Selbstkritik

W.W.: Welche Schritte müssen Vertreter der westlichen Menschenrechte und Vertreter der Muslime aufeinander zu machen, wenn sie in einen Kulturdialog eintreten wollen?

U. Steinbach: Was geschehen muß, hat wesentlich mit Kultur und Politik, aber überhaupt nichts mit Religion zu tun. Das Problem des mangelnden Dialogs, der eskalierenden Feindseligkeit und der unzureichenden gegenseitigen Wahrnehmung hat nichts mit der anderen Religion zu tun, sondern es kommt aus der Politik. Das bedeutet, daß der Kulturdialog im politischen Raum beginnen muß, und er muß selbstkritisch beginnen. Am Anfang steht die Selbstkritik. Der Westen muß untersuchen, warum er im Orient so negativ wahrgenommen wird, und die islamische Welt muß selbstkritisch betrachten, warum sie unfähig ist zu erkennen, daß die Welt des 21. Jahrhunderts durch westliche Entwicklungsparadigmen bestimmt ist, die aber durchaus mit dem Islam kompatibel wären.

Es gibt einen zweiten Punkt: Der zentrale politische Wert in der islamischen Welt ist Gerechtigkeit. Das bedeutet, daß die gegenwärtige Situation der Gewalt, die vom Westen ausgeht, als ungerecht betrachtet wird. Die gesamte Weltordnung wird nicht als gerecht wahrgenommen. Das machen sich die Islamisten und die Radikalen zum Argument, indem sie behaupten, daß sie im Grunde für eine gerechte Ordnung kämpfen. Diesen Schuh müssen wir uns zwar nicht anziehen; aber wir müssen erkennen, daß wir eine Politik verfolgen müssen, die nachvollziehbar partnerschaftlich ist und die nicht mehr die Probleme der islamischen Welt durch die Dominanz des Westens zu ordnen und zu regeln beansprucht. Nur dann können wir zu einem Ausgleich mit der islamischen Welt kommen.

Daneben gibt es eine Vielzahl von kleineren Maßnahmen, die bei uns, in unserer Gesellschaft, anfangen, also in der direkten Begegnung zwischen der muslimischen Minderheit und der nicht-muslimischen Mehrheit – und sie ragen bis in die Außenpolitik hinein.

Irakische Scheinkompromisse

W.W.: Zwar haben die USA den Irak erobert und das Regime von Saddam Hussein gestürzt, aber besser geht es dem Land deshalb kaum. Hinzu kommt, daß sich alle Kriegsgründe als Lügen entpuppt haben – Massenvernichtungswaffen, die angebliche Verbindung Saddam Husseins zu Al-Qaida, angebliche Uran-Lieferungen aus dem Niger usw. Um welche Konfliktlinien geht es momentan im Irak? Gibt es dort überhaupt noch eine Lösung?

U. Steinbach: Jein. Auf der einen Seite ist es erstaunlich, daß der formale Prozeß der Bildung der Regierung und vieler Institutionen so weit vorangeschritten ist, bis hin zu den Wahlen. Das ist ermutigend. Auf der anderen Seite erleben wir das Niederschmetternde, daß diese sogenannten Fortschritte, die einer amerikanischen Agenda entsprochen haben, nicht verhindert haben, daß der Irak immer tiefer in die Gewalttätigkeit abrutscht. Deswegen bin ich für die Zukunft des Irak eher skeptisch als positiv eingestellt, denn es gibt dort drei für den Irak essentielle Konfliktachsen:

Erstens hält die Besatzung an, und ein Teil der Gewalt ist Widerstand gegen diese Besatzung.

Zweitens ist die Struktur des Staates offen. Das zentralistische Prinzip wird nicht mehr erneuert werden können, und so kämpfen die verschiedenen ethnischen und religiösen Gruppen um die Vorherrschaft. Und sie kämpfen nicht um einen neuen Kompromiß. Ein Kompromiß wäre z.B., daß die Schiiten zwar die Macht im Staat übernehmen könnten, aber gleichwohl müßten sie die Sunniten und die Kurden in die Macht mit einbinden. Die Kurden sollten ihre politische, ethnische und kulturelle Eigenständigkeit durchaus sichtbar machen, andererseits müßten sie aber die Vorherrschaft der Schiiten in Bagdad akzeptieren. Aber momentan kämpft jede Gruppe nur für die eigenen Ziele.

Das dritte ist die Frage nach der Religion. Der Irak war ein säkularer Staat, in dem sunnitische Muslime dominierten; jetzt wird er schiitisch bestimmt werden. Aber nun wird es darum gehen, welche Rolle die Religion ganz konkret in Politik und Gesellschaft spielen wird.

Diese drei Fragen stehen im politischen Raum und sind bisher nicht im konstruktiven Dialog ausgetauscht worden, sondern sie wurden durch Scheinkompromisse gelöst, indem sie von einer amerikanisch diktieren Verfassung geregelt wurden.

Iran auf gleicher Augenhöhe mit dem Westen

W.W.: Wie schätzen Sie Ahmadinedschad ein, wenn er populistische Reden schwingt – wenn er den Holocaust leugnet, wenn er die Vernichtung Israels predigt usw.? Ist dies seine Überzeugung, oder dient es lediglich der Provokation des Westens?

U. Steinbach: Das ist seine tiefste Überzeugung. Wir haben hier einen Mann, der eine späte Mini-Ausgabe von Khomeini ist. Er wiederholt im Grunde die Ideale der Revolution in den Termini von Khomeini, obwohl die Zeit sich zutiefst gewandelt hat. Die Ziele der Revolution waren dreifach:

Die Revolution wurde ursprünglich für die Unterdrückten gemacht, und auf diese Wählerschichten hat Ahmadinedschad gesetzt und gewonnen. Dieser Punkt ist durchaus khomeinistisch und entspricht Ahmadinedschads eigener Sozialisation als Sohn eines Schmieds.

Das zweite ist die Nichtanerkennung der Existenz Israels aus der Perspektive einer islamischen Revolution, die durchgeführt wurde, um die Rangordnung in weltpolitischer Dimension zugunsten der islamischen Welt zu verändern; einer Revolution, die die islamische Welt auf gleiche Augenhöhe mit dem Westen bringen sollte. Dies ist nicht gelungen, und von daher bleibt Israel das, was es immer war, vor allem in den Augen der islamischen Revolutionäre: ein Symbol der westlichen Dominanz.

Das dritte ist, daß sich der Iran – wie weiland auch unter Khomeini – als Führungsmacht in der islamischen Welt sieht, die sich aufgerufen fühlt, dasjenige zu erreichen, was bisher nicht erreicht worden ist: den Gleichstand mit der westlichen Welt unter iranischer Führung.

W.W.: Welche Rolle spielt in diesem Kontext die Urananreicherung?

U. Steinbach: Die Nuklearfrage spielt hier eine entscheidende Rolle. Was die Iraner eigentlich mit der Atomfrage wollen, hat erstens ganz ohne Zweifel auch wirtschaftliche Gründe; aber was sie wirklich zutiefst wollen, ist zu symbolisieren, daß sie durch die Beherrschung dieser Atomtechnologie, insbesondere der Urananreicherung, auf gleiche Augenhöhe mit dem Westen kommen können.

W.W:: Spielt nicht auch der Wunsch eine Rolle, unangreifbar zu werden?

U. Steinbach: Ja, sicher. Aber das beträfe die Atombombe. Zunächst einmal sprechen wir nur über die zivile Nutzung der Atomenergie; und diese zivile Nutzung hat für alle Iraner im höchsten Maße eine Symbolik. Selbst wenn am Ende eine Atombombe herauskommt, heißt das noch lange nicht, daß die Iraner übermorgen losschlagen werden, sondern dann – und das entspricht dem Bewußtsein der meisten Iraner – genießen sie endlich den Respekt, wie er zutiefst aus der iranisch-islamischen Kultur abzuleiten ist.

W.W.: Und wie sollte man seitens des Westens mit dem Iran in der Atomfrage umgehen?

U. Steinbach: Der Westen müßte den Iranern eine umfassende technologische Kooperation anbieten – vor allem die USA. Was dem Iran und der iranischen Öffentlichkeit fehlt, ist im Grunde ein Ausgleich mit den USA. Es muß deutlich werden, daß man von gleich zu gleich mit den USA sprechen kann. Wenn der amerikanische Präsident den Iranern eine umfassende Kooperation mit dem Ziel der friedlichen Nutzung der Atomenergie anbieten würde, dann würde das die Welt verändern. Es würde sowohl den amerikanischen als auch den iranischen – und ebenso den europäischen – Intentionen entsprechen. Dadurch würde auch im Iran der Demokratisierungsprozeß weiter angestoßen werden. Die Verweigerung der Urananreicherung – die von der Mehrheit der iranischen Bevölkerung gewollt wird – durch den Westen führt immer mehr dazu, daß die Mehrheit der iranischen Bevölkerung zu einem Schulterschluß mit einem Mann geführt wird, den sie eigentlich nicht gewählt haben und den sie auch wegen seiner primitiven Rhetorik ablehnen. Wenn wir also das Gespräch mit Ahmadinedschad verweigern, blasen wir Wind in seine Segel.

W.W.: Wollen die USA einen Krieg gegen den Iran provozieren?

U. Steinbach: Ich glaube, daß die USA seit langem eine militärische Lösung in den Schubladen haben, und ich erinnere mich an Gespräche in Washington vor dem Irakkrieg, bei denen es immer hieß, daß es den USA eigentlich nicht um den Irak, sondern um den Iran ginge. Der Iran ist die große Herausforderung für die USA seit der islamischen Revolution durch Khomeini und der Geiselnahme der US-Bürger in der Teheraner Botschaft im November 1979.

Iran: Apokalypse oder Genesung von innen?

Interview mit Dr. Seyed Mostafa Azmayesh

von Helmut N. Gabel

Dr. S. M. Azmayesh *ist Sufi-Lehrer und eingeweihter Meister des Nematollah Gonabadi Ordens.*

Geboren im Iran, lebt jedoch schon seit über 30 Jahren in Frankreich. Er hat Philosophie, Theologie, Religionswissenschaften und islamisches Recht in Teheran studiert. In Paris hat er seine Studien abgeschlossen und an der Sorbonne in Religionswissenschaften graduiert. Seine Fachgebiete sind die Gnosis und das Sufitum. Zahlreiche Veröffentlichungen zu diesem Themengebiet liegen hauptsächlich in persischer Sprache vor, seine internationale Vortragstätigkeit findet in englischer Sprache statt. Bekannt ist er vor allem in Holland, Frankreich, Großbritannien, den USA und im Iran durch zahl-

reiche Interviews in exiliranischen Medien.

© gemeinfrei

Karte des Iran aus dem CIA World Fact Book

Am 13. Februar 2006 werden 1.200 Mitglieder des Nematollah Sufi Ordens in der Stadt Qom (Ghom), Iran, im Zuge einer gewaltsamen Räumung und Zerstörung ihres Gebetshauses durch paramilitärische Einheiten und Polizeikräfte festgenommen und unter menschenrechtsverletzenden Bedingungen festgehalten. Über 100 von ihnen drohen längere Gefängnisstrafen und Peitschenhiebe.

Der offene und gewaltsame Angriff iranischer Behörden auf eine Minderheit, im Schlepptau fundamentalistischer Eiferer, hat weltweit Proteste ausgelöst und Amnesty International auf den Plan gerufen.

Da es mich verwundert hat, daß die iranischen Behörden so massiv gegen friedlich gesinnte Menschen vorgehen, wollte ich etwas über die Hintergründe erfahren. Bei meinen Recherchen stieß ich auf viele Ereignisse im Iran, von denen wir im Westen so gut wie nichts hören: Streik der Busfahrer in Teheran, friedliche Demonstrationen von Frauen am internationalen Tag der Frauen, Studentendemonstrationen, die alle zügig und brutal beantwortet werden von einer gut organisierten Spezialeinheit der Polizei und immer wieder auch von verschiedenen paramilitärischen Einheiten wie den *Bassiji* oder den *Fatemion* oder *Hojiatieh*. Die Kontrolle über die Bevölkerung greift auch auf die elektronischen Medien über. Nachdem viele Zeitungen verboten worden waren, haben sich viele Menschen über elektronische Medien durch sogenannte Blogs (Internet-

Tagebücher, Anm. d. Red.) über die Politik im Iran geäußert und ausgetauscht. Irans sehr lebendige Bloggerszene muß sich hüten. Viele Leute, die sich kritisch äußern, landen mittlerweile sehr rasch im Gefängnis.

Als Interviewpartner konnte ich dann den Vertreter des Nematollah Sufi-Ordens für Europa gewinnen. Dr. Azmayesh hatte ich ein Jahr zuvor als fundierten Kenner der Gnostik und der iranischen Geschichte kennengelernt, und ich konnte ein Interview im Auftrag eines lokalen Radiosenders durchführen.

In dem hier veröffentlichten Interviewauszug geht es um die Ereignisse von Qom, die Hintergründe des schiitischen Mythos vom 12. Imam, seine Bedeutung für das Regime im Iran und um die Relevanz all dessen für uns im Westen.

Helmut N. Gabel: Könnten Sie uns bitte zunächst beschreiben, was ein Sufi-Orden ist?

Seyed Mostafa Azmayesh: Das Sufitum ist der unmittelbare Weg des Individuums zu Gott über sein oder ihr Herz. Der Unterschied zwischen jeglicher Religion und dem Sufitum besteht darin, daß es bei den Sufis keine allgemeingültige Schulung gibt, die für jeden gleich ist, sondern immer nur einen individuell abgestimmten Weg. Jeder Mensch erhält einen eigenen Unterricht, um sich ganz individuell entwickeln zu können und auf seine eigene Weise das Licht Gottes zu erreichen. Dies ist die Besonderheit im Sufitum.

Der Ursprung des Sufitums

Nach dem Aufkommen des Islam entstanden auch unterschiedliche Sufi-Zweige, vergleichbar mit den Gnostikern im Christentum und den Kabbalisten im Judentum. Wir können jedoch nicht den Ursprung des Sufitums festlegen, weil das Sufitum ein Zweig der allgemeinen mystischen und gnostischen Strömung ist. Diese wiederum ist länger in der Welt als der Islam, das Christentum und das Judentum. Die persönliche Suche nach dem Licht Gottes im eigenen Herzen besteht seit Anbeginn der Geschichte der Menschheit.

Insbesondere das Sufitum im Islam verwendet als Methode bestimmte Verse aus dem Koran, der ja dem Propheten Mohammed von dem Erzengel Gabriel in Mekka offenbart wurde. Diese Art von Versen bildet die Methoden für die spirituellen Übungen, die den substantiellen Aspekt des Suchenden entwickeln. Die Basis des Sufitums im Islam ist diese Art von Versen aus dem Koran. Das ist der Grund für viele, das Sufitum als einen Zweig des Islam zu betrachten.

© archINFORM
Grab des Shah Nematollah Vali in Kerman

Es gibt jedoch sehr unterschiedliche Stile von Sufi-Schulen oder Methoden. Ein großer Orden, der dem schiitischen Zweig entstammt, ist der Orden von *Shah Nematollah Vali*, einem Mystiker und Gottessucher aus dem 14.Jahrhundert. Wir finden ihn verbreitet im Iran, Irak und angrenzenden Ländern.

Doch wie ich zu Beginn schon angedeutet habe, kann ein Sufi-Schüler sowohl Muslim, Christ, Jude, Hindu, Buddhist oder ganz ohne Religion sein. Er kann ein Suchender sein, der Gottes Licht in seinem Herzen sucht, der seine spirituelle Entwicklung in die Hand nimmt. Es hat nichts mit Theologie oder äußeren Aspekten einer Religion zu tun.

Das Regime im Iran und die Sehnsucht nach Apokalypse

H.N.G.: Verfolgt dieser Orden ein politisches Ziel?

S.M. Azmayesh: Es kommt darauf an, wie die Gesellschaft organisiert ist. Auch hängt es von den Personen ab, die das Land regieren. In den westlichen Gesellschaften ist es unerheblich, ob jemand Sufi ist oder nicht. Er kann sich frei entscheiden, ob er Sufi sein will oder nicht. Doch in totalitären Regierungssystemen verhält es sich so: Wenn Sie Mitglied in einer Sufi-Schule sind, wird diese Entscheidung als eine politische Festlegung und politische Aktivität betrachtet. In den Augen einer totalitären Regierung bedeutet es: Wenn Sie Sufi sind, dann sind Sie gleichzeitig gegen die Regierung eingestellt. Ein Sufi kann persönlich aktiv sein oder nicht. Aber das Sufitum als Schulrichtung hat nichts mit Politik zu tun.

Doch durch die aktuelle religiöse Führung im Iran werden die Sufis als eine politische Strömung erachtet, die gegen die Regierung ist.

H.N.G.: Lassen Sie uns einen Blick auf die innenpolitische Lage im Iran werfen. Präsident Ahmadinedschad versucht, die Massen im Iran durch zwei Themen hinter sich zu einen: die Auseinandersetzungen um den Bau von Atomanlagen im Iran und die verbalen Attacken gegenüber Israel. Was sollten wir im Westen über den Iran wissen?

S.M. Azmayesh: Das Problem besteht darin, daß die Internationale Gemeinschaft Interesse am Iran entwickelt, wenn der Iran nach außen schaut. Aber sie bringt kein Interesse auf für die Vorgänge im Innern des Iran, von denen die Bevölkerung betroffen ist.

Das System der Regierung im Iran ist ein totalitäres, und wenn wir über Totalitarismus sprechen, müssen wir uns z.B. den Unterschied zwischen dem Iran und der Sowjetunion unter Stalin klarmachen.

Stalin hat die Gestaltung des sozialen Lebens für sich beansprucht, während die Führer im Iran die Gestaltung sowohl des sozialen Lebens als auch des spirituellen Lebens der gesamten Bevölkerung für sich beanspruchen. Die Führer im Iran würden gerne in jedem Aspekt – im Sozialen, im Wirtschaftlichen und in spiritueller Hinsicht – eines jeden Individuums entscheiden, was zu tun ist und was nicht; sowohl im irdischen Leben als auch im Leben nach dem Tod. Somit haben wir es im wahrsten Sinne des Wortes mit einem totalitären System zu tun.

Wenn Sie also in einem solchen System leben, gibt es keinen Raum für Freiheit und Demokratie.

Im Grunde wird ja auch alles direkt ausgesprochen. Der Hauptideologe des Regimes, Großayatollah Mesbah Yazdi, hat kürzlich geäußert, die Bevölkerung sei überhaupt nicht wichtig. Die Legitimität der Regierung komme direkt aus der unsichtbaren Beziehung des Oberhauptes der Revolution mit dem verborgenen 12. Imam. Eine okkulte These wird als Legitimation für die Regierung propagiert, und die Menschen haben in diesem ideologischen Gebäude keinerlei Platz. Sie sind nichts als Untertanen. In einem solchen System sind nicht nur die Sufis nicht frei, niemand kann frei sein. Dies ist die Wirklichkeit des iranischen Systems.

Von Zeit zu Zeit bedrohen diese Ayatollahs andere Länder oder Systeme, wie sie zur Zeit Israel bedrohen; oder sie streiten über die Nuklearanlagen. Durch diese Art schaffen sie es, die Welt über ihre Absichten in Sorge zu stürzen. Selbst wenn die iranische Regierung ihre Drohungen nicht wahrmacht, muß die Weltgemeinschaft achtgeben, was diese Regierung macht und welche Absichten sie verfolgt.

Der verborgene Imam

H.N.G.: Können Sie näher auf die These des unsichtbaren Imams und ihre Relevanz für die iranische Führung eingehen?

S.M. Azmayesh: Der 12. Imam lebt in einer Periode der Verborgenheit. Wir haben zwei Perioden der Verborgenheit, eine kleine und eine große. Die große ist endlos. Es ist nicht klar, wann er wieder erscheinen wird. Sogar er selbst weiß es nicht. Es wird gesagt, während dieses Zeitalters nehme ein guter schiitischer Gläubiger keine politische Stellung ein. Dies war der schiitische Standpunkt. Und der Unterschied zwischen den Schiiten und den Sunniten besteht gerade darin. Denn die Sunniten denken, nach dem Tod des Propheten des Islam betreffe Politik die Bürger, und sie müßten selbst über das System ihres Staatsgebildes entscheiden können. Doch die Schiiten denken, daß Politik eine Folge spiritueller Kraft und eng mit dieser verknüpft sei. Während der Zeit der Verborgenheit müssen sich die Schiiten also gänzlich aus der Politik heraushalten.

Ayatollah Khomeini schuf eine neue These zu politischem Verhalten in der schiitischen Welt: In der Zeit der Verborgenheit des Imams sei es den religiösen Führern, den Ayatollahs, vorbehalten, die islamischen Länder zu regieren.

Nun gibt es inzwischen noch einen dritten Standpunkt: Gewisse Gruppierungen der Ayatollahs sagen, die Politik könne von den Ayatollahs in der Zeit der Verhüllung des Imam bestimmt werden. Und in dieser Phase sei es natürlich, daß

© gemeinfrei

Ayatollah Khomeini auf einer Hauswand im Iran

heftige gesellschaftliche Krisen auf internationaler Ebene geschaffen werden müssen. Wenn Krisen und Ungerechtigkeiten auf der ganzen Welt herrschen, wird dadurch der Imam von Gott geschickt werden, um die Probleme der Menschheit zu lösen. Diese Ayatollahs sagen, daß die Arbeit der religiösen Regierung bis zum Wiedererscheinen des Imam nicht dazu da sei, um islamisches Recht umzusetzen, sondern im Gegenteil viele Probleme zu verursachen und großes Geschrei zu veranstalten. Es sei ganz natürlich, einen Haufen Schwierigkeiten und Lärm und Kriege zu schaffen, denn durch all dies würde der Imam sehr schnell zum Wiedererscheinen geführt.

Dies ist die neueste Interpretation. Präsident Ahmadinedschad ist ein Anhänger dieser Interpretation. Aus diesem Grund spricht er über die anderen Länder und über die Notwendigkeit, die Nukleartechnik zu entwickeln.

Die Ereignisse von Qom

H.N.G.: Offensichtlich gibt es hier ein Beispiel, das veranschaulichen kann, wie das Regime im Iran mit der Bevölkerung umgeht, wenn sie nicht spurt. Im Zusammenhang mit der Vernichtung ihres Zentrums wurden in Qom mehrere Mitglieder des Nematollah-Ordens ins Gefängnis geworfen. Die Behörden werfen ihnen vor, Agenten des Westens zu sein und eine Rebellion anzetteln zu wollen. Kein Anwalt, Freund oder Verwandter durfte Kontakt zu ihnen aufnehmen. Was ist tatsächlich geschehen, und was ist Ihr Standpunkt zu diesen Vorwürfen?

S.M. Azmayesh: All das sind falsche Anschuldigungen, die jeglicher Grundlage entbehren.

Mit der Regierungsübernahme durch Ahmadinedschad und seine Gefolgsleute wurde die Situation für die Sufis sehr eng.

Die Propaganda behauptete nun, die Sufis seien überhaupt keine Moslems, und es gebe keinen Platz für sie in einer muslimischen und in der iranischen Gesellschaft. Sie erklärten, es sei Sache der Regierung, die Sufis völlig zu entfernen und ihre Häuser überall zu zerstören. Sie haben damit in Qom angefangen, weil Qom die Hauptstadt des schiitischen Fundamentalismus ist. Dort leben die reaktionären Ayatollahs (Mesbah Yazdi, Nuri Hammedani, Makarem Shirazi, Safi Golpayegani, Fazel Lankarani), die völlig unverhüllt und öffentlich die Derwische angreifen und zu Gewalt gegen sie aufrufen – mit dem Ziel, sie völlig aus Qom zu entfernen.

Im Frühjahr 2005 fingen sie damit an, Bücher gegen die Sufis zu schreiben, lauter ideologisch verbrämte Schriften, um zu verbreiten, die Sufis seien kein Quäntchen muslimisch. Sie beschreiben, wie seit der Zeit des Propheten die Sufis in einer islamischen Gesellschaft nicht tragbar gewesen seien. Doch all diese Behauptungen sind schlichtweg falsch. Dies war die ideologische Vorbereitung ihrer Anhänger, um die Sufis anzugreifen.

Im Sommer darauf begannen sie dann die Sufis in Verbindung mit dem Pentagon und der CIA und mit fremden Mächten zu bringen. Es war offensichtlich, daß sie die Köpfe ihrer Anhänger auf den Angriff gegen die Sufis vorbereiteten.

Das Problem daran ist, daß das alles nicht offiziell von seiten der Regierung betrieben wurde. All dies wurde durch die reaktionären Ayatollahs in Qom getan, doch wurde es von der Regierung geduldet. Die Regierung zeigte keine Reaktion darauf.

Schließlich kritisierte im November einer der reaktionären Ayatollahs, Nouri Hammedani, die Regierung mit den Worten: „Wenn die Regierung die Sufis nicht aus Qom entfernt, dann werde ich meine Anhänger auffordern, dies zu tun."

Letztlich forderte er seine Anhänger auf, tätig zu werden, und die Behörden waren dabei und unterstützten sie, statt sie aufzuhalten, und inhaftierten die Sufis. 1.200 Derwische wurden verhaftet. Während der Verhaftungen waren viele Menschen Tränengas ausgesetzt, viele wurden verletzt, manche verloren ein Auge. Es war eine furchtbare Erfahrung für sie.

Wir baten dann Shirin Ebadi – die Anwältin, die sich für Menschenrechte im Iran einsetzt und dafür den Nobelpreis bekam – Fürsprache für die Sufis zu halten. Dadurch, daß sie international bekannt ist, genießt sie einen gewissen Schutz; und so hatten wir die Hoffnung, daß sie helfen kann. Jeder andere Anwalt, der bereit war, den Sufis zu helfen, wurde von den Behörden sofort verhaftet und festgesetzt. Die reaktionären Ayatollahs wollten die Sufis gerne angreifen, und gleichzeitig sollte sich Schweigen darüber ausbreiten, damit sie mit den Sufis in aller Ruhe ein Ende machen könnten. Aber glücklicherweise half die Internationale Gemeinschaft den Derwischen sehr, und die Behörden mußten den Großteil der Sufis dann auch schnell aus dem Gefängnis entlassen. Jetzt haben wir eine sehr chaotische Situation. In Qom gibt es keine Derwische mehr – es gibt ihr Zentrum nicht mehr, da alles zerschlagen und mit Baggern niedergerissen wurde. Diese Aktionen blieben bislang auf Qom beschränkt und wurden trotz entsprechender Ankündigungen nicht auf Sufi-Zentren in anderen Städten ausgeweitet.

Sufis interpretieren den Koran am friedlichsten

H.N.G.: Aus welchem Grund fürchtet die iranische Regierung die Sufis? Welche Argumente bringt sie gegen die Sufis vor?

S.M. Azmayesh: Während der ersten 27 Jahre der islamischen Staatsführung im Iran gab es eine Art von Koexistenz zwischen den Sufis und dem iranischen System. Als vor kurzem der neue Standpunkt, die Politik betreffend, aufgebracht wurde, entwickelten sich die Widersprüche zwischen bestimmten religiösen Strömungen und den Sufis immer stärker auseinander. Der Grund dafür liegt auf der Hand: Wenn diese bestimmte religiöse Strömung von Radikalität und Totalitarismus spricht; wenn sie hervorhebt, es sei natürlich, krisengeschüttelt zu sein; wenn sie auffordert, bereit zu sein, sich gegen die westlichen Länder zu stellen usw. und Intoleranz und Härte anderen Menschen und anderen Religionen gegenüber zu zeigen – dann beginnen selbstverständlich viele Menschen, sich von dieser Art, den Islam zu interpretieren, abzuwenden, und sie bewegen sich auf die entgegengesetzte Art zu, den Islam zu interpretieren: nämlich in Richtung einer friedvollen Interpretation. Der friedfertigste Blick auf den Koran und auf die islamische Religion ist der Blickwinkel der Sufis. Diese neue Strömung der Ayatollahs drängt die Menschen, insbesondere die jungen Menschen, durch ihre eigenen Theorien zum Sufitum. Diese Ayatollahs fürchten, daß die Menschen im Iran sich von ihren Theorien abwenden. Sie fürchten, daß die Menschen sich mehr und mehr für das Sufitum interessieren, da sie selbst gewaltsam das Recht brechen und eine aggressive Lebensanschauung vertreten. Deshalb möchten sie die Gegenwart der Sufis im Iran auslöschen, um den Menschen nicht zu erlauben, ihr Leben nach Art der Sufis auszurichten.

Im Dezember 2005 haben sie die Stadt Qom als Hauptstadt des Islam in der Zeit der Wiederkehr des verborgenen Imam benannt.

Dieses System braucht einen Mythos, und die Ideologen schaffen einen Mythos. Es ist ein dogmatischer Mythos, der nichts Rationales an sich hat. Dieses Dogma ist in den Grundzügen des Schiismus bereits enthalten:

Dr. S.M. Azmayesh während eines Vortrages

Es ist das Dasein des 12. Imam, der dauerhaft im Zustand des Verborgenseins lebt. Die Schiiten warten auf das Wiedererscheinen des Imam. Die Ayatollahs können den Imam nicht ersetzen, aber sie können den Leuten einreden, daß sie, die Ayatollahs, in der Lage seien, den Mythos wahr werden zu lassen: Gott zu zwingen, den Imam wieder zu entsenden. Die gesamte Politik der iranischen Regierung geht in diese Richtung.

Es gibt keinen vernünftigen Plan oder ein Projekt für die Zukunft. Die Ayatollahs reden nur davon, daß sie die Leute bereit machen wollen für die Wiederkehr des Imam.

Etwas Ähnliches finden wir auch in anderen Winkeln der Welt. Präsident Bush und seine radikalen protestantischen Anhänger möchten auch die Bedingungen herstellen, um Gott zu zwingen, Jesus wieder zu entsenden. Es ist genau das gleiche, was sie tun. Also kommt es von beiden Seiten zum gleichen Ergebnis: Gewalt und Intoleranz in die Welt zu bringen.

Die Relevanz des schiitischen Mythos für uns

H.N.G.: Was für uns in Deutschland interessant sein könnte, ist die Frage nach der Relevanz dieser Ereignisse für uns und ganz Europa.

S.M. Azmayesh: All dies sind Zeichen für einen sich entwickelnden Faschismus, für einen ideologischen Faschismus unter dem Deckmantel des Islam. Dieser Faschismus stellt eine ernste Gefahr für die freie Welt dar. Die Gefahr macht nicht halt im Iran, sie stellt eine Bedrohung für die ganze Welt dar. Und falls die Internationale Gemeinschaft sich untätig gegenüber dem Geschehen im Iran verhält, wird dieser Faschismus schon morgen auch in Europa eine reale Bedrohung darstellen. Wir können nicht außer acht lassen, was Faschismus zu anderen Zeiten in Europa bewirkt hat. Es ist die gleiche Sache und sogar noch schlimmer, weil es sich um einen religiös-ideologischen Faschismus handelt, um eine viel heftigere und sehr spezifische Art von Totalitarismus. Aus diesem Grund muß die internationale Gemeinschaft, und vor allem Europa, gewarnt sein und sehr wachsam damit umgehen.

Genesung durch rationales Denken und Demokratie

H.N.G.: Wie kann die westliche Gesellschaft dem iranischen Regime begegnen? Wie können Amerika und die EU das iranische Volk gegen jegliche gewaltsamen und despotischen Ziele ihrer eigenen Regierung unterstützen?

S.M. Azmayesh: Das, was der iranischen Bevölkerung am hilfreichsten sein wird, ist die Entwicklung des rationalen Denkens und die Demokratisierung aus eigener Kraft. Jegliche Gefahr von außen wird die Tyrannei und Unterdrückung nähren. Bei der Entwicklung einer friedlichen Interpretation des Koran zu helfen – und den Menschen von innen zu helfen – ist das Beste, was wir tun können.

H.N.G.: Haben Sie spezifische Vorschläge, wie den Menschen im Iran geholfen werden kann?

S.M. Azmayesh: Die westlichen Medien müssen eine entschlossenere Rolle in dieser Situation spielen. Sie bringen der Atomwaffe sehr viel Aufmerksamkeit entgegen, doch dies ist nur ein vages Projekt. Fakt ist, daß der Widerstand der friedlich gesinnten Menschen gegen die intolerante Deutung des Koran am hilfreichsten für die Entwicklung von demokratischem Verständnis und Bürgerrechten im Iran ist. Ich denke, es ist besser, wenn die westlichen Massenmedien einen Richtungsschwenk machen, um dem friedlichen Widerstand der iranischen Bevölkerung gegen diese neue Strömung der Korandeutung mehr und mehr unter die Arme zu greifen.

H.N.G.: Haben Sie eine Anregung, was die deutsche Regierung unternehmen kann?

S.M. Azmayesh: Vor zwei Tagen gab es in Qom ein Zusammenkommen eines der Hauptideologen, Safi Golpayegani, mit dem deutschen Botschafter, Freiherr von Maltzahn. Dieser Großayatollah – eine wichtige Persönlichkeit im Iran – sprach mit dem Botschafter über das iranische Nuklearprogramm und wies darauf hin, daß sie ein friedliches Volk seien und daß sie Zugang zu nuklearer Energie haben müssen usw. In diesen Zusammenkünften mit den Ayatollahs, wie z.B. mit Golpayegani, ist es wichtig, offen darauf hinzuweisen, daß die Weltgemeinschaft sehr genau darauf schaut, wie die iranische Regierung mit der eigenen Bevölkerung umgeht. Denn der Umgang mit der eigenen Bevölkerung ist ein Beispiel dafür, was die Regierung tun wird mit jedem auf der Welt, wenn sie die Möglichkeit dazu hat.

Diese Treffen zwischen offiziellen Vertretern aus dem Westen und den Ayatollahs in Qom sind die beste Gelegenheit, um deutlich zum Ausdruck zu bringen, daß die Welt ganz genau darauf schaut, was die Ayatollahs im Innern des Iran treiben. Ich denke, das ist wichtig.

Den Kampf nach innen verlagern

Interview mit Dalia Azzam

von Katharina von Bechtolsheim

Dalia Abd El-salam Ahmed Azzam, *geb. 1972 in Kairo, arbeitete nach dem Schulabschluß als Malerin für die Papyrus Painters Galery in Kairo. 1992—1993 unterrichtete sie Kunst in der Zamalek Grundschule, 1993—1994 in einer Realschule in Helmia. 1994 graduierte sie an der Hochschule für Kunsterziehung (Helwan-Universität) und arbeitete anschließend als Kunsterzieherin für Kleinkinder in einem Kinderheim. 1997-1999 übernahm sie eine Kunsterzieher-Stelle im Königreich Bahrain (Al Awadi School), 1999 Rückkehr nach Kairo, Kunsttherapiestudium, Kindermedizinausbildung. 2003 bis 2006 Arabischlehrerin für Ausländer und Kindergarten-Kunsterzieherin in Dahab (südlicher Sinai) Dalia Azzam ist seit 1999 verheiratet und hat zwei Kinder.*

Was bedeutet eigentlich Kampf der Kulturen? Wer kämpft mit wem? Kämpfen Völker gegeneinander, Kontinente, Traditionen, Religionen, Kulturformen? Kämpft West gegen Ost, kämpft Alt gegen Neu, kämpft Mensch gegen Mensch?

Was wirklich *gegen* uns kämpft, so Dalia Azzam in diesem Gespräch, ist die Manipulation bis ins Innerste, die Instrumentalisierung und Beeinflussung unserer Gefühle und Gedanken durch eine Art „dritte Kraft", die sich zwischen West und Ost schiebt und gezielt Bilder und Vorstellungen anstelle wirklicher Begegnung drängt, die einen Abgrund errichten und Haß säen will. Der wirkliche Kampf, so sagt sie, muß innen stattfinden. Die wirkliche Begegnung kann nur zwischen Menschen geschehen,

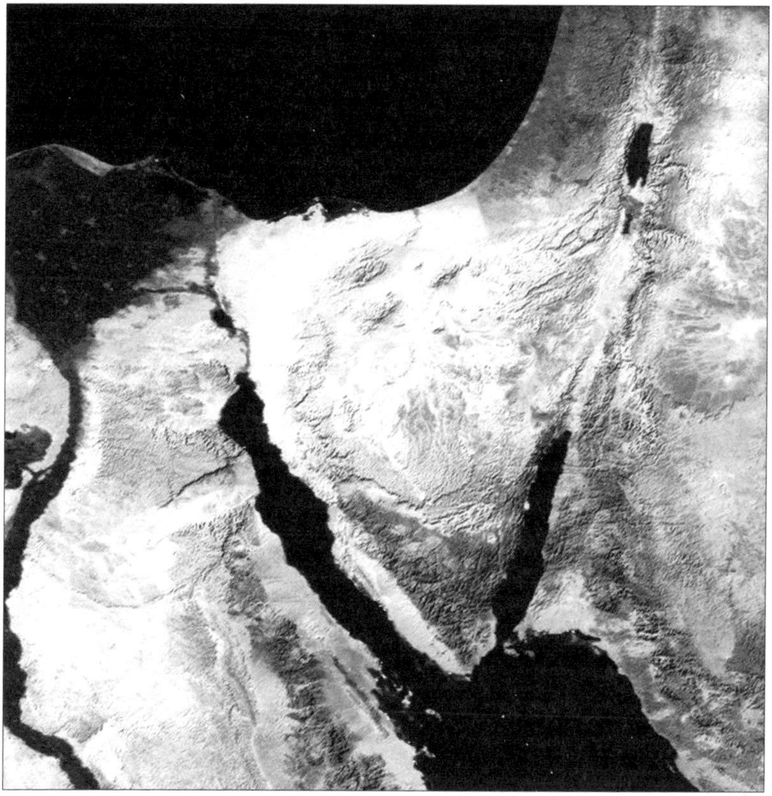

Luftbild des Sinai
Ausschnitt aus Blue Marble-Karte der NASA

nicht zwischen Regierungssystemen. Friede ist nicht Friede, Freiheit nicht Freiheit, Demokratie nicht Demokratie, solange wir kein Gespür für den Unterschied zwischen Lügenhaftigkeit und Wahrheit erringen und unser eigenständiges Denken nicht bemühen. All dies stellt sie in den Raum – und gibt dabei tieferen Einblick in ihre Glaubenshaltung, verleiht ihrer Verzweiflung über die Zerrbilder und deren verheerenden Auswirkungen Ausdruck und verweist immer wieder auf Kreativität, Entwicklung und waches Denken als die entscheidenden Lösungsansätze. Ich interviewte Dalia Azzam in Dahab auf dem Sinai.

Katharina von Bechtolsheim: Kannst Du zuallererst beschreiben, was Dein Herzensanliegen für die Zukunft Deiner Kinder ist? Was wünschst Du ihnen?

Dalia Azzam: Ägypten ist ein Land der Dritten Welt, und ich wünsche mir sehnlichst, daß sich dieser Zustand ändert. Wir sind großartig darin, Technologien zu exportieren, und wir exportieren alles mögliche in die Welt. Meiner Ansicht nach ist es aber wichtig, am Fortschritt teilzuhaben – womit ich gar nicht einmal den rein technischen Fortschritt meine. Von diesem Aspekt aus betrachtet, ist Erziehung der allererste und grundlegende Schritt zu einer Entwicklung, die in eine heilsame Richtung geht. Darauf lege ich sehr großen Wert, und das bedeutet, in der Erziehung auch auf die Frage der Entwicklung der jungen Menschen zu blicken.

Spielen für eine bessere Zukunft

Der Prophet Mohammed – der Friede sei mit ihm – gibt im Hinblick auf die Erziehung eine sehr weise Grundregel. Er sagt den Eltern: „Spielt mit Euren Kindern, solange sie zwischen null und sieben Jahren alt sind. Erzieht Eure Kinder, wenn sie zwischen sieben und 14 Jahren alt sind. Zwischen dem Alter von 14 und 21 Jahren sollt Ihr sie Euch zu Freunden machen. Haltet Euch aber ganz aus der Erziehung heraus, sobald sie das 21. Lebensjahr erreicht haben – laßt sie ihren Weg finden."

Wenn wir diese Erziehungsregel beachten und jedem jungen Menschen das Richtige zur rechten Zeit geben, dann bin ich felsenfest davon überzeugt, daß unsere Zukunft sich anders gestalten wird, besser werden wird. Meine Kinder sind jetzt dreieinhalb und viereinhalb Jahre alt; das bedeutet für mich also, den ganzen Tag mit ihnen zu spielen.

K.v.B.: Ich habe das beobachten können. Du gehst wunderbar mit Deinen Kindern um.

D. Azzam: Ja, das Spielen ist mir wegen der Kreativität, die es freisetzt, sehr wichtig. Kaum etwas ist so wichtig wie Kreativität. Es ist so entscheidend, welche Spiele ich ihnen anbiete. Ich bin ja Kunstlehrerin, und deswegen habe ich viel zur Verfügung, was ich mit ihnen machen kann. Ich gehe mit ihnen an den Strand, ich entdecke mit ihnen die Welt. Und diese Art von Erziehung läßt einfach alles wachsen. Sie läßt den Leib wachsen, die Seele, das Wissen. Manchmal ist das natürlich auch sehr anstrengend, aber ich hoffe, wenn Gott es will, damit wirklich das Richtige zu erreichen.

Foto: Katharina v. Bechtolsheim
Dalia Azzam mit Sohn Hamza in Dahab

Kreativität ist der Weg zur Entwicklung

K.v.B.: Was würde Deine Kinder erwarten, wenn sie ab dem siebten Lebensjahr auf die staatliche Schule kämen? Wie blickst Du auf das Bildungssystem?

D. Azzam: Wir haben ein großes Problem im Schulsystem, denn da klaffen große Abgründe, und es gibt große Diskrepanzen. Das betrifft nicht so sehr die Unterrichtsinhalte, denn da klafft gar nichts; überall wird dasselbe unterrichtet, und es gibt festgelegte Unterrichtsprogramme, die für ganz Ägypten gelten. Englische, deutsche, ägyptische und arabische Schulen unterrichten hier alle dieselben Fächer mit denselben Inhalten. Es geht eben nur um Input, und die Kinder werden das ganze Jahr über mit Inhalten vollgestopft, die sie am Jahresende auf einen Schlag auf Abruf verfügbar haben müssen. Das ist aber eben genau nicht dasjenige, was ich für meine Kinder will.

K.v.B.: Was willst Du für sie?

D. Azzam: Gott sei Dank gibt es eine Handvoll Menschen, die sich wirklich um eine gute Erziehung bemühen. Solche Pädagogen befinden sich leider meist in den Privatschulen.

Natürlich bin ich sicher, daß sich auch in den staatlichen Schulen engagierte Menschen finden lassen; aber ich wüßte nicht, wo. An den Schulen, die ich für gut halte, arbeiten Pädagogen, die sich wirklich anstrengen, die Kreativität der Kinder wachsen zu lassen. Das bedeutet immer auch, den Kindern zu vermitteln, daß man nicht nur Stoff abarbeiten muß, sondern daß man von jeder Kleinigkeit in der Umgebung lernen kann. Außerdem sind diese Menschen wirklich auf dem neusten Stand, was wichtige pädagogische Forschungsergebnisse betrifft; und sie laden sich maßgebliche gute Pädagogen aus aller Welt ein.

Wenn man also wirklich weiß, was man für die Zukunft der eigenen Kinder möchte, dann wird man auch die notwendigen Schritte tun und die richtigen Pädagogen finden. Und so werden dann auch, wenn Gott es will, kreative Menschen aus diesen Schulen hervorgehen.

K.v.B.: Kannst Du vielleicht noch einmal kurz erläutern, was Du unter dem Begriff Kreativität verstehst?

D. Azzam: Für mich sind Entwicklung und Kreativität zwei ganz wichtige Begriffe. Kreativität ist der Weg zur Entwicklung. Kreativität ist eben Schöpfung, und sie bedeutet, seinen Geist anzustrengen, um etwas Neues zu schaffen. Das ist etwas, was in jeder Minute des Lebens eine große Rolle spielt, in jedem kleinsten Augenblick.

Allah hat uns nicht geschaffen, damit wir Hunde werden

K.v.B.: Neulich sagtest Du auch, daß im Gespräch zweier Menschen miteinander ein solches Schöpfungsmoment liegt. Kannst Du das noch ein wenig beschreiben?

D. Azzam: In unserem Glauben gibt es einige Hinweise darauf, warum Allah uns geschaffen hat, uns kreiert hat. Dabei spielt die Entwicklung eine ganz wichtige Rolle. Entwicklung hängt aber eben von Kreativität ab, hängt von der Schöpfung ab. Wenn ich eine Million Jahre zurückblicke und diesen Status einfrieren will, was ist dann der Unterschied zwischen mir und einem Hund? Wo ist dann die Veränderung? Der Hund ist da, und das ist gut; aber Allah hat uns nicht geschaffen, damit wir Hunde sind oder werden. Entwicklung ist also einerseits der Grund aller Schöpfung; aber die Schöpfung, die Kreativität, ist der Weg zur Entwicklung. Wir haben eine Menge errungen: Es geht uns gut, wir leben einigermaßen in Frieden – aber das kann nicht das Ende sein; damit will ich mich nicht zufriedengeben.

Und wenn mir das wirklich klargeworden ist, dann wird die Erziehungsfrage wirklich zur allerwichtigsten Frage; dann muß ich mich von diesem Augenblick an um Erziehung kümmern! Um eine kreative Erziehung! Es ist eine Sünde, die Menschen vollzustopfen, denn es geht gegen ihre Kreativität. Vollstopfen ist nicht Erziehung.

K.v.B.: Und dieses Anliegen findest Du bei den Pädagogen, in deren Hand Du Deine Kinder geben willst?

D. Azzam: Ich kenne sie natürlich noch nicht alle, aber ich bemerke eben schon bei denjenigen, die ich kenne, einen Drang, sich zu entwickeln. Allein die Tatsache, daß sie sich ständig fortbilden wollen, zeigt mir, daß sie selber Entwicklung anstreben.

Unser Glaube drängt uns zur Entwicklung

K.v.B.: Macht das diese Lehrer authentisch, auch vor den Kindern?

D. Azzam: Ja, und das beglückt mich wirklich. Und ich sage hier noch einmal ganz deutlich: Die Religion drängt uns zur Entwicklung! Wenn wir unsere Religion richtig verstehen und richtig verinnerlichen, dann bedeutet sie, Entwicklung zu ermöglichen.

Wer den Koran genau liest, wird darin immer wieder dem Verb „denken" begegnen, in den verschiedensten Formen. Die Begriffe „das Denken", „der Gedanke" und „denken" tauchen dort immer wieder auf. Allah hat uns unser Gehirn gegeben, damit wir es wirklich benutzen. Wenn wir aber im erwachsenen Leben unser Gehirn wirklich zu gutem Denken nutzen wollen, dann müssen wir zur Erziehung zurückgehen. Erziehung beginnt natürlich mit dem allerersten Lebenstag, aber ich bin überzeugt, daß es in den ersten sieben Lebensjahren das Allerwichtigste ist, dem Kind ein gutes Vorbild zu sein.

Wenn ich wirklich aufrichtig bin, wird auch mein Kind aufrichtig sein. Wenn mein Kind mich jeden Tag beim Gebet sieht, wird es verinnerlichen, daß die Beziehung zu Allah eine große Rolle im Leben spielt. Ich sage zu meinen Kindern z.B. niemals: „Betet jetzt mit mir!", sondern ich bete einfach. Sie sehen mich beten, und dann holen sie einen kleinen Teppich und sagen: „Mama, ich bete jetzt auch."

Ab dem siebten Lebensjahr wird es für die Kinder aber oft sehr schwierig, denn in unserer Erziehung wird wenig Wert auf wirklich menschliche Entwicklung gelegt.

K.v.B.: Kannst Du für die Erziehung in eine unmenschliche Richtung ein Beispiel geben?

D. Azzam: Oh ja. Ich habe Kinder gesehen, die in ihrem sechsten Lebensjahr wirklich ganz und gar geniale Geschöpfe waren. Dann kamen sie aber in die Schule, und es wurden richtiggehend arme Menschen aus ihnen: Schulversager, Lebensversager. Man hat sie einfach nicht zur Kreativität aufgerufen, sondern diese Kreativität untergraben, und das war für sie das Aus.

Religion ist ein Lebensweg

K.v.B.: Welche Rolle spielen denn für Dich Glauben und Religion in der Erziehung?

D. Azzam: Ich glaube, es ist sehr wichtig zu wissen, daß Glaube oder Religion sich nicht vom Leben trennen lassen.

K.v.B.: Scheint Dir das also eine westliche Fragestellung zu sein?

D. Azzam: Das könnte ich so nicht sagen; aber es ist wirklich wichtig zu wissen, daß Religion für mich und sehr viele Menschen einfach einen Lebensweg bedeutet. Insofern spielt Religion auch vom ersten Lebenstag meines Kindes an eine Rolle, denn ich kann auch sein Leben nicht ohne den Glauben denken.

Ich weiß tief in mir drin, daß Allah es liebt, wenn ich aufrichtig bin. Ich weiß ebenso, daß Allah es liebt, wenn ich meine Arbeit perfekt mache. Ich habe meine Arbeit perfekt zu tun, oder ich sollte sie lassen. Und das vermittle ich meinen Kindern über die Art, wie ich lebe, weniger darüber, was ich ihnen sage – obwohl ich natürlich viel mit ihnen spreche.

K.v.B.: Ist meine Arbeit denn perfekt, wenn ich alle mir mögliche Kraft in sie investiere, wenn ich *mein* Bestes gebe – oder ist sie nur dann perfekt, wenn ich sie von einem objektiven Maßstab aus messen lasse?

D. Azzam: Das ist eine sehr wichtige Frage. Zunächst sollte sie perfekt sein, weil sie perfekt sein soll. Wenn mir das nicht möglich ist, kann ich versuchen, einen anderen Weg einzuschlagen.

Foto: Andrea Fichtner

Arabischunterricht mit Dalia Azzam

K.v.B.: Aber wer legt den Maßstab an, wie meine Arbeit perfekt wird?

D. Azzam: Nimm z.B. eine Art industrielle Vorschrift, irgend etwas in diese Richtung; stelle Dir eine internationale Vorschrift vor: So soll es werden.

K.v.B.: Aber die Vorschrift könnte ja falsch sein. Sie könnte mir vorschreiben, einen Kugelschreiber herzustellen, der einem perfekten oder sehr guten Kugelschreiber gar nicht entspricht, und u.U. komme ich über das Denken zu einer besseren Lösung. Wäre das nicht denkbar?

D. Azzam: Gut, dann nennen wir perfekt eher das Letzte oder Höchste, was Du erreichen kannst. Natürlich ist „perfekt" ein dehnbarer Begriff. Der eine erachtet schon den Kugelschreiber, den er kauft oder herstellt, als perfekt; der andere sagt: „Nein, es geht noch besser." Perfekte Arbeit bedeutet also: soviel wie möglich zu investieren, damit wir dem Bestmöglichen nahekommen.

Diskrepanzen und ihre Überwindung

K.v.B.: Du sprachst vorhin von einem Abgrund, von einer Diskrepanz im Schulsystem. Wo kannst Du noch weitere Diskrepanzen beobachten?

D. Azzam: Bei uns klaffen natürlich sehr große Diskrepanzen im Sozialen, und ich denke, wie gesagt, daß die Lösung dafür in der Art liegt, wie wir unsere Kinder erziehen. Wir haben Menschen, die monatlich 300 Pfund verdienen – andere tragen 30 000 Pfund nach Hause. Es gibt Kinder, die mit hochkompliziertem, teurem Spielzeug spielen – andere spielen mit nichts anderem als mit den Stecken und Steinchen auf der Straße. Damit will ich nicht sagen, daß dieses perfekte Spielzeug die Kreativität der Kinder weckt, denn ich denke das eigentlich nicht. Wer sein Steinchen durch den Staub schiebt und dabei phantasiert, daß es ein Auto ist, ist viel kreativer.

K.v.B.: Wobei kann den Kindern denn diese Kreativität später helfen?

D. Azzam: Ein Kind, das gelernt hat, selber Lösungen zu finden und sich nicht alles bequem vorgeben zu lassen, wird natürlich auch gewohnt sein, sich anzustrengen, wenn es vor schwierigen Fragen steht, vielleicht vor der Lösung einer solchen Frage wie derjenigen der sozialen Diskrepanzen. Es wird nicht erwarten, daß ihm jemand anderes eine Lösung anbietet, sondern es wird sich selber auf den Weg machen nach einer kreativen Lösung.

Fragen an die Freiheit

K.v.B.: Darf ich Dich fragen, wie Du auf sogenannte westliche Werte wie Demokratie und Freiheit blickst? Kannst Du zunächst beschreiben, wie überzeugend solche Begriffe auf Dich wirken, wenn Du sie in der Presse liest oder wenn Du sie aus dem Munde von Politikern wie George W. Bush hörst?

D. Azzam: Wenn ich von diesem Blickwinkel aus auf den Westen blicke, dann muß ich sagen, daß vieles einfach angeschoben auf mich wirkt, forciert, in eine Richtung gedrängt. Man kann darauf blicken, in welche Richtung sich das Ganze dann entwickelt, und man kann nach den Ursachen fragen.

Aber natürlich weiß ich, daß Meinungsfreiheit, Pressefreiheit usw. im Westen eine viel größere Rolle spielen. Wir hoffen sehr, daß wir diese Freiheiten als wirkliche Freiheiten auch hier erringen. Was den Freiheitsbegriff im Islam betrifft, so taucht er im Koran ganz klar auf und hat dort eine ganz wichtige Stellung. Was aber das politische Leben betrifft, so ist hier vieles sehr eingeengt.

Freiheit ist aber für uns ein Grundprinzip, und wir wissen sehr genau, wie lange Ihr daran gearbeitet habt – wie viele Jahrhunderte es Euch gekostet hat –, den Freiheitsbegriff zu erringen.

K.v.B.: Vielleicht kannst Du später noch einmal etwas zum Freiheitsbegriff im Koran sagen. Er hat ja auch im Islam eine interessante Geschichte.

D. Azzam: Ihr müßt wirklich wissen, daß wir Euch darin sehr tief respektieren, wir achten Euch darin. Aber ich muß betonen, daß ich Euch als Menschen darin achte, daß ich achte, was Ihr Euch als Menschen und Völker errungen habt. Und wenn ich das sage, dann spreche ich eben nicht von Administrationen, von Regierungen, von Hosni Mubarak oder von irgendeiner staatlichen Führungsinstanz.

Ich bin eine ägyptische Frau, und ich achte Eure gute Arbeit, ich achte Eure Bestrebungen, ich achte Eure Fähigkeit zur Spezialisierung, Eure Kompetenz. Kompetenz ist sehr wichtig, denn unsere Fähigkeiten sind verschiedene, und nicht jedermann kann alles tun. Allah hat uns verschieden geschaffen, und Dalia ist anders als Katharina: Dalia hat Fähigkeiten, die sie zur Kunst hindrängen, um dort etwas zu bewirken; Katharina hat die Fähigkeit, gute Fragen zu stellen, um mit ihnen etwas zu bewirken. Jeder von uns verfügt über ganz bestimmte eigene Kräfte.

Diese Achtung, dieser Respekt voreinander und vor den unterschiedlichen Fähigkeiten ist ungeheuer wichtig, denn das bedeutet, jeden Menschen auf den Platz zu stellen, an den er gehört! Und damit sind wir wieder bei der Erziehung; denn jede Erziehung sollte das zu ihrem Hauptziel machen: jedem Menschen zu dem Ort zu verhelfen, der wirklich der seine ist und von dem aus er wirken kann. Das System schiebt die jungen Menschen eben meist an Orte, die gar nicht die ihren sind, und damit beginnt schon das Übel.

Ich achte außerdem jedes Menschen Mentalität, jedes Menschen Einstellung. Aber ich kann sie nur so lange respektieren, wie dieser Mensch auch die Mentalität des anderen respektiert.

Die verwundbare Zone

K.v.B.: Wo, würdest Du sagen, beginnt hier die verwundbare Zone?

D. Azzam: Jeder Mensch darf mit seinem Zeigefinger bis dicht vor mein Gesicht kommen, er darf überall hindeuten, er darf mir sogar vor meiner Nase damit herumfuchteln. Aber zwei Millimeter vor meinem Auge muß er einfach Halt machen. Stop! Hier beginnt die Verletzung,

Foto: Katharina v. Bechtolsheim

Dalia Azzam in Dahab

denn wenn er mit seinem Finger in mein Auge stößt, fügt er mir Schmerz zu; er verletzt mich. Es ist die Frage, ob es noch mit Freiheit zu tun hat, wenn er meine allerintimsten Grenzen mißachtet.

K.v.B.: Das ist ein eindrückliches Bild. Kannst Du es noch ein wenig auslegen?

D. Azzam: Jeder sollte seine Freiheit ausschöpfen und leben dürfen. Aber wer in ein Land eindringt, das nicht das seine ist, wer die Grenzen überschreitet, wer mir nimmt, was ich mir errungen habe, wer meine Kinder tötet, wer mich tötet – und wer dann noch im Munde führt, daß er mir Freiheit und Demokratie bringen will, der hat diese zwei Millimeter längst überschritten und hatte auch vorher niemals vor, sie einzuhalten. Er handelt weder aus Freiheit, noch handelt er demokratisch.

Aber ich betone noch einmal, daß das nichts mit den Menschen zu tun hat, die im Westen leben, sondern mit ganz gezielten Interessen. Ich kümmere mich inzwischen nicht mehr darum, was z.B. die deutsche Regierung erzählt, sondern ich kümmere mich darum, was Du mir sagst und erzählst. Für mich bist Du wichtig, Deine Landsleute sind mir wichtig. Diese Art von Begegnung ist weit wichtiger.

Das gilt für mich jedem Menschen gegenüber; wer die rote Linie nicht übertritt und mir Verletzungen zufügt, indem er mich mißachtet, der kann sich meiner Achtung und Liebe sicher sein, und wir werden uns gegenseitig bereichern.

Es steht aber eben vieles kopf, denn Bush – oder die amerikanische Regierung – hat inzwischen beinahe mehr Menschenleben auf dem Gewissen als Saddam Hussein. Wir brauchen nicht darüber zu sprechen, daß Hussein nicht der Mann ist, den man einem Volk als Oberhaupt wünscht; aber nehmen wir allein diese beiden Gedanken: Freiheit und Demokratie zu proklamieren und soviel Zerstörung zu bewirken – wer so handelt, ist nicht glaubwürdig. Ich kann inzwischen keine Bush-Reden mehr anhören; ich ertrage es einfach nicht mehr, denn mit meinem gesunden Gefühl und mit meinem gesunden Denken höre ich an jeder Silbe, daß auseinanderklafft, was er tut und was er im Munde führt. Das ist alles eingekleidet in Lügenhaftigkeit. Und natürlich frage ich mich oft, ob die Menschen im Westen das nicht hinterfragen.

Die dritten Medien: gigantische Einflußnahme

K.v.B.: Sehr viele Menschen hinterfragen es, durchschauen es, sind es leid und zeigen sogar andere Wege auf: Es taucht eben nur zuwenig in den Medien auf.

D. Azzam: Damit sprichst Du etwas ganz Entscheidendes an. Die Medien haben einen gigantischen Einfluß, und es scheint mir manchmal, als gebe es eine Art dritte Medienwelt.

K.v.B.: Da mußt Du mir jetzt ein wenig auf die Sprünge helfen. Was sind die ersten beiden Medienwelten – und was verstehst Du unter der dritten Medienwelt?

D. Azzam: Es scheint doch manchmal, als gebe es eine Art dritte Medien, eine dritte Kraft, die bestrebt ist, ein bestimmtes Bild über den Nahen Osten und über die arabische Welt in die Köpfe der westlichen Menschen zu schieben, um ihre Gedanken zu beeinflussen, um Haß zu schüren. Es soll einfach ein Abgrund zwischen Ost und West errichtet werden!

Ich bin ganz sicher, daß Ihr nicht dieselben Bilder seht, die wir hier sehen. Wir sollen Haß gegen Euch entwickeln, und Ihr sollt Haß gegen uns entwickeln. Manchmal scheint es, als gebe es ein Interesse daran, Haß zu schüren. Das nenne ich die dritte Kraft; es ist eine Art übergeordnetes Interesse. Mit Bildern und Teilwahrheiten geht das doch hervorragend! Wenn Ihr ständig Begriffe wie Freiheit und Demokratie hört in Zusammenhang mit Unmenschlichkeit, so schleicht sich das doch ein. Wenn ihr immer wieder über den Islam nichts anderes hört, als daß er Terrorismus hervorbringt, so wirkt das. Irgendwann beginnt man jeden Islamgläubigen des Terrorismus zu verdächtigen, und wenn es nur insgeheim ist!

Bei uns ist es ja nicht anders. Bilder von Abu Ghraib, Bilder des nackten Unrechts, verübt von US-Soldaten und britischen Soldaten im Auftrag ihrer Regierung, graben sich ein, erwecken Haß und stellen sich vor das Bild eines westlichen Menschen. Ich verbinde innerlich sofort G. W. Bush mit jedem westlichen Menschen, wenn ich diese Bilder in mir wirken lasse, ohne nachzudenken; denn es sind grausame Bilder, Bilder allergrößten Leids und größter Entwürdigung. Diese dritte Kraft betreibt Manipulation im Innersten. Sie schiebt sich mit Macht zwischen West und Ost.

Wir müssen stark sein

K.v.B.: Wer oder was übt diese Manipulation aus?

D. Azzam: Man könnte jetzt sagen, die Medien handeln sozusagen auf einen raffinierten Befehl von oben, und dann muß man sich fragen: Wer ist oben? Was ist oben? Man muß auf das Oben blicken und darauf, wie es entsteht.

K.v.B.: Dem willst Du nichts hinzufügen? Willst Du etwas zur Entstehung des Oben sagen?

D. Azzam: Nein, das muß jeder selbst tun.

K.v.B.: Was können wir tun?

D. Azzam: Wir müssen sehr stark sein. Wir müssen gegen die Ausbreitung der Macht dieser dritten Kraft angehen, innen zunächst. Bevor wir irgend etwas im Fernsehen als Wahrheit akzeptieren, müssen wir unser Denken aufwecken. Wir müssen hinterfragen mit der Instanz in uns, die ganz genau spürt, wo die Wahrheit liegt, die ganz genau spürt, wo die Lüge beginnt und wo die Manipulation beginnt. Wenn ich all das sehe, was über Abu Ghraib ausgesendet wird, was über Guantanamo gezeigt wird, zweifle ich daran, daß diejenigen, die das verbreiten, ein Interesse daran haben, daß wir die Wahrheit finden. Man will uns in eine Richtung drängen, und diese Richtung beginnt innerlich! Ich wundere mich nicht, daß ich in den letzten Jahren soviel Gewicht verloren habe; ich sitze vor den Nachrichten, und es macht mich krank, regelrecht krank. Ich kann nichts mehr essen, wenn ich all das sehe, was ich sehe.

Foto: Andrea Fichtner

Flughafen Sharm El-Sheik, Sinai

Dank sei Allah, wir haben aber immer noch die Aufrechte und die innere Kraft, streng zu trennen zwischen Menschen, Völkern – und Regierungen. Aber wir müssen sehr wach sein. Ich kann mir gut vorstellen, was die Erscheinung eines Mannes mit Turban und Bart nach dem 11. September – nach Madrid, nach London, nach Sharm El Sheik – in einem unreflektierten westlichen Menschen an Ängsten und an inneren Bildern auslöst. Vielleicht denkt man ja auch, ich würde unter meinem Kopftuch eine Bombe verstecken. *(lacht)*

K.v.B.: Gegen eine Bombe unter deinem Kopftuch sprechen schon deine Gesichtszüge. Die Mechanismen, die Du über das Schieben in eine innere Richtung entwickelst, arbeiten ja einerseits sehr platt, andererseits eben auch immer subtiler.

D. Azzam: Ja, es wird immer raffinierter. Und wenn Sharm El Sheik und der 11. September Dich noch nicht überzeugt haben, daß unsere Kulturen nie zueinanderfinden bzw. sich achten und unterstützen können, dann wird es eben mit anderen Mitteln versucht werden. Ich male jetzt natürlich etwas schwarz.

Angestachelte Triebe und Machtanhäufung

Und ich sehe natürlich, daß einige Moslems den Islam gründlich mißverstehen. Sie lassen sich schieben, sie lassen sich fanatisieren. Es sind eigentlich schwache Seelen, Menschen mit schwacher Seele und schwachem Geist, die nie aus wirklichen religiösen Gefühlen handeln, sondern die immer aus anderen Gründen motiviert und zum Werkzeug gemacht werden. Sie kennen den Islam gar nicht in seiner Tiefe, denn dann würden sie nicht tun, was sie tun. Sie folgen ihren eigenen Trieben. Triebe sind nichts Schlechtes, wir haben sie alle – aber man kann sie sozusagen anstacheln, und dann schiebt man damit in eine Richtung, in der es sich gut instrumentalisieren läßt. Es gibt eben ein Interesse daran, zwischen Ost und West den Krieg auszurufen. Es gibt ein Interesse daran, einen Ballon aufzublasen, auf dem mit großen Buchstaben geschrieben steht: „Clash of Cultures". Und es gibt ein Interesse daran, ihn platzen zu lassen.

K.v.B.: Ich benutze jetzt einmal Deine Worte der dritten Kraft – oder wie auch immer. Welchen Nutzen hat diese dritte Kraft an einem Abgrund zwischen Ost und West? Was ist der Profit?

D. Azzam: Ich kann diese Frage nicht beantworten. Ich will sie auch nicht beantworten, denn ich bin durch meinen Glauben angehalten, erst dann Urteile zu fällen und zu „verurteilen", wenn ich mir nicht nur innen ganz sicher bin, sondern wenn ich auch äußere Beweise habe. Ich bin mir aber noch nicht ganz sicher.

Ich weiß aber, daß es riesige Machtansprüche gibt. Ich sehe, daß es Machtanhäufungen gibt, Macht über Informationen, Macht über Menschen, Macht, die Dich veranlaßt, daß Du keinen Schritt machen kannst, wenn bestimmte Instanzen nicht ihr Ja dazu geben. Macht, Menschen bis in ihr Innerstes zu beeinflussen, bis in ihr Denken, ihre Gefühle, bis in das, was sie tun oder nicht tun; Macht, Angst zu schüren. Die Medien sind heute in jedermanns Gebrauch, und sie eignen sich hervorragend zur Machtausübung. Über die Medien bekommt man die Menschen in die Hand.

Freiheit ist nicht Freiheit, Friede ist nicht Friede

K.v.B.: Dazu kann ich kaum noch etwas fragen. Du sprachst von Abu Ghraib, von Guantanamo. Wie blickst Du auf Palästina, auf Israel?

D. Azzam: Damit berührst Du natürlich einen wunden Punkt. Auch hier bin ich das ständige Hören von Lügen satt. Vielleicht entsteht im Westen ein Bild von den bemitleidenswerten Israelis, aber in meinen Augen ist Israel das Wickelkind, das Baby, das an der Milchflasche von Amerika hängt. Israel hat sozusagen eine Lizenz zur Selbstverteidigung; aber jeder andere, der sich oder ein Fleckchen Erde mit Müh und Not verteidigt, wird augenblicklich als Terrorist abgestempelt. Israel hat die Macht und die Lizenz, ohne weiteres viele Menschen mit Splitterraketen vom Erdboden verschwinden zu lassen! Das geschieht einfach! Man sucht einen bestimmten Menschen, also bombt man eine ganze Stadt in Kleinteile. Und dann sagt man: Triumph! Wir haben ihn gefunden! Zwischen 300 Leichen hat man ihn entdeckt!

Das bringt mich einfach um. Der Friede, von dem gesprochen wird, der angeblich angestrebt wird, ist kein Friede. Es ist genauso wie mit den beiden Begriffen, die Du genannt hast. Freiheit ist nicht Freiheit. Demokratie ist nicht Demokratie. Friede ist nicht Friede. Es ist *qa'hr*, mir fällt augenblicklich das englische Wort nicht ein.

K.v.B.: Es klingt nach nichts Gutem. Unterwerfung?

D. Azzam: Ja, genau. Unterwerfung.

K.v.B.: Man konnte das förmlich durchhören.

D. Azzam: Im Hocharabischen ist das oft so: Man kann an den Lauten erkennen, was dahinterliegt. *djubn* ist z.B. der Feigling.

K.v.B.: Das klingt sehr überzeugend nach Feigling.

D. Azzam: *Qowa* ist dagegen die Kraft. Horch mal: *qowa*! Der Klang läßt die Bedeutung erkennen.

Und so ist eben der für Palästina proklamierte Friede nicht Friede. Friede bedeutet doch, daß wir ebenbürtig und unter Anerkennung unserer Verschiedenheiten auf dieser Erde die Zukunft gestalten. Friede bedeutet nicht, mir das Gewehr an die Schläfe zu setzen und mir zu befehlen: So, leb jetzt in dem Frieden, den ich Dir befehle! Was erwartet man von mir, wenn ich das Gewehr an der Schläfe habe? Was soll ich tun? Was werde ich tun, wenn man es mir auf die Brust setzt und den Finger am Abzug hat?

Weißt Du, ich bin nur eine ganz durchschnittliche Frau, ich bin nicht einmal radikal in meinen Ansichten, aber über all diesen Abkommen, über all diesen Machenschaften vergißt man, sich zu fragen: Was würde ich tun, wenn ich den Gewehrlauf an der Schläfe hätte? Wer bin ich dann? Bin ich Täter? Ist der andere das Opfer? Komm, frag mich etwas anderes.

Man leiht nur Israel ein Ohr

K.v.B.: Was würdest Du der amerikanischen Regierung sagen, angenommen, man hätte dort eine erleuchtete Minute, in der man Dich anhören würde?

D. Azzam: Man würde mich niemals anhören. Ich bin Ägypterin, und keine Macht der Welt würde sie veranlassen, mich anzuhören, denn man hört dort nur, was man von vornherein hören will. Man leiht doch nur Israel ein Ohr. Und das ist natürlich gut für Israel – nein, ich muß sagen, für die israelische Regierung und für Interessengruppen dort, die sehr stark sind. Es liegt in deren Interesse, überall dort Truppen zu stationieren, wohin ihre Landkarte sich ausdehnen soll.

Weißt Du, daß die Palästinenser noch heute die Schlüssel ihrer ehemaligen Häuser außen an ihre Türen hängen? Du solltest einmal sehen, was Tag für Tag in Palästina geschieht. Es ist furchtbar.

Ich entschuldige damit niemanden, der eine Bombe hochgehen läßt, ich entschuldige nicht einen einzigen Selbstmordattentäter, schon gar nicht, wenn er im Namen des Dschihad so etwas tut. Aber wenn Du siehst, was dort geschieht, hier, gar nicht weit von uns, dann merkst Du, daß Dein Herz beginnt zu rasen; und dann mußt Du sehr klar und sehr streng mit Dir bleiben, und du mußt dich auf den wirklichen Dschihad besinnen, damit er nicht nach außen rutscht.

Dschihad: der innere Kraftaufwand

K.v.B.: Bitte beschreibe einmal, was der wirkliche Dschihad für Dich bedeutet.

D. Azzam: Eine der Wurzeln des Wortes Dschihad liegt in dem arabischen Wort *bazl al-djuhd,* und es bedeutet so etwas wie „unternimm die Anstrengung". Diese Anstrengung ist eine Art innere Anstrengung, innerer Kraftaufwand, um Schwierigkeiten zu begegnen und sie zu überwinden. Sie betrifft jede Art von Arbeit, und innere Arbeit ist auch Arbeit. Wenn ich all mein Vermögen in diese innere Anstrengung lege, dann ist das Dschihad. Aber auch, wenn ich sie in meine äußere Arbeit lege, ist sie Dschihad.

Dschihad bedeutet auch Selbstkontrolle. Wenn ich irgend etwas an mir entdecke, das mich in eine Richtung drängt, die ich nicht einschlagen will, und wenn ich dagegen angehe, dann bedeutet das Dschihad. Es bedeutet eben, sich an die Hand zu nehmen, bis in die allerkleinsten Dinge, Gedanken und Handlungen. Sogar wenn ich nur schlecht über jemanden sprechen will, sollte ich vorher meine Zunge zügeln, auch wenn der andere in Teilen dem entspricht, was ich als Bild von ihm habe; denn im tiefsten Inneren kann das schlechte Bild nicht mit seiner innen liegenden Wirklichkeit übereinstimmen. Das Zügeln meiner Zunge vor Verurteilungen, es ist auch Dschihad. Dschihad ist eine Sache der höchsten Ebene, und er reicht hinunter bis in alle Schichten. Jeder sollte sich eigentlich zu einer Art Dschihad bekennen, sollte den Dschihad tun – oder zumindest versuchen. Es würde unsere Welt sehr verbessern. Wirklich!

Unternimm die Anstrengung!

K.v.B.: Da stimme ich ganz und gar mit Dir überein. Es würde den Krieg nach innen verlagern, und da ist er am richtigen Platz. Kannst Du noch etwas zum kleinen Dschihad sagen?

D. Azzam: Wenn der Dschihad sich ins Äußere verlagert, wenn er also zum äußeren Kampf wird, so muß er sich sehr streng an das siebenfache W halten; er darf nie offensiv sein. Was? Wann? Wer? Wie? Warum? Wo? Wofür? Bevor ich auch nur die Überlegung mache, eine Waffe in die Hand zu nehmen oder jemandem etwas zuzufügen, muß ich diese Fragen in aller Gründlichkeit beantwortet haben. Wer? Wer ist es, gegen den ich die Hand erhebe? Habe ich die Rechtfertigung, ihm etwas zuzufügen? Ich habe sie nicht, solange er nicht etwas sehr, sehr Wertvolles angreift, solange nicht reiner Zerstörungswille sein Motiv ist. Ich habe sie nicht, wenn ich ihm nicht von Angesicht zu Angesicht gegenüberstehe, wohlgemerkt: Von Angesicht zu Angesicht! Ich habe sie nicht, solange er mir nicht ebenbürtig ist! Insofern ist, was am 11. September geschah, weit entfernt von irgendeiner Form des Dschihad. Das gilt in unserem Glauben als Verbrechen. Es ist ein Verbrechen, Menschen, Frauen und Kinder zu töten.

Dschihad ist eine sehr hohe Angelegenheit. Hier muß man sehr klar sein und die Dinge klar benennen. *Dschahada* bedeutet: sich bemühen! Vom Aufwachen bis zum Einschlafen kann der Dschihad gegenwärtig sein, denn: Wie vielen Fragestellungen, wie vielen ungelösten Problemen begegnen wir jeden Tag! Wie viele Schwierigkeiten liegen in jedem Werktag, die diese innere Anstrengung erfordern – sei es nur die Frage, wie ich meiner Nachbarin helfen kann.

Eine Beleidigung im Innersten

K.v.B.: Darf ich noch einmal aufgreifen, was Du vorhin gesagt hast? Du sprachst von der Wichtigkeit, sich gegenseitig zu achten in der Verschiedenheit; du sprachst davon, wann die Verletzung und Mißachtung des Andersartigen beginnt. Kannst Du beschreiben, welche rote Linie mit den Karikaturen Mohammeds übertreten wurde?

D. Azzam: Bevor ich von einer roten Linie spreche, mußt Du einfach wissen, wer der Prophet Mohammed – der Friede sei mit ihm – war und was er für uns bedeutet. Ihm gilt unsere sehr tiefe Liebe. Ich kann Dir kaum beschreiben, wie tief diese Liebe ist. Sie übertrifft die Liebe, die ich zu meinen Kindern habe – oder sie ist zumindest tiefer. Es ist eine sehr hohe oder sehr tiefe Liebe. Und so kann ich sagen: Ich oder wir akzeptieren jede Art von Beleidigung oder Verletzung unserer Gedanken, unserer Lebensart; wir akzeptieren es ganz und gar, daß andere anders denken; wir akzeptieren es, wenn ein verzerrtes Bild der Muslime gezeichnet wird. Aber wir akzeptieren keine Beleidigung unseres Propheten, denn er beschreibt einen heiligen Bereich in unserem Leben. Diese Beleidigung ist eine Beleidigung unseres eigenen Innersten.

Die Verletzung der Propheten

Die Millionen Menschen, die auf die Straße gegangen sind, um ihrer Verletzung Ausdruck zu verleihen, sind in meinen Augen im Recht; denn sie verleihen ihrem Innersten Ausdruck, sie artikulieren sich. Es ist aber ganz und gar gegen meinen Glauben und gegen meine Auffassung von Recht und Freiheit, wenn eine Botschaft zerstört wird, wenn Flaggen verbrannt werden. Hierzu sage ich strikt nein.

Ich frage mich eben, was der Karikaturist sich dabei gedacht hat, als er sich daransetzte, diese Zeichnungen zu zeichnen. Hat er nicht nachgedacht? Hat er sich nicht überlegt, was die Folgen sein könnten? Ist das Freiheit – oder ist es einfach Verantwortungslosigkeit?

Es ist für uns sehr, sehr wichtig, den Propheten Mohammed – der Friede sei mit ihm – zu respektieren. Nicht nur ihn, alle Propheten, auch den Propheten Naissa, den Ihr Jesus oder Christus nennt.

K.v.B.: Ich blicke auf Christus gar nicht als auf einen Propheten – das ist nicht ganz unwesentlich!

D. Azzam: Es gibt aber auch bei Euch Abbildungen von Christus im Kreise seiner zwölf Jünger, auf denen die Jünger als Frauen dargestellt sind. So etwas würde uns zutiefst verletzen! Wenn Ihr etwas, was Euch heilig ist, so darstellt, so können wir darüber kein Urteil fällen. Aber wenn unser Prophet so dargestellt wird, dann sagen wir ein klares Nein.

Aufwiegeln auf beiden Seiten

Aber es gibt auch hier ein Forcieren und Anschieben, auch hier kannst Du bemerken, daß wir in eine bestimmte Richtung gedrängt werden sollen.

K.v.B.: Kannst Du das ein wenig näher erläutern?

D. Azzam: Die Muslime machen fast eineinhalb Milliarden der Erdbevölkerung aus. Diejenigen, die die dänische Botschaft angegriffen haben, waren ca. 200 Menschen. In den westlichen Medien wurde nur gezeigt, was sie getan haben, nicht etwa, wie viele Soldaten die Botschaft verteidigt haben. Diese Soldaten sind Muslime, nicht etwa Christen, und viele von ihnen sind im Krankenhaus, weil sie die dänische Botschaft verteidigt haben und sich dabei zum Teil sehr schwere Verletzungen zuzogen. Es wurde auch nicht gezeigt, wie viele von denjenigen, die gegen die Botschaft angingen, ins Gefängnis kamen; und sie sitzen jetzt, im Augenblick unseres Gesprächs, immer noch dort ein und werden vor Gericht kommen. Davon habt Ihr mit Sicherheit kaum etwas erfahren.

Was uns betrifft, so kann ich ein plastisches Beispiel nennen, wie wir beeinflußt werden sollen: Ich erhielt in den Tagen, als der Konflikt aufloderte, eine SMS mit dem Inhalt: „Übermorgen, am Samstag, wird in Kopenhagen der Koran verbrannt werden. Bete, daß es nicht geschieht, und schicke diese Nachricht an zehn Menschen weiter.“ Du kannst Dir vorstellen, was das in mir ausgelöst hat. Natürlich habe ich diese SMS an niemanden weitergeschickt. Niemals im Leben! „Bete, daß es nicht geschieht!“ – das ist eine ganz klare Lüge. Es ging nicht ums Beten, es ging darum, etwas anzuschüren und uns aufzuhetzen.

K.v.B.: Das ist natürlich sehr geschickt, denn es nimmt und lenkt Eure tiefsten religiösen Gefühle und instrumentalisiert sie.

D. Azzam: Ganz genau. Wenn, und ich betone dieses „Wenn“ jetzt einmal sehr laut, also *wenn* die Menschen, die den Anschlag am 11. September 2001 verübt haben, Muslime waren, so gab es kühl kalkulierende, sehr klare und eiskalte Instanzen, die sie einer Art Gehirnwäsche und Fanatisierung unterzogen haben, indem sie genau diese religiösen Gefühle benutzt und mißbraucht haben.

Deswegen sage ich noch einmal: Es ist so wichtig, unsere Kinder wirklich gut zu erziehen, um sie stark zu machen und sie zu befähigen, selber das Wirkliche vom Lügenhaften unterscheiden zu können und ein Gespür für das Gute zu bekommen. Besonders im Alter zwischen 15 und 25 werden junge Menschen solchen Gehirnwäschen unterzogen, in einer Zeit, in der ihre Gefühle sehr hohe Gefühle sind, in der sie aus den Tiefen nach Allah suchen, nach Wahrheit und nach Idealen.

Ein verantwortungsloser Karikaturist

Aber – um noch einmal auf den Karikaturenstreit zurückzukommen – so frage ich mich eben nach dem Verantwortungsgefühl des Menschen, der die Karikaturen gezeichnet und veröffentlicht hat. Ich muß leider sagen, daß ich ihn nicht für wirklich freiheitskompetent halte. Er hat noch nicht begriffen, daß Freiheit eben auch Verantwortung bedeutet. Entschuldige, aber ich finde wirklich, daß es auf Beschränktheit hindeutet, so etwas zu tun. Du weißt, daß es für uns verboten ist, den Propheten Mohammed – der Friede sei mit ihm – abzubilden. Nun ist dieser Zeichner ja kein Moslem; ich kann es ihm also nicht verbieten, das zu tun.

Wenn er aber durch irgendeine künstlerische Ausbildung gegangen ist, so wundere ich mich darüber, wie sie gewesen sein muß. Ich habe auf der Kunsthochschule gelernt, und ich finde das sehr richtig, daß ich mich zuerst mit all dem, was ich entwerfe, was ich abbilde, was ich zeichne, beschäftigen muß! Bevor ich Dein Diktaphon hier zeichne, werde ich es mir also genau ansehen: Es hat hier diese drei Knöpfe, und ich werde mir vor Augen rufen, welche Funktion sie haben, warum diese Klappe so aussieht, wie sie aussieht, und wofür das Gerät gemacht wurde. Bevor ich also an eine Abbildung oder Deutung, und sei sie noch so frei und schöpferisch, gehe, muß ich das Ding oder den Inhalt kennen, den ich gestalte! Wohlgemerkt: *Bevor* ich gestalte! Die Zeichnung kann noch so frei sein, sie muß demjenigen entsprechen, was ich darstelle.

Wenn ich also von irgend jemandem den Auftrag bekomme, einen Menschen zu portraitieren, der leiblich nicht mehr da ist, ihn darzustellen, was tue ich dann? Ich beschäftige mich mit seinem Leben. So kann ich ihm nahekommen. Und ich bin ganz und gar sicher: Wenn sich dieser Zeichner wirklich mit Mohammeds Leben beschäftigt hätte, nicht etwa nur schnell-schnell irgendwelche Meinungen von anderen über ihn zusammengetragen hätte, dann hätte er ihn nicht so dargestellt. So hat er nichts anderes getan, als die Meinung anderer abzubilden. Und das ist weder Kunst noch verantwortungsvoll, noch ist es lustig, noch ist es wirklich aus Freiheit getan. Der Begriff Freiheit paßt hier nicht. Er hat eine Meinung abgebildet, nichts sonst. Ich muß mich doch selber anstrengen! Ich gehe doch nicht schnell zu Dir und frage Dich: Sag mir rasch etwas über den oder jenen, ich will lieber nicht selber nachdenken müssen, was er für ein Mensch ist. Das ist Faulheit! Nicht einmal von der rein technischen Seite hat er es getan.

Wir müssen besser und eigenständiger denken als je!

Ich kann aber wirklich nur davor warnen, die heiligsten Gefühle anzurühren; denn nicht alle der vielen tausend Menschen, die gegen diese Karikaturen aufbegehrten, sind Menschen, die sich um ein klares Denken bemühen. Nicht jeder sieht, daß wir auf beiden Seiten in eine Richtung gedrängt werden, die der Wahrheit nicht entspricht und die unsere Zukunft zerstört. Ich bitte also wirklich dringend darum, respektvoll zu sein. Aus eigener Anstrengung heraus!

Die Medien helfen uns dabei kaum. Denn man denkt heute: Es ist ganz leicht zu wissen, was in Deutschland geschieht, ich muß nur den Fernseher anwerfen oder im Internet ein bißchen surfen, dann weiß ich es – und ich brauche nicht mehr nachzudenken! Ich muß aber nachdenken, um zu durchschauen, was Wahrheit und Lüge ist. Wir können uns das nicht ersparen, im Gegenteil: Es wird immer wichtiger! Wir müssen immer stärker trennen zwischen Mensch und Regierung, zwischen Religion

Foto: Katharina v. Bechtolsheim

Dialog in Dahab

und gewordener Kultur. Wir müssen mehr und besser und eigenständiger denken als je zuvor!

Das Gespräch ist eröffnet!

K.v.B.: Kannst Du an all den brennenden Fragen, die Du hier entwikkelt hast, etwas Gutes finden? Siehst Du etwas Zukünftiges an dem, was als „Clash of Cultures" heraufbeschworen wird – an den Verantwortungslosigkeiten, den Verzerrungen, an dem, was Du mit Manipulation und Machtanhäufung bezeichnest und was uns in einen Abgrund zwischen Ost und West drängen will?

D. Azzam: Ja, daran kann ich mit Sicherheit etwas Gutes und Zukünftiges finden. All diese brennenden Fragen stoßen die Tür zum Gespräch auf. Kommunikation tritt in den Vordergrund, ganz verschiedenartige Konversation wird nötig. Austausch ist gefragt. Einige bedeutende, wirklich wach denkende Moslems sind nach dem Karikaturenstreit nach Kopenhagen gegangen, einige Dänen und Europäer kamen nach Ägypten, und das Gespräch wurde eröffnet.

Viele Ausländer, die hierherreisen, fürchten dieses Gespräch, weil es kein einfaches ist, weil es uns herausfordert, weil es unser Denken anstrengt und weil es große Schwierigkeiten behandelt; weil es Fragen stellt, die nicht so leicht zu beantworten sind. Aber allein die Tatsache, daß wir hier gemeinsam sitzen, daß Du diese Fragen angesprochen hast, daß andere mutig genug sind, darüber zu sprechen, ist sehr viel wert. Wir müssen sprechen! Wir müssen über uns und über Euch sprechen und ein Gegengewicht zu dem setzen, was einfach verbreitet und als Wahrheit hingestellt wird.

Fragen der Kompetenz

Wer über den Islam etwas wissen möchte, der sollte z.B. nicht im Internet suchen, was er darüber findet – denn alles, was ich dort gefunden habe, ist nicht befriedigend. Vielmehr sollte er sich an wirklich kompetente Instanzen wenden wie das ICC, das Islamic Culture Centre – nicht an mich, nicht an jemand anders, sondern dorthin, wo man wirklich etwas dazu sagen kann.

K.v.B.: Das mag richtig sein, vielleicht ist das auch ein guter Tip für den Leser, aber genauso wichtig ist das Gespräch mit Menschen, die nicht aus höchster, abgesegneter Instanz sprechen, sondern die ihre eigenen Gedankenwege und Gefühle schildern. Der einzelne Mensch, hinter dem keine Institution steht, ist der Brennpunkt des Interesses, und er ist oft glaubwürdiger, weil – zumindest in Europa – jeder Mensch ein solcher einzelner ist und sich vereinzelt erlebt. Der Vereinzelte horcht auf den Vereinzelten, weil dieser irgendwie sein Bruder ist, egal, wo er alleine sitzt. Was der einzelne sagt, hat mehr Gewicht, weil es sich nicht durch eine Instanz rechtfertigt, die vorgibt, was richtig ist, sondern dadurch, daß es selbst errungen ist. Vielleicht ist das aber eine typisch europäische Angelegenheit. Islamspezialisten gibt es viele, auch in Europa, und die Zeitungen oder Bücher sind voll von ihren Gedankengebäuden. Solche Gedankengebäude wiegen oft viel zuviel und belasten die Köpfe der Menschen, die das gar nicht verdauen können.

D. Azzam: Trotzdem bleibe ich dabei; es ist mein erster Ratschlag, den ich gebe.

K.v.B.: Das ist ja auch Dein gutes Recht. Es ist mit Sicherheit besser als zu surfen, aber das Denken erspart es uns auch nicht.

D. Azzam: Nein, aber die Verantwortung, in der diese Institutionen stehen, verhindert, daß deren Repräsentanten irgend etwas daherreden. Ein Journalist kann irgend etwas sagen, was er gerade möchte; es kann ja sein Ziel sein, eine hohe Einschaltquote zu erreichen. Es ist auch eine Frage der Kompetenz.

K.v.B.: Das ist schon richtig. Ich finde Dich dennoch kompetent als einzelne: Du läßt mich anders aufhorchen.

Gesetzlicher Schutz und Erziehung

Wenn wir schon bei den Institutionen sind: Wünschst Du Dir irgendeine rechtliche Folge aus Konflikten wie dem Karikaturenstreit?

D. Azzam: In vielen Ländern gibt es Gesetze, die die Glaubensfreiheit sichern und die gewährleisten sollen, daß die religiöse Haltung und Gesinnung des Individuums nicht verletzt werden darf. Aber es gibt eben überall auch Schlupflöcher, die das dennoch ermöglichen, auch in Dänemark. Dort gibt es ein Gesetz, das die Glaubensfreiheit sichert, aber es gibt einen Unterparagraphen, der erlaubt, anders zu handeln.

Ich denke durchaus, daß ein Gesetz nötig ist, das Überschreitungen der letzten zwei Millimeter, wie ich es vorhin nannte, ahndet. Ich bin dafür, daß ein internationales Gesetz zum Schutze der heiligen Bereiche installiert wird, und der Prophet Mohammed – der Friede sei mit ihm – gehört ganz zentral zum Heiligsten eines Großteils der Erdbevölkerung. Ich bin z.B. sicher, daß Papst Benedikt XVI. dem zustimmen würde.

Aber ich komme hier eben immer wieder auf die Erziehung zurück. Es liegt in der Verantwortung der Eltern und Lehrer, Verständnis zwischen Ost und West zu wecken. Wir müssen den Kindern zeigen und vorleben, wie wichtig es ist, jedes Menschen Glauben zu achten. Wir müssen nicht einer Meinung sein, aber wir müssen uns gegenseitig achten.

Im Koran ist das ganz klar ausgedrückt: *Du hast Deine Religion, ich habe meine Religion.* Man muß meinen Glauben ja nicht annehmen, aber man sollte ihn nicht verletzen. Ich halte also ein solches Gesetz für sehr wichtig, aber ich denke nach wie vor, daß die Erziehung das Entscheidende ist. Ich bin z.B. tief überzeugt davon, daß es in Europa viele Lehrer gibt, die sich gerade darum bemühen, und das macht mich sehr hoffnungsvoll.

Koran: Das Gesetz als Grundlage der Kreativität

K.v.B.: Gibt es eine brennende Frage, die Du einem Menschen gerne stellen würdest, der von der ganz realen Existenz des Christuswesens überzeugt ist?

D. Azzam: Da muß ich ganz stark überlegen. Ich glaube, ich habe hier zunächst keine Frage.

K.v.B.: Wirklich nicht? Jetzt bin ich baff.

D. Azzam: Vielleicht rührt das daher, daß wir im Koran wirklich alle Antworten gegeben haben. Alle wesentlichen Fragen sind dort berührt. Ich achte einen Christen, aber ich habe keine Frage, zumindest keine, die ich jetzt wüßte.

K.v.B.: Für einen Europäer gibt es genau deswegen eine gewisse Skepsis gegenüber dem Koran, weil er ihm als ein System von Regeln erscheint; ein Buch, in dem alle Antworten gegeben sind, ein System, das aus „Du sollst..." und „Du sollst nicht" besteht – und das dem Individuum möglicherweise wenig Raum läßt, aus sich selbst heraus und auf ungeebnetem Weg vielleicht ganz unerwartete Antworten auf seine eigenen brennenden Fragen zu finden. Möchtest Du etwas dazu sagen?

D. Azzam: Ja. Zuallererst einmal: In allen zivilisierten Ländern spielt das Gesetz doch eine tragende Rolle. Kann es ein gemeinsames Leben ohne Gesetze geben? Denke nur an etwas so Einfaches wie eine Straßenampel. Wie viele Unfälle gäbe es jeden Tag, wenn wir nicht die Regeln einer Ampel kennen würden! Oder denke an ein Unternehmen: Für jedes Unternehmen gelten landesweit Gesetze, die es einhalten muß; und wenn die Unternehmer sich nicht daran halten, dann wird der Betrieb vielleicht fünf Jahre existieren, und dann ist es vorbei mit ihm.

Oder nimm einen Computer. Es gibt ganz einfache Regeln, die beschreiben, wie man ihn ein- und wie man ihn ausschaltet, wie man etwas abspeichert usw. Und wenn man diese Regeln nicht einhält, dann geht verloren, was man geschrieben hat. Und jetzt kommt die entscheidende Frage: Behindert es die Kreativität des Benutzers, wenn er die Grundregeln des Computers kennt und einhält? Behindert es die Entwicklung meiner Arbeit am Computer? Das Neue, das vielleicht entsteht, wenn ich mit ihm arbeite? Nein. Das Gegenteil ist der Fall. Wenn ich diese Regeln einhalte, kann ich wirklich schöpferisch werden; ich kann die erstaunlichsten und kreativsten Dinge tun! Die Regel ist also die Grundlage für Entwicklung und Kreativität.

Dieses große System von Vorschriften, wie Du es genannt hast – der Koran – ist gewissermaßen das, was die Verbindlichkeit zwischen den Menschen ausmacht, das, was sie zu leisten haben. Was wird für mich gefordert, was von mir? Eine der Hauptregeln, die wir im Koran haben, ist: Verletze weder dich noch den anderen. Wenn du beides als zwei Pole nimmst, dann ist dazwischen unendlich viel Raum für Kreativität. Der Islam ist eine hochflexible Religion; er ist eigentlich eine internationale, eine Weltreligion. Er kann für arm und reich, für Gebildete und Ungebildete, sogar für Ungeborene gelten.

Allah wird mich fragen: Was hast Du Neues geschaffen?

Als der Islam vor 1400 Jahren begann, sich auszubreiten, begann mit ihm auch eine enorme kulturelle Entwicklung. Als die arabische Welt den Islam wirklich zum Fundament hatte, als der Koran ihre Basis war, war sie die Hervorbringerin von Entwicklung.

K.v.B.: Kannst Du beschreiben, welche Entwicklung sie hervorgebracht hat?

D. Azzam: Die islamische Zivilisation hatte ein sehr hohes Niveau und war z.B. in der Wissenschaft bahnbrechend. Ibn Nafis beschrieb den Blutkreislauf bereits im 13. Jahrhundert, und Europa nahm seine Erkenntnisse dann vom 16. Jahrhundert an zur Grundlage für die Entwicklung der Medizin. Auch heute noch liegt in den Erkenntnissen, die wir gewonnen haben, als dieses „große System von Regeln" noch unsere Triebfeder war, die Basis, die heute in der Naturwissenschaft angewandt wird. Als uns aber dieses „System von Regeln" entglitten war, gerieten wir an den unteren Rand der Welt.

Dieses Regelwerk ist also ein wirklicher Initiator von Entwicklung. Denn warum hat Allah uns wohl geschaffen? Damit wir essen und schlafen? Nein, wir haben etwas zur Welt hinzuzufügen; jeder Mensch hat etwas Neues zu schaffen auf dieser Welt. Wenn ich einst vor Allah stehe, dann wird er mich fragen: Was hast Du den Menschen und der Welt Neues gebracht? Ich muß nicht die umwälzenden Dinge beitragen, ich muß nicht die Welt umstülpen – aber ich muß doch etwas Neues schaffen in meiner Lebenszeit. Und ich werde gefragt werden: Wie hast Du Deine Zeit verbracht? Wie hast Du sie gestaltet? Worin hast Du Deine Kraft investiert? In unserem Glauben spielt Entwicklung eine ganz zentrale Rolle. Im Koran spielt Entwicklung sogar eine der Hauptrollen.

Von allem die Hälfte: Errungene Freiheiten

Regeln sind also unendlich wichtig für eine zivilisierte Welt. Die Welten, in denen es keine Regeln gibt, sind unzivilisierte Welten, unzeitgemäße Welten. Aber: Keine Regel darf das Denken verhindern! Ich sagte schon, das Verb

„denken" taucht im Koran immer wieder auf. Dieses Regelwerk verhindert nicht das Denken, sondern es drängt zum Denken. Und ich wiederhole: Schöpfung ist der Aufruf zur Entwicklung. Du wirst im ganzen Koran keine einzige Regel finden, die Kreativität verhindert oder einschränkt.

K.v.B.: Kannst Du ein Beispiel geben, in dem Du eine der Suren oder Regeln nennst, von der Du überzeugt bist, daß sie Entwicklung, Kreativität oder Freiheit wirklich ermöglicht und veranlaßt? Du weißt, wie wenig wir über den Koran wissen.

D. Azzam: Ja, ich könnte das wohl, aber ich denke, ich überlasse das einem Menschen, der wirklich kompetent über den Koran spricht. Ich spreche eher aus dem Herzen, deswegen stelle diese Frage lieber jemand anderem.

K.v.B.: Das Herz ist doch ein kompetentes Organ! Kannst Du denn in diesem Zusammenhang – also im Hinblick auf die Tatsache, daß dieses System oder Regelwerk Entwicklung oder Freiheit ermöglicht – etwas zur Frage der Stellung der Frau sagen; vielleicht auch ein wenig historisch geblickt?

D. Azzam: Historisch geblickt läßt sich eine ganz einfache Frage stellen: Was galt die Frau vor dem Islam? Was war ihre Stellung? Sie galt nichts. Und so kommst Du darauf, welche Wende der Islam bedeutete, denn im Koran ist ganz deutlich ausgesprochen, daß die Frau geachtet, respektiert werden soll. Sie soll, so sagt Mohammed – der Friede sei mit ihm –, von allem die Hälfte sein. Frau und Mann sind in allem gleich.

Es ist wichtiger als wichtig, ganz streng zwischen Kulturform und Islam zu trennen. Sehr, sehr wichtig! Wir haben große Probleme, was die Stellung der Frau betrifft, aber wir haben sie, weil unsere Kulturformen so sind, wie sie sind. Das kommt nicht vom Islam! Vor dem Islam konnte ein Mann bis zu 400 Frauen haben, und wenn der Mann gestorben war, so durfte man ihnen alles nehmen, durfte sie behandeln, wie man wollte; sie galten nichts mehr. Vor dem Islam durfte eine Frau kein Eigentum haben, und der Islam sprach ihr Besitz zu: Sie durfte besitzen, wie der Mann besitzen durfte. Der Islam ermöglichte ihr, ihren Lebensweg selbst zu gestalten; der Islam ermöglichte ihr, eine Arbeit zu wählen; der Islam ermöglichte ihr, zentrale Positionen einzunehmen. Die Frau konnte ihre Stimme gegen die Regierung erheben! Der Islam gab der Frau Rechte. Das war bahnbrechend! Das, worum wir also heute kämpfen, das hatten wir damals längst. Du mußt also immer zwischen Kultur und Religion trennen, besonders in dieser Frage.

Foto: Katharina v. Bechtolsheim

Dalia Azzam

Gründe, die jeder versteht

K.v.B.: Eine letzte Frage würde ich gerne noch stellen, die diese beiden Bereiche wieder berührt. Für westliche Menschen wirkt das Kopftuch ja immer noch wie ein Symbol der Unterwerfung der Frau. Du trägst Dein Kopftuch mit Überzeugung. Kannst Du etwas dazu sagen?

D. Azzam: Das ist eine Frage des Glaubens. Und darüber möchte ich auch nicht gerne sprechen, frage dazu jemanden, der kompetent ist.

K.v.B.: Aber wer sollte kompetent sein, darüber zu sprechen, wenn nicht Du – wo Du es doch aus Überzeugung trägst?

D. Azzam: Nun ja, die Glaubensschwestern und Nonnen tragen ja auch das Habit in Europa und in der westlichen Welt.

K.v.B.: Hier könnte man Dir natürlich entgegenhalten, daß jede Nonne irgendwann in ihrem Leben – mündig, also volljährig und eigenständig – die freie Entscheidung trifft, ihr Leben Gott zu weihen und das Habit von da an als Zeichen dafür zu tragen. In islamischen Ländern aber trägt ein Mädchen ja oft das Kopftuch, lange bevor es in der Lage ist, wirklich eigenständig zu entscheiden. Du mußt immer wissen, daß wir in Deutschland viele türkische Mädchen sehen, die von ihren Brüdern unterdrückt werden, die im Haus gehalten werden, die zwangsverheiratet und geschlagen werden – und so steht das Kopftuch oft auch als ein Zeichen der Unterdrückung vor uns.

D. Azzam: Ja, damit berührst Du natürlich wieder die Frage nach Kultur, Tradition und Religion.

Für mich drückt das Kopftuch Respekt aus. Wenn ich mit einem Mann spreche, so soll er mit mir als einem Menschen sprechen, mit meinem Geist; er soll nicht mit meinem Körper sprechen. Wenn ich auf der Straße entlanggehe, kann ich gar nicht wissen, wie viele alleinstehende Männer dort gehen, wie viele junge Männer, die sich nach einer Frau sehnen. Wenn ich mein Haar offen trage, mich aufreizend anziehe, dann lenke ich deren Blicke doch zwangsläufig auf mich und ziehe sie damit an. Ich nötige den Mann damit in sein Leibliches, und wegen mir muß er sich kontrollieren. Das will ich ihm ersparen. Er soll mich als Menschen ansehen, nicht als ansprechenden Körper begehren.

K.v.B.: Du nimmst ihm also ein Stück Dschihad ab. Das ist selbstlos und liebevoll, aber es nimmt ihm ja auch Verantwortung.

D. Azzam: So könnte man es sehen. Aber das Kopftuch schützt nicht nur ihn, sondern auch mich; denn ich erlebe wirklich, daß man mir mit viel mehr Respekt begegnet und mit ganz anderer Haltung, wenn ich es trage. An der Art, wie ein Mann mir in die Augen blickt, wenn ich es anhabe, und daran, welche Worte er wählt, sehe ich genau, daß er mich als Menschen anspricht, daß er meinen Geist meint.

Zu Hause lege ich es ab, wie auch jetzt, und wenn ich im Garten arbeite, lege ich es auch ab, aber ich sage Dir: Ich fühle mich gar nicht wohl, wenn ich es ablege und draußen arbeite. Ich fühle mich ungeschützt und beinah nackt.

Daß wir unseren Kopf bedecken, wenn wir uns zeigen, und das tun wir auf der Straße, hängt eben auch damit zusammen, daß wir uns vor Allah zeigen. Als Euer Papst Johannes Paul II. aufgebahrt und beerdigt wurde, hatten alle weiblichen Trauergäste ihr Haupt bedeckt, das hat uns hier zutiefst berührt, weil es aus derselben Tiefe kam, aus der wir es tragen, wenn wir es wirklich aus Glaubensgründen tragen. Und Jesu Mutter, die heilige Maria, trägt es auf jeder Abbildung. Auch das kommt nicht einfach von irgendwo, sondern aus einer Tiefe, die eigentlich jeder versteht.

Wo soll alles hinwachsen?

Interview mit Katrin Biallas, Sliman Abu Hmed und Ida Umm Musa

von Katharina von Bechtolsheim

Katrin Biallas, *geb. 1968; Studium der Ethnologie und Islamwissenschaft; freie Mitarbeit im (ethnologischen) Lindenmuseum Stuttgart. Seit 1990: jährliche Aufenthalte im Südsinai, wo sie als symbolische Tochter in Slimans Familie adoptiert ist. Veranstaltet gemeinsam mit den Beduinen Reisen durch die Wüste, arbeitet in Tübingen in der Erwachsenenbildung*

Ida Umm Musa, *ca. 45 Jahre alt; Ziegen- und Schafshirtin; frühe Heirat mit Sliman Abu Hmed; vier Töchter (verheiratet) und vier Söhne. Lebt seit 1990 in Bir Zghrer, dort ist ihr Garten ihre ganze Leidenschaft.*

Sliman Abu Hmed, *ca. 48 Jahre alt; Hirtenjunge; Kamelführer, Fischer, Gartenbauer; während israelischer Zeit tätig als Wächter, Fahrer, Führer u.v.m.; zuletzt auch angestellt bei der Umweltschutzbehörde. Zusammen mit Ida acht Kinder.*

Wenn wir an Adoption denken, tauchen vor unserem inneren Auge wirtschaftlich gutgestellte, europäische Menschen mit Kinderwunsch auf, die sich eines Kleinkindes anneh-

men, das vielleicht aus ganz anderem Kulturkreis oder Gesellschaftsschichten stammt, und die dieses Kind ganz in ihre „Kultur“ integrieren. Katrin Biallas (in ihrer Wahlfamilie Katrina genannt) wurde hingegen, bereits volljährig, als symbolische Tochter in einer Beduinenfamilie des Südsinai aus dem Stamm der Mzainas aufgenommen. Sie lebte Tag für Tag mit, was es bedeutet, unter Menschen zu sein, deren Ehrgefühl es z.B. verbietet, ihr Handeln und Denken an Befehle zu binden, Menschen, die einer „Stammesgesellschaft ohne Staat“ angehören, die sich auf Zusammengehörigkeitsgefühl und Gottergebenheit auch in Rechtsfragen berufen, die zum einseitig wirtschaftlichen Wachstumsbegriff, zum reinen Besitz- und Sicherheitsdenken keinen Bezug finden, weil ihre Wurzeln und ihr eigentlicher Alltag ganz andere sind.

Für eine stark vom Staatsgedanken geprägte Diktatur wie Ägypten bedeuten Beduinen eine Art unregierbare Risikogruppe, die sich staatlichen Annäherungsversuchen immer wieder entzieht, obwohl ihre Mitglieder als „ägyptische Staatsbürger“ ausgewiesen sind. In den Jahren israelischer Besatzung, genauso wie in ägyptischer Zeit, versuchte und versucht die Administration deswegen hier durch eine Art Zwangsintegration, dort durch Repressalien, dann wieder mit Zurückdrängen in den Bereich der Wüste, aber auch mit Unterstützungsprogrammen, dieser „segmentären“ Gruppe Herr zu werden. Die Mzaina des Südsinai leben heute fast ausschließlich vom Tourismus und gelangen dadurch einerseits in den Sog eines nicht rückgängig zu machenden Weges der „Verwestlichung“, andererseits haben sie dadurch wirtschaftliche Vorteile, z.B. gegenüber den Beduinen des Nordsinai, wo der Tourismus keine Rolle spielt.

Zum 25. Jahrestag des Friedensschlusses von Camp David 1979, eine Woche nach diesem Gespräch, wurden in dem immer stärker von Tourismus geprägten Badeort Dahab, von dem in diesem Gespräch auch die Rede ist, drei Anschläge verübt. Die Spuren wiesen auf Beduinen aus dem Nordsinai

(Al Arish), die nahe am Gazastreifen leben und in ihrer Not empfänglich für Instrumentalisierung durch radikales Gedankengut sind.

Wohin wir in diesem Gespräch auch gelangten, immer wieder waren mit ihm Fragen berührt, die einerseits das ganz Originäre dieser intensiven Kulturbegegnung zwischen Katrin Biallas und den Mzainas – und umgekehrt – betrafen, andererseits aber auch als noch ungelöste Fragen für jeden von uns im Raum stehen.

Katrina und ihre Wahleltern nahmen für das Interview einen mühsamen Weg durch die Wüste in Kauf, wir gingen einander (fürs Auto) unwegsame Wegstücke zu Fuß entgegen. Für die Aufnahme mußten wir einen windgeschützten Ort finden, während des Gesprächs wurde einem durchreisenden Beduinen Gastfreundschaft gewährt, Fliegen summten am Diktaphon vorbei und Kamele brüllten im Hintergrund, während wir bei Tee auf dem Boden saßen. Als Katrinas Eltern sich aus dem Gespräch verabschiedet hatten, saßen wir noch eine Weile zu zweit, und als die Dunkelheit hereingebrochen war, mußte ich bis zum Aufgang des Vollmondes warten, um durch heftigen Sturmwind allein zu Fuß zurückzugehen, was ein eindrücklicher Weg war, der vom Gespräch eigentlich nicht zu trennen ist.

Katharina von Bechtolsheim: Was ist eigentlich die Bedeutung des Wortes Beduine?

Sliman Abu Hmed: Ein Beduine ist ein Muslim, der den natürlichen Weg lebt. Wir Beduinen sind die ursprünglichen Araber, und wir nennen uns auch so. Der Beduine lebt in den Bergen, er betreibt Viehzucht, er lebt unter freiem Himmel, in der Wüste, und die Wüste heißt *bedia*. Beduinen fürchten sich nicht vor Hyänen, sie fürchten sich überhaupt nicht vor dem Leben unter freiem Himmel.

K.v.B.: Sie sagten, Sie nennen sich Araber. Wo empfinden Sie denn Ihre Wurzeln? Wie weit geht das Zugehörigkeitsgefühl zurück – und bis in welches Gebiet?

S.A. Hmed: Unsere Wurzeln liegen in Saudi-Arabien. In unserer ursprünglichen Heimat gab es vor langer Zeit eine Blutschuld, und so wanderten sieben Männer hier in den Sinai ein; auf diese Weise faßten die Mzaina hier Fuß. Als diese Männer eingewandert waren, verbündeten sie sich mit einem der Sinai-Beduinenstämme, mit den Alegat. Und sie

Foto: K.v.Bechtolsheim

Der Golf von Akaba (Blick nach Saudi-Arabien)

kämpften gemeinsam mit den Alegat gegen die Sawarka. Die Mzaina und die Alegat gewannen diese Schlacht. Und sie teilten das errungene Land untereinander auf.

K.v.B.: Gehörte dieses Land von jetzt an ihnen? Blickten sie auf dieses Land als ihr eigenes Land? War es ihr Besitz – oder ihre Heimat?

S.A. Hmed: Von da an war es ihr Land. Und das empfinden sie heute noch so. Innerhalb der Grenzen, die damals gezogen wurden, fühlen wir uns als auf unserem Land. Das ist auch schriftlich festgehalten.

K.v.B.: Überblickt denn jeder Mzaina dieses gesamte Gebiet innerlich und empfindet es als seines, oder teilen sich die Mzainas dieses Gebiet auch untereinander noch anders auf?

S.A. Hmed: Das Stammesgebiet der Mzainas betrachten alle Mzainas als das ihre. Jeder Mzaina kann aber innerhalb dieses Gebietes Bereiche abgrenzen, in denen er einen Garten anlegt.

K.v.B.: Bearbeitet er diesen Bereich einfach und nutzt ihn, oder betrachtet er ihn als seinen Besitz?

S.A. Hmed: Er nutzt ihn zum Leben; und wenn er nicht mehr dort lebt, kann er ein Viereck aus Steinen ziehen, und niemand wird es anrühren.

Katrin Biallas: Man sieht diese Steinbegrenzungen oft in der Wüste. Plötzlich ist irgendwo ein Zaun errichtet, was bedeutet, daß hier jemand irgendwann ein Gebiet für sich beansprucht hat.

S.A. Hmed: Wenn der Beduine einen Geldsegen bekommen hat, oder wenn es einen großen Regenfall gibt, so geht er wieder dorthin und bearbeitet sein Land.

Wir achten alle Fremden

K.v.B.: Wie empfindet es ein Mzaina dann, wenn Ägypter kommen, um auf diesem Gebiet Land zu beanspruchen oder zu bebauen?

S.A. Hmed: Wenn Fremde kommen, um hier Land zu kaufen und zu bebauen, so ist das nicht schön für einen Mzaina. Aber er kann nichts dagegen tun. Beduinen, die Land verkaufen, sind in meinen Augen dumm.

K.v.B.: Warum ist es dumm? Was genau ist es, was ein Mzaina daran als dumm empfindet?

S.A. Hmed: *(zögert)* Wir achten die Ägypter.

K. Biallas: Du mußt wissen, daß das ein sehr heikles Thema ist. Es ist für meinen Vater nicht leicht, etwas dazu öffentlich zu sagen.

K.v.B.: Ich habe Ägypter voller Verachtung über Beduinen sprechen hören. Ich finde es ehrenvoll, daß Sie die Ägypter achten.

S.A. Hmed: *(lacht)* Es gibt auch sehr gute Beziehungen zu den Ägyptern. Wir achten alle Fremden, alle Reisenden. Wir schützen alle, die wir durch unser Land führen, denn wir führen seit Jahrhunderten Fremde durch den Sinai. Wir achten darauf, daß ihnen nichts zustößt. Wir erkennen die Spuren der Giftschlangen und behalten die Reisenden in unserer Obhut.

K.v.B.: Das kann ich bestätigen. Bringt denn das Reisefieber der Fremden auch Schwierigkeiten mit sich?

S.A. Hmed: Welche Schwierigkeiten denn?

Verlieren, was einen Beduinen ausmacht

K.v.B.: Wenn ich mir denke, ich wäre Beduine, und ich ginge durch Dahab, da, wo die Promenade beginnt, so könnte ich mir vorstellen, daß es schmerzhaft wäre zu sehen, wie sich dort alles entwickelt.

S.A. Hmed: Was würde Dich denn traurig machen?

K.v.B.: Vielleicht wäre ich traurig zu sehen, wie die Häuser emporschießen; zu bemerken, daß die Beduinen zurückgedrängt sind an den Ortsrand, nach Asala; festzustellen, daß es mir nicht so scheint, als hätten die Beduinen dort einen Raum, den niemand anrührt. Ich hätte vielleicht nicht das Gefühl, mich in meiner Heimat zu bewegen – obwohl ich wüßte, daß es einmal meine Heimat war –, weil sie stückweise verkauft wird.

S.A. Hmed: Das ist möglich. Aber auch die Beduinen sind daran schuld, denn sie haben viel zu schnell Land hergegeben. Die Ägypter haben Land von ihnen gekauft, und sie können jetzt natürlich viel Geld damit verdienen. Ein Ägypter baut ganz anders als ein Beduine; der baut mit Stroh und Schilf, ein Ägypter baut mit Baggern und Loadern.

K.v.B.: Ich habe gehört, daß es Hosni Mubaraks Ziel ist, bis zum Jahr 2016 sechs bis sieben Millionen Touristen jährlich durch den Sinai zu schleusen.

K. Biallas: Das würde alle Probleme, die ohnehin schon bestehen – nämlich die Frage nach Wasser, die Frage der Überfischung, die Frage der Infrastruktur – völlig überlasten. Das klingt für mich größenwahnsinnig.

S.A. Hmed: Vielleicht werden die Beduinen dann ihre Häuser hergeben und wieder ganz unter freiem Himmel leben.

K.v.B.: Wäre das denn besser?

S.A. Hmed: Ja. Ich fände es besser. Aber meine Söhne und deren Freunde leben gerne in der Stadt.

K.v.B.: Was würden Sie sich denn für die Zukunft Ihrer Kinder wünschen?

S.A. Hmed: Ich würde meinen Kindern und Kindeskindern wünschen, daß sie sich von den Städten fernhalten und im Freien leben. Ein wirklicher Beduine kann nicht in der Stadt leben.

K.v.B.: Was macht ihn in der Stadt unglücklich?

S.A. Hmed: Wenn die Beduinen in den Städten leben, verändern sie sich.

K.v.B.: Was verlieren sie denn?

S.A. Hmed: Sie ahmen die Ägypter und Ägypterinnen nach. Sie verlieren ihr Ehrgefühl. Und sie verlieren ihr Schamgefühl. Sie verstädtern.

Foto: K.v.Bechtolsheim

Neben Dahabs Straßen

Sie verlieren das, was den Beduinen ausmacht, der unter freiem Himmel lebt.

K.v.B.: *(an die Mutter gewandt)* Und was wünschen Sie sich für Ihre Kinder?

Ida Umn Musa: Ich wünsche mir, daß meine Kinder und Kindeskinder im Freien leben. Ich wünsche mir nicht, daß sie mit den Ägyptern zusammenwohnen. Und ich wünsche mir, daß sie in unserer Nähe leben. Unser Sohn hat in der Nähe unseres Steinhauses ein Fundament gelegt. Eine meiner Töchter lebt in Nuweiba. Das ist ein weiter Weg.

K.v.B.: Wünschen Sie sich denn auch Schulbildung für Ihre Kinder, oder würden Sie ihnen lieber selbst weitergeben, was Sie weitergeben wollen?

S.A. Hmed: Für meine Söhne und Töchter wünsche ich mir, daß sie etwas lernen, und ich habe ihnen gezeigt, was ich wußte und zeigen kann. Für meine Enkelkinder bin ich nicht mehr verantwortlich – meine Kinder müssen diese Frage entscheiden.

Sie kam immer wieder und lernte alles

K.v.B.: Wie kam es denn, daß Sie erwogen, Katrina als Ihre Tochter anzunehmen?

S.A. Hmed: Ich sah Katrina das erste Mal 1990 in Ein Khudra.

Ein gewisser Baruch kam und wollte mich auf eine Tour mitnehmen. Er fragte nach mir; ich konnte aber nicht mit auf diese Reise kommen.

Katrina wollte mich aber kennenlernen und beharrte darauf, mich zu sehen. Also sind wir uns begegnet.

K. Biallas: Baruch war ein Studienkollege, den ich noch vor meinem ersten Studiensemester kennengelernt hatte. Ich begleitete ihn auf dieser Reise, auf der ich einen tieferen Einstieg in die Beduinenwelt finden wollte; und als ich hörte, daß mein Vater – der damals ja noch nicht mein Vater war – nicht kommen konnte, bat ich Baruch, mich ihm dennoch vorzustellen. Und so machte er mich mit der Familie bekannt.

S.A. Hmed: Als ich Katrina sah, gefiel sie mir. Ich behandelte sie wie eine Tochter und nahm sie auf. Ich zeigte ihr mein Land und fragte sie, ob sie Menschen aus ihrem Land mitbringen möchte. Und so kam durch Katrina Verdienst zu uns.

I.U. Musa: Katrina kam und wohnte bei uns, sie kam immer wieder, sie lernte alles.

K.v.B.: Was hat sie denn alles gelernt?

I.U. Musa: *(stößt girrende Laute aus. Alle lachen)* Sie lernte unsere Sprache und alle Rufe und Ausrufe des Erstaunens. Sie lernte die Sprache der Kamele und lernte, sie anzutreiben. Wie ein Kind lernte sie alles, was unser Leben ausmacht.

K.v.B.: Kannst Du aus Deiner Sicht noch ein wenig schildern, wie Du nach und nach hier hineingewachsen bist?

K. Biallas: Ich hatte wirklich ein wenig den Status eines Kindes. Die Sprache kannte ich kaum, und ich wollte einfach alles über die hiesige Kultur wissen und lernen. Im Laufe dieser 16 Jahre bin ich wirklich in die Familie, in die Gesellschaft tief hineingewachsen.

Ich war auch sehr viel allein mit meinem Vater und anderen Beduinen unterwegs und lernte alles Grundlegende über die Wüste, das Wasser, die Pflanzen und die Tiere; ich lernte viel über das Wetter, über Tierspuren und über die ganze Natur hier. Und natürlich begegnete ich all den Menschen hier: der Familie, der Großfamilie, den Nachbarn. Alles wurde mir gezeigt, und alles lernte ich intim aus großer Nähe kennen.

I.U. Musa: Sie kann heute sogar Butter stoßen!

S.A. Hmed: Ja, das macht sie sehr gut.

K.v.B.: Gibt es auch etwas, was Du nicht gelernt hast, was Dir verschlossen geblieben ist?

K. Biallas: Spinnen und Weben habe ich nur sehr mühevoll gelernt.

S.A. Hmed: Jeder Mensch sagt von irgend etwas, daß er es nicht gelernt hat im Leben.

Ein kultiviertes Miteinander

K.v.B.: Was hatte Dich denn vorher am Beduinentum so fasziniert, daß Du tiefer in die Beduinenwelt eintauchen wolltest, wie Du sagst?

K. Biallas: Ich war irgendwann mit meiner leiblichen Mutter in Israel, lange bevor ich mein Abitur gemacht hatte, und dort sah ich Beduinen. Dieser Anblick schlug bei mir ein und fesselte mich sofort, und von da an war mein Interesse geweckt. Außerdem interessierte ich mich schon als kleines Kind brennend für andere Kulturen und verschlang alles, was es über Eskimos, Indianer, andere Völker und deren Lebensgewohnheiten zu lesen gab. Ich wollte nie etwas anderes werden als Ethnologin, von klein auf. Außerdem trieb mich als Kind eine Frage um: die Frage danach, warum Menschen auf der Welt hungern müssen. Eine andere war die Frage, warum es Waffen gibt, die die ganze Welt bedrohen; ich bin in der Zeit der Nuklearwaffen aufgewachsen, in den 80er Jahren.

Bei den Beduinen ist es einerseits die Einfachheit des Lebens, die mich tief berührt hat, die Bescheidenheit – und das Vermögen, in der Natur leben zu können, ohne viel zu haben. Das wußte ich alles aus der Literatur, die mir vertraut war. Als ich dann das erste Mal hierherkam und erlebte, wie die Menschen ihr Leben in der Wüste gestalten, war diese Berührung noch viel tiefer. Was mich aber am meisten fesselte, war das Soziale: mitzuerleben, was es bedeutet, in einer Stammesgesellschaft zu leben. Natürlich ist dieses Wort problematisch; in der Ethnologie würde man es „segmentäre Gesellschaft" nennen, was mir aber nicht viel besser gefällt.

Das Miteinander der Menschen ist von unglaublichem Wir-Gefühl geprägt. Das zeigt sich besonders an der Gesprächskultur. Wenn die Männer oder Frauen sich beim Tee versammeln, darauf zu horchen, welche Gespräche entstehen und wie man miteinander umgeht, ist etwas sehr Schönes. Heute noch liebe ich es am meisten, in irgendeinem ruhigen Tal mit diesen Menschen ums Feuer zu sitzen, denn ich kann inzwischen einfach fühlen, was zwischen ihnen ist und entsteht.

K.v.B.: Kannst Du die Gesprächskultur und das, was Du fühlst, ein wenig schildern?

Foto: K.v.Bechtolsheim

Junge Jalabiya-Beduinen beim Feuermachen

K. Biallas: Es ist ein unglaublich kultiviertes Miteinandersein. Wenn man zusammen an der Glut sitzt, spricht immer nur einer, und er spricht meist sehr kunstvoll. Die anderen hören ihm zu, und es geht nicht nur um Inhalte und reinen Austausch, sondern das Gespräch wird gepflegt, und die Sprache ist fast poetisch.

Dieses Miteinander im Kontrast zu unserer Ego-Gesellschaft hat mich immer am meisten fasziniert.

K.v.B.: Haben die Sprache und das Gespräch denn auch einen anderen Wert, weil die Wüste einen umgibt? Ich habe immer den Eindruck, Worte und Gedanken haben ein anderes Gewicht in der Wüste.

K. Biallas: Ganz bestimmt. Sie sind das, was die Menschen haben, und sie setzen sie auch nicht wahllos ein. Die Sprache ist der ganze Reichtum, den die Menschen haben. In einer ehemals nomadischen Kultur, in der man mit den wenigen Dingen weiterzieht, die man besitzt, und in der es keine Schriftkultur gibt, kommt den Worten eine ganz andere Bedeutung zu.

K.v.B.: Kannst Du noch etwas zu der Kunstfertigkeit im Gespräch sagen?

K. Biallas: Du kennst das ja bestimmt: Sobald mehrere westliche Menschen zusammentreffen, entstehen sofort Einzelgespräche; in kürzester Zeit kommt es zu einer gewissen Grüppchenbildung. Wer aber hier spricht, auf den blicken alle. Wenn er eine Geschichte erzählt, so bescheinigen die anderen ihm mit Zurufen oder Nachfragen, daß sie sich ihm ganz widmen. Es entsteht eine sehr dichte Aufmerksamkeit, und das Ganze gerät in einen Fluß, der fast einer inneren Komposition gleicht. Irgendwann greift ein anderer das Wort auf und beginnt zu erzählen. Das Ganze fließt ganz lebendig ineinander; es entsteht eine Art Netz, das schwer beschreibbar ist.

Selbst wenn man die Sprache nicht kennt, ist es ein großer Genuß, das mitzuerleben. Inzwischen genieße ich es noch mehr, weil ich alles verstehe, aber ich weiß z.B. von meinen Reisegästen, wie sehr sie es lieben, abends mit am Feuer zu sitzen, und einfach nur zu lauschen und zuzusehen, wie sich dieses unsichtbare Netz webt.

Raha und *asabiya* unter offenem Himmel

K.v.B.: Geht diese Fähigkeit, sich dem einen ganz zu widmen und ihm gegenüber ganz aufmerksam zu sein, auch bis in die gegenseitige Unterstützung im sonstigen Leben?

K. Biallas: Ja. Wenn Du irgendeinen Beduinen etwas fragst, so wird er meist mit „wir" antworten. „Bei *uns* ist es so", wird er sagen, und dieses Wir hat eine ganz andere Bedeutung als bei uns. Du hörst seltener: „*Ich* denke...". Man ist sich auf einer ganz anderen Ebene sehr einig. Die meisten haben ja auch den gleichen Hintergrund, sind also Stammesmitglieder und teilen ein ähnliches Leben. Diese asabiya (etwa: Solidarität) die von berühmten arabischen Soziologen beschrieben wurde, ist die Stärke der Menschen hier.

I.A. Hmed: Es sind nicht nur die Beduinen, die einander zuhören, es ist islamisch, einander zuzuhören.

K. Biallas: Diesen Zauber, den ich hier erlebe, wenn ich im lebendigen Gespräch und Zuhören mit anderen um die Glut sitze, versuche ich immer einzufangen; aber es ist nicht so einfach. Man kann den offenen Sternenhimmel nicht leicht einfangen.

K.v.B.: Würdest Du diesen Zauber gerne weitervermitteln?

K. Biallas: Ja, ich versuche es auch, und dann wird es eben zu einer Frage der inneren Haltung, aber leicht ist es nicht. Dieses Zusammenwirken von Sternenzelt, Mond und Menschengesprächen ist auch das, wonach sich die Männer am meisten sehnen, wenn sie es vermissen müssen. Das ist *raha*, die Ruhe unter dem Sternenhimmel.

K.v.B.: Spielen denn auch Gesang und Musik eine Rolle?

K. Biallas: Beduinen sind große Freunde von Gesang und Poesie: Sie dichten sehr gern und zitieren gern Verse. Ich habe oft erlebt, daß in bestimmten Situationen ein wunderbares Hin und Her von im Augenblick gedichteten Strophen entstand: Einer dichtete einen Vers, den ein anderer singend aufgriff, indem er eine neue Strophe hinzufügte; in diesem singenden Hin und Her wurde z.B. behandelt, was am selben Tag geschehen war. Beduinen haben meist einen sehr feinen, oft aber auch derben Humor, der sich in diesen kleinen Neuschöpfungen niederschlägt.

Foto: Katrin Biallas

Abu Sliman Hmed

Auch in den Geschichten, die abends erzählt werden, tauchen immer wieder Gedichte auf. Als die ersten Kassettenrekorder aufkamen, nutzte man sie nur, um Musik aus der ursprünglichen Heimat zu hören. Wer überhaupt einen Computer besitzt, nutzt ihn in erster Linie, um sich Musik herunterzuladen; und wenn irgendwo ein Fernseher steht, so wird mit ihm nur Musik „gesehen".

S.A. Hmed: Wir hören die Musik aber eigentlich nur wegen der Worte, die darin enthalten sind. Die Musik ist schön, und sie trägt die Worte –, aber die Worte sind das Wichtige.

Geschwisterlich und familiär

K.v.B.: Empfindest Du denn Deine hiesigen Geschwister auch als Deine Geschwister?

K. Biallas: Ja, denn ich bin ja sozusagen mit ihnen großgeworden. Als ich in die Familie aufgenommen wurde, waren alle Kinder schon geboren, und der Kleinste war noch ein Säugling. Er ist heute ein junger Mann. Ich verbringe mehr Zeit mit meinen hiesigen Geschwistern als z.B. mit meinem leiblichen Bruder in Deutschland, den ich viel seltener sehe.

K.v.B.: Empfinden Deine hiesigen Geschwister das Verhältnis ähnlich natürlich und intensiv?

K. Biallas: Das kann ich natürlich nicht *wissen,* aber ich habe das Gefühl, daß es ein geschwisterliches, vertrauliches Verhältnis ist, besonders mit meinen Schwestern. Aber auch die Brüder sehen mich als ihre Schwester an.

Foto: unbekannt

Katrin Biallas auf Reisen im Sinai

S.A. Hmed: Meine Kinder behandeln Katrina wie eine echte Schwester. Wenn sie irgend etwas erleiden müßte oder in Gefahr wäre, kämen sie ihr sofort zu Hilfe.

K.v.B.: Vermissen Sie denn Ihre Tochter sehr, wenn sie nicht bei Ihnen sein kann?

S.A. Hmed: Es fühlt sich dann ebenso an, wie wenn meine Tochter Nura in Rhaybe ist, wo wir sie besuchen müssen – und das ist ein langer Weg.

Wenn wir länger nichts voneinander hören, dann frage ich meine Frau – oder sie fragt mich –, ob einer von uns Nachricht von Katrina hat, ob sie Grüße ausgerichtet hat, wie es ihr geht.

K. Biallas: Mein Vater ruft wirklich recht oft an, um sich nach mir zu erkundigen. Es gibt also eine gegenseitige Sorge umeinander, die die getrennten Zeiten durchgehend begleitet.

Bürgerin zweier Welten

K.v.B.: Sich zwischen zwei Welten zu bewegen – bedeutet das für Dich auch, zwei Heimaten zu haben? Ist es auch mit Schwierigkeiten verbunden, von einem Kosmos in den anderen zurück- oder hineinzufinden?

K. Biallas: Ich bin mit diesem Wechsel zwischen den Welten inzwischen sehr vertraut, und es ist für mich einfach zum Rhythmus geworden, zwischen ihnen zu pendeln. Ich komme jährlich zwei Monate im Frühjahr, manchmal auch zwei Monate im Herbst. Es gleicht einem inneren Hebel, den ich umstelle; und diese Umstellung bedeutet dann, auf einem anderen Modus zu laufen. Der Mensch, der ich hier bin, bin ich nicht, wenn ich in Tübingen bin. Ich gleite in eine andere Hülle, die an beiden Orten auf mich wartet; aber ich trage trotzdem beide Welten ganz tief in mir, egal, in welcher von beiden ich mich im Augenblick bewege.

Natürlich bin ich Europäerin, und wenn ich hier eine lange Zeit verbringe, beginne ich, mich nach der europäischen Kultur zu sehnen. Aber ich passe mich ja stark an und bin für einen Außenstehenden zunächst gar nicht als Europäerin kenntlich. Innen bin ich es aber auch hier. Und zu Hause trage ich ganz viel von dem, was ich hier erlebe, innen. Allem voran versuche ich, *raha* mit hinüberzunehmen: Ruhe, Entspanntheit, Gelassenheit. Wenn ich vor die Alternative gestellt bin, Geld heranzuschaffen oder Zeit mit Menschen zu verbringen, die mir wichtig sind, so entscheide ich mich eher für letzteres.

K.v.B.: Was fehlt Dir denn – wenn Du hier bist –, an europäischer Kultur, wie Du es nennst?

K. Biallas: Zu Hause genieße ich eben, die Zeitung zu lesen, mich auf dem laufenden zu halten. Und ich vertiefe mich in die ganze kulturelle Seite und pflüge die Feuilletons durch. Das Schöngeistige fehlt mir hin und wieder. Die ganze Theater- und Kinowelt, Literaturfestivals, das vermisse ich manchmal. Wenn ich hier bin, lese ich sehr wenig.

Du lebst wie wir, aber Du betest nicht wie wir

K.v.B.: Und wie lebst Du Dich Deinen Eltern im bezug auf den Glauben dar?

K. Biallas: Sie würden sich sehr freuen, wenn ich ihre Religion annähme. Eine Freundin sagte einmal: „Du machst alles wie wir. Du kleidest Dich wie wir, Du ißt, schläfst und trinkst wie wir, du teilst unser Leben – aber Du betest nicht wie wir." Wenn meine Schwestern beten, beschäftige ich mich eben mit anderem.

Ich habe aber sehr deutlich gesagt, daß ich keine Muslima bin und auch keine Muslima werden möchte; und das wird ganz und gar akzeptiert.

K.v.B.: Wie erleben Sie das?

S.A. Hmed: Ob jemand Muslim ist oder nicht, liegt ja nicht in des Menschen, sondern in Gottes Hand. Jeden, der zu mir kommt, versorge ich mit Essen und Trinken, ganz gleich, welchen Glauben er lebt.

I.U. Musa: Gott hat alle Menschen erschaffen, und Katrina hat ihren Glauben; wir haben aber den unseren.

S.A. Hmed: Gott schuf zuerst Adam und Eva, die die Eltern aller Menschen waren, nicht nur die Vorfahren der Muslime. Die Menschheit ist *eine* Menschheit.

Gottergeben

K.v.B.: Bist Du denn gläubig oder irgendwie spirituell orientiert?

K. Biallas: Spirituell orientiert bin ich mit Sicherheit, aber ich gehöre keiner Religion an. Ich fühle mich zwar von östlichen Traditionen angezogen, erlebe mich aber trotzdem stark als europäisch geprägt. Der Islam als Schriftreligion sagt mir nicht so sehr zu. Ich habe überhaupt keine besonders starke Neigung zu Schriftreligionen.

K.v.B.: Siehst Du denn das Christentum auch als Schriftreligion?

K. Biallas: Zunächst schon, ja. Ich bin christlich erzogen und wollte als Kind immer ins Kloster. Dieser Wunsch hing aber auch mit einer gewissen Verachtung für die Welt zusammen, in die ich hineingewachsen war: Die Welt des Konsums habe ich schon als Kind stark abgelehnt. *(lacht)*

Die Figur Jesus finde ich sehr schön, aber ich würde mich nicht als Christin bezeichnen und gehöre keiner Glaubensgemeinschaft an.

K.v.B.: Und was ist das, was Du als spirituelle Orientierung bezeichnest?

K. Biallas: Es ist am ehesten eine Art Humanismus. Es gibt auch am Islam vieles, das ich sehr schätze; aber ich bin eben nicht als Muslima geboren und aufgewachsen. Deswegen blicke ich immer ein Stückweit von außen auf diesen Glauben. Ich habe mich zwar im Studium der Islamwissenschaften stark damit beschäftigt und weiß vieles über die Geschichte des Islam besser als die Menschen hier, die ihn nur in seinen Grundzügen kennen, ihn dafür aber voll und ganz leben. An dieser Lebenshaltung gibt es vieles, was mir sehr gefällt.

K.v.B.: Kannst Du das noch ein wenig beschreiben? Was wird aus einer Schriftreligion in einer Gemeinschaft, die keine Beziehung zur Schrift hat, aber eine starke Beziehung zum Wort?

K. Biallas: Der hier gelebte Islam ist ein sehr einfacher und nicht so stark schulisch überformter. Was im Koran steht, ist weitgehend bekannt; was verboten und erlaubt ist, ist bekannt. Die ganze Haltung der Menschen ist einfach gottergeben. Islam heißt ja etwas wie „ergeben in Gottes Willen", und dieser Wille ist in den Worten der Propheten überliefert. Mohammed als der letzte Prophet hat keine göttlichen Qualitäten, ist aber sozusagen das menschliche Vorbild schlechthin, an dem man sich orientiert. Daran finde ich vieles sehr ansprechend, weil die Menschen es nicht als Lippenbekenntnis vor sich hertragen, sondern es einfach Tag für Tag praktizieren. Genauso gibt es aber auch Dinge, mit denen ich mich gar nicht identifizieren kann.

K.v.B.: Wie blickt denn Allah auf uns und unser Verhältnis zur Erde?

S.A. Hmed: Wir betrachten das Land als Gottesbesitz. Die Erde ist die Erde Gottes. Allah hat die Erde erschaffen, um sie zum Wohnsitz von Mensch und Tier zu machen. Allah muß aber mit ansehen, daß sich heute jeder ein Stück Land einfach nimmt. Wir versuchen den Weg dessen zu gehen, was Gott uns und den Propheten gesagt hat.

Drängende Fragen

K.v.B.: Und wie blickst Du auf die Rolle, die der Islam heute im Weltgeschehen spielt?

K. Biallas: Eigentlich kann ich nichts tun als herunterzubeten, was in aller Munde ist: Der Islam und andere Religionen werden einfach mißbraucht und instrumentalisiert. Häufig geht es um ganz andere Dinge als um den Glauben, wie man es am Karikaturenstreit sehen konnte. Natürlich handelte diese Sache von den Verletzungen, die öffentlich anhand von Medienbildern gezeigt wurden. Aber man sah ebenso, daß Aufwiegelung im Spiel war, daß diese Geschichte aufgeblasen wurde und daß man die Menschen auf die Straße trieb, um von anderen Problemen abzulenken. Das finde ich sehr traurig.

Letztlich befürchte ich, daß der Fundamentalismus auch hier Einzug halten könnte. Die Menschen haben wirtschaftlich geringe Chancen, und die neue Generation befindet sich in einer Identitätskrise: Wer sind wir? Wo gehen wir hin? Was liegt vor uns? Wo ist unser Platz in der Welt? Und gleichzeitig lernt man westliche Maßstäbe kennen. Der Weg zurück in die Wüste ist abgeschnitten, und in den Städten gibt es Nährboden für Fundamentalismus.

Als der Tourismus begann, machten viele Israelis an den Stränden des Sinai Barbecue-Partys, und weil Hippiezeit war, zogen sich die Menschen splitternackt aus, was die Beduinen sehr befremdete. Dennoch boten sie den Menschen ihre Gastfreundschaft an und begannen, für sie Essen zu kochen und mit ihnen Geld zu verdienen. Es gab damals große Diskussionen, ob es verantwortbar sei, solche Gäste zu bewirten, aber man entschied sich dafür und glich es damit aus, daß man Geld in die Errichtung von Heiligenschreinen und Moscheen investierte, um das, was aus dem Verbotenen gewonnen wurde, dem Islam wieder zukommen zu lassen.

Ich vermute, wenn die Schwemme der Touristen zunimmt und die Beduinen ihren Platz nicht so recht finden, wenn die beduinische Gesellschaft mehr und mehr auseinanderbricht, dann wächst in der Zukunft womöglich die Gefahr, daß Nährboden für Fundamentalismus gegeben ist in einer Art Fehlbesinnung auf die Identität: Wir sind Muslime und grenzen uns von der ungläubigen Außenwelt ab.

Man kann heute beobachten, daß kleine Kinder verstärkt in die Koranschulen geschickt werden, was ja an sich noch nichts Schlechtes ist.

K.v.B.: Was wird ihnen dort vermittelt, das Nährboden für Fundamentalismus fruchtbar machen könnte?

K. Biallas: Dort wird ihnen z.B. vermittelt, daß Muslime bessere Menschen sind; es wird gesagt, daß die westliche Menschheit das Schlechte lebt usw.

Wo soll alles hinwachsen?

K.v.B.: Was kannst Du denn der Verzerrung entgegensetzen, indem Du jetzt beide Kulturen wirklich tiefer kennst? Was möchtest Du vermitteln – und wem?

K. Biallas: Ich möchte gern vermitteln, daß die Kultur, in die ich hier eintauche, in all ihrer Einfachheit eine sehr wertvolle Kultur ist, die den westlichen Werten gegenüber etwas zu sagen hat – wenn es auch etwas Vergangenes zu werden scheint.

Nimm allein den Wert Wachstum. Schau Dir diesen Begriff an: Das Wirtschaftswachstum kann nicht mehr weiterwachsen, denn wo sollte es hinwachsen? Wie der globale Zustand ist, wie der Zustand der Ressourcen heute ist – das rührt alles von diesem Wachstumsdenken, das mir manchmal wie ein Anwachsen des Egoismus scheint, ein Wachsen von Gier.

Insofern versuche ich, die Schönheit, die in einer Welt liegt, der dieser Wachstumsbegriff fremd ist, nach Hause zu tragen; ich berichte davon

Foto: K.v.Bechtolsheim
Gespräch unter Landsleuten

und spreche auch von dem Gemeinschaftsgefühl, von dem man den Eindruck haben kann, daß es dabei ist verlorenzugehen.

Mit dem, was ich über die *raha* zu vermitteln versuche, stelle ich eine Art Gottvertrauen in den Raum, eine Gelassenheit, die traditionell und auch islamisch bedingt ist. Gelassenheit ist eine innere Haltung, die uns in Deutschland z.B. stark abgeht. So, wie der Trend im Augenblick ist, herrscht durch die Arbeitsverhältnisse unglaublich viel Streß. Sowohl die Menschen, die keine Arbeit haben, leben in ständigem inneren Aufgeriebensein und innerer Sorge, als auch diejenigen, die Arbeit haben. Sie ersticken an den Arbeitsbedingungen, leiden unter innerer Hetze, existentiellem Druck und Mobbing; und oft spielt untergründige oder ganz offene Angst eine Rolle.

Wenn ich mit europäischen Menschen in der Wüste auf die Reise gehe, versuche ich zu vermitteln, daß ein Teil dieser *raha* verinnerlicht und mitgenommen werden kann. All das Sicherheitsdenken, das uns belastet und das sich auch daran zeigt, daß die Menschen für alles, was sie besitzen, sogar für ihr Leben, Versicherungen kaufen, entbehrt doch einer inneren Vertrauensgeste in uns selbst und unser Leben. Wir sichern uns in allen Bereichen und nach allen Seiten ab. Natürlich soll man nicht naiv sein und denken, alles wird gut – man sollte schon nach vorne blicken. Aber man kann es mit mehr innerer Ruhe tun; dann kann es auch fruchtbarer werden.

Die Geschichte der gesunkenen Arbeitsmoral

Eine meiner Lieblingsgeschichten ist die „Anekdote zur Senkung der Arbeitsmoral" von Heinrich Böll. Sie handelt von dem einfachen Fischer, der am Ufer des Meeres liegt und döst. Zu ihm kommt ein Tourist, der diese Idylle knipst, wodurch der Fischer aufwacht. Der Reisende ist der Landessprache mächtig und verwickelt den Fischer in ein Gespräch. „War es ein guter Tag? Hast Du viele Fische gefangen?“ – so fragt er ihn. Und er schlägt ihm vor, noch einmal auszufahren, um mehr Fische zu fangen. Der Fischer fragt immer wieder: „Und dann?“, während der Tourist entwickelt, was dann alles entstehen könnte: Er könnte sich durch den gestiegenen Umsatz ein zweites Boot kaufen, er könnte schließlich ein Imperium von Tankern aufbauen, mit Hubschraubern nach Fischschwärmen Ausschau halten; er schlägt vor, den Hummer direkt nach Paris zu verkaufen, er zeichnet vor ihm das Bild eines Fisch-Imperiums, über das der Fischer herrscht. Nach jedem neuen Gedanken fragt der Fischer: „Und dann?“ – und schließlich antwortet ihm der Ausländer, daß er dann in Ruhe am Meer liegen könne, um vor sich hinzudösen und den Anblick des Meeres zu genießen, während eine ganze Welt für ihn arbeitet. Der Fischer hält ihm entgegen, daß er doch genau das getan habe, bis der Tourist ihn mit dem Geräusch seiner Kamera geweckt habe!

Der ganze Trubel, der heute im Rahmen der Globalisierung geschieht, arbeitet nach diesem Denken; die Konzerne tun nichts anderes als das, was dieser Reisende entwickelt. Mit diesem Denken steht aber die große Frage im Raum, ob durch diese Art von Wachstum wirklich etwas Fruchtbares entsteht.

Die Beduinen gleichen eben gewissermaßen diesem Fischer am Meer. Sie haben ihre Fische für heute und morgen gefangen, aber eben nicht für übermorgen.

K.v.B.: Kannst Du denn beurteilen, ob dadurch, daß ein gewisses Wachstum von europäischer Seite unterstützt werden soll – wie kürzlich von der EU aus –, etwas Fruchtbares in Gang gesetzt wird?

K. Biallas: Es gibt eine Schwierigkeit mit diesen Unterstützungsgeldern; denn Beduinen blicken bei der Frage nach Aufbau eben eher in die nahe Zukunft. Diejenigen, die diese Gelder zur Verfügung stellen, tun es aus entgegengesetztem Denken heraus, denn es geht dabei immer um ganz konkrete Planung, um Langzeitprojekte, um Dauerhaftes und Nachprüfbares. [1)]

[1)] Wie mir Katrin Biallas mitteilte, wurden kurz nach unserem Gespräch (und nach den Anschlägen auf Dahab) die EU-Unterstützungsgelder rigoros umverteilt, was bedeutet, daß das gesamte Geld der ägyptischen Regierung und nicht den Beduinen zukommt – was einer illegalen Zweckentfremdung gleichzusetzen ist. Die Beduinen reagieren auf diese Ungerechtigkeit mäßig empört, etwa: "Gott wird uns helfen, denn auf ihn vertrauen wir mehr als auf die EU".

Früher mochten die Menschen einander

Foto: K.v.Bechtolsheim

Blick ins Wadi, Heimat der Kamele

K.v.B.: Können Sie, bevor wir uns verabschieden, sagen, wofür Sie sich wirklich Unterstützung wünschen?

S.A. Hmed: Ich wünsche mir, daß die Beduinen ihr ursprüngliches Leben leben können, daß sie in Zelten leben und Ziegen züchten, daß sie ihre Familien umsorgen und den einfachen Weg gehen; aber sie brauchen dafür Unterstützung.

I.A. Musa: Ich wünsche mich in das alte, nomadische Leben zurück. Ich wünsche mir, in Felsspalten und Wasserbecken nach Regenwasser zu suchen, und ich wünsche mir, mich dort niederzulassen und von Weide zu Weide zu ziehen. Aber es geht deswegen nicht, weil heute der Regen ausbleibt.

S.A. Hmed: Deshalb bräuchten wir Unterstützung durch die Regierung, um unseren alten Weg zu gehen; denn Wasser ist für uns lebensnotwendig.

K. Biallas: Ich würde mir auch wünschen, daß der traditionelle Sektor gestärkt wird, was gar nicht heißen muß, daß man in allen Strukturfragen zurück in die Vergangenheit geht. Man kann sehr wohl das Ganze ein Stückweit modernisieren und erleichtern. Es wäre durchaus möglich, dem Wunsch der Beduinen nach ihren Lebensformen unterstützend nachzukommen – denn warum sollten sie alle an der Küste leben? Vom Tourismus können ohnehin nicht alle leben. Die Jahrhunderte und Jahrtausende, die sie so gelebt haben, wie sie es sich heute eigentlich noch wünschen, kann man nicht mit einem administrativen Federstrich in eine neue Lebenshaltung umwandeln.

Die meisten Beduinen, mit denen ich spreche, sehnen sich in ihr altes Leben zurück, und wenn ich frage, warum, so benutzen fast alle die gleichen Worte. Sie sagen: Weil die Menschen früher einander mochten. Die Lebensbedingungen waren härter, aber der eine hatte den anderen gern.

Verabschiedung

S.A. Hmed: Ein Beduine, der einem anderen Menschen begegnet, will, wenn er sich von ihm verabschiedet, wissen, ob er ihn wiedersehen wird.

K.v.B.: Und möchte er ihn wirklich wiedersehen – oder fragt er es, weil es zum Abschied dazugehört?

S.A. Hmed: Er möchte ihn wirklich wiedersehen. Jeder Gast ist ihm wichtig, und er will ihm wieder begegnen.

K.v.B.: Ich würde Sie sehr gern wiedersehen und werde Ihnen bestimmt wieder begegnen und danke Ihnen für Ihre Gastfreundschaft.

S.A. Hmed: Dank sei Allah. Du bist immer willkommen.

K.v.B.: Ich danke Ihnen sehr. Es gibt viel Wertvolles, das Sie zeigen können, und ich bin froh, Ihr Gast zu sein.

S.A. Hmed: Es gibt, Allah sei Dank, ja noch unbewohnte Wüste. Möge unser Gespräch Frucht bringen.

K.v.B.: Das hoffe ich auch, und ich danke Ihnen sehr dafür, daß ich kommen und mit Ihnen sprechen durfte. *(An die Mutter gewandt)* Möchten Sie noch etwas sagen?

I.U. Musa: Bist Du denn zufrieden?

K.v.B.: Das bin ich, vielen, vielen Dank, daß Sie den weiten Weg gekommen sind.

K. Biallas: Als ich mit meiner Mutter darüber gesprochen habe, ob wir Dir auf halbem Wege begegnen wollen, haben ihre Augen geleuchtet, denn jetzt ist sie das erste Mal dort hingekommen, wo ihre Tochter Nura lebt. Sie trifft gern andere Menschen, und ihre Kinder zu sehen, ist für sie etwas ganz Großes. Ihr täglicher Radius besteht aus dem Garten, den sie liebt, hegt und pflegt, und der Kamelweide. Insofern waren die harte Piste und der anschließende Fußweg eine wirkliche Unternehmung.

K.v.B.: Ich fand es auch gut, Euch zu Fuß entgegenzugehen, und danke nochmals für die Mühen, die Ihr auf Euch genommen habt.

S.A. Hmed: Der Garten ist das ein und alles meiner Frau. Sie verläßt ihn zwar gern, aber sie kehrt noch lieber zurück.

K. Biallas: Das ist wahr. Wenn sie länger als zwei Tage von ihm fort ist, wird sie nervös und sehnt sich dorthin.

Eine zentrale Frage

K.v.B.: Wünschst Du Dir denn auch – in der Unterstützung des Staates inbegriffen – eine besondere Schulbildung für Beduinenkinder?

K. Biallas: Ich halte Bildung für eine ganz zentrale Frage, und ich finde, Bildung gibt es für Beduinen einfach zuwenig. In dieser Frage könnten sie aber auch mehr Initiative zeigen. Es gibt Alphabetisierungsprogramme, die auch Erwachsenen angeboten werden, aber die Menschen nehmen das sehr zögerlich an, weil sie den Nutzen nicht erkennen. Wenn sie aber lesen und schreiben könnten, wären sie auch in der Lage, sich besser für ihre eigene Sache stark zu machen.

K.v.B.: Motivierst Du denn Deine Freunde ein wenig in Richtung einer wie auch immer gearteten Bildung?

K. Biallas: Ich versuche es schon immer wieder, aber es stößt nicht auf besonders große Resonanz. Selbst die junge Generation legt da ganz wenig Engagement an den Tag.

Die Katastrophe ist längst da

K.v.B.: Darf ich noch einmal auf die Frage der Entwicklung zurückkommen? Du sagtest, die EU-Gelder werden unter gewissen planerischen Voraussetzungen an die Beduinen vergeben, und letztere wissen mit dieser Art Zukunftsplan gar nichts anzufangen. Wie blickst Du auf solche „Entwicklungshilfe“ – und wie auf den Entwicklungsbegriff überhaupt?

K. Biallas: Das ist gut gefragt; denn ich frage mich oft, ob diese Art von Entwicklungsvorstellungen – nämlich daß man denkt, Entwicklung ginge von A nach B und dann nach C – überhaupt fruchtbar sind. Einerseits soll minutiös geplant werden, andererseits soll konserviert werden. „Bewahrung der Kultur“ ist meist ein Unterpunkt solcher Unterstützungsprogramme, der mich genauso nachdenklich macht. Soll man denn zu den alten Beduinenfrauen gehen, um sich von ihnen Geschichten erzählen zu lassen, die später Teil des Lehrplans werden, den die Kinder pauken müssen – wie wir heute unseren Goethe pauken müssen? Die Frage ist, ob diese Geschichten dann noch Teil der Kultur der Jungen sind.

Diese Planungskonzepte geben eben meist gar keinen Begriff davon, was Bewahrung der Kultur überhaupt sein soll, und wahrscheinlich mündet es dorthinein, daß z.B. der beduinische Tanz, bei dem gleichzeitig gedichtet wird, irgendwann als Touristenattraktion auf Festivals dargeboten wird. Das ist aber dann ein Abklatsch von Kultur. Die Jungen können diesen Tanz schon heute kaum noch. Man kann ja überall beobachten, daß alte Stammesvölker für Touristen tanzen. So wird Kultur eben zur Folklore, zum Konsumieren für die, die es sich leisten können.

K.v.B.: Hast Du eine Antwort auf all die Fragen, die Du damit in den Raum stellst? Ich fand das Bild von „konservieren oder minutiös planen" als Ausdruck von unfruchtbarem Entwicklungsdenken ziemlich eindrücklich.

K. Biallas: Nein, leider habe ich noch keine Antwort gefunden, die wirklich eine Lösung bietet.

K.v.B.: Kann es sein, daß alle diese Fragen immer auf andere ungelöste Fragen zurückführen, die die ganze Menschheit betreffen?

K. Biallas: Das scheint mir auch immer stärker so, ja. Wir sprachen vorhin schon vom Wachstumsdenken und von den Zuständen, die aus einem solchen Denken erwachsen. Für einen Europäer scheint es vielleicht manchmal, als läge die Katastrophe irgendwo in der Zukunft; aber in meinen Augen ist sie längst da, man muß sie gar nicht mehr heraufbeschwören.

Scheinsicherheiten

K.v.B.: Wiegen wir uns in einer Schein-Intaktheit, die schon längst eine Katastrophe ist?

K. Biallas: Wenn Du den Blick vertiefst oder erweiterst, ist die Katastrophe längst auf dem Tisch – ganz egal, wie gemütlich unsere Wohnungen sind; denn durch das Abholzen der Urwälder, durch die Erwärmung der Klimazonen, durch Kriege wegen Rohstoffen, durch Billiglöhne und Landflucht und durch einseitige Wirtschaftsinteressen ist die Katastrophe doch schon längst über den Großteil der Menschheit hereingebrochen. Wir wiegen uns in einer Scheinsicherheit und denken, wir seien verschont davon, aber wir sind es ja nicht.

K.v.B.: Kriecht die Katastrophe bei uns eher in die Seele, wie Du vorhin an der Frage von Sicherheitsdenken und Angst entwickelt hast?

K. Biallas: Ja, das denke ich. Dieses große Weltimperium und die schillernde Seite der Globalisierung machen uns irgendwie blind. Ich muß leider sagen, daß ich da nicht besonders zuversichtlich bin. Früher hatten die Menschen Tempelbauten; heute stehen sie auf Ruinen, und anderswo schießen ganze Imperien in die Höhe.

Foto: K.v.Bechtolsheim

Anstieg Katharinenberg (2.600m), Sinai

K.v.B.: Vielleicht ist der Tempel der schillernden Seite, von der Du sprichst, das Einkaufszentrum. Man steigt auf die Rolltreppe und fühlt sich gleich erhoben. Und an der Kasse bekommst Du die Einweihung: in Form von Nike-Turnschuhen – jedenfalls diejenigen, die es sich leisten können.

K. Biallas: *(lacht)* Stimmt! Die ganze Welt ein Einkaufszentrum, zugelassen nur für einige wenige und gebaut auf den Trümmern der Welt. Eigentlich ist es furchtbar traurig.

Was tun? Was tun!

K.v.B.: Was bleibt denjenigen zu tun, denen die Katastrophe zumindest nicht physisch auf den Leib gerückt ist – also Dir und mir?

K. Biallas: Zunächst ist wichtig zu erkennen, wo das Übel wirklich sitzt, also z.B. bei den Interaktionen der großen Konzerne und der WTO, der Welthandelsorganisation, die den Markt führen, unseren Planeten plündern und Millionen von Menschen in den Hunger treiben.

Der einzelne muß sich klarwerden, daß er – auch als Konsument – Mitverantwortung für diese Welt trägt, also auch mitverantwortlich ist für das Elend der Länder des Südens. Schon da beginnt das Umdenken. Ganz konkret im Alltag gilt es z.B. zu begreifen, daß „Geiz ist geil!" eine egoisti-

Foto: Andrea Fichtner

Dahab: Vollmond über dem Golf von Akaba (Blick nach Saudi-Arabien)

sche Lüge ist, denn Geiz ist Mord. Man sollte sich also für die Herkunft dessen interessieren, was man erwirbt, und bereit sein, etwas mehr Geld in gerechte Produkte zu investieren.

Was die Frage unseres zerstörerischen Reisefiebers betrifft, so sollte man beim Reisen weniger von sich ausgehen als von den Menschen im bereisten Land. Hier hilft es, jenseits der Hochglanzkataloge zu planen, um wirklich fair zu reisen; ich denke hierbei an Foren wie *GATE*, den „Gemeinsamen Arbeitskreis Tourismus und Ethnologie", *Tourism Watch*, *Forum Anders Reisen* usw.

Damit wertschätzt man die Kultur, in die man eindringt. Man beginnt eine Reise in Fragehaltung, nicht nur in Konsumhaltung; und man wird feststellen, daß diese Art zu reisen zu ganz anderen Erlebnissen und Erkenntnissen über ein Land, seine Kulturen, seine Religion und besonders seine Menschen führt. Dies versuche ich ja auch den Reisenden, die ich mit in die Wüste nehme, zu vermitteln. Natürlich könnte ich Reisegruppen von 30 Menschen durch die Wüste schleusen, aber ich beschränke mich auf sechs bis acht Menschen; denn das ermöglicht wirkliche Begegnung, die eben oft stattfindet, wenn Beduinen und Europäer abends gemeinsam um die Glut sitzen.

Das alles mag nach kleinen Schritten aussehen; aber es sind wirksame und machbare Schritte, die sich auf alles Weitere auswirken können: auf das eigene Denken, auf den Umkreis und auf die Zukunft.

„Es geht doch um die Zukunft!"

Interview mit Mariam El-Awad

von Katharina von Bechtolsheim

Mariam El-Awad, *geb. 1981 in Kreuzberg, Berlin, als Tochter strenggläubiger Palästinenser, die von Palästina 1963 in den Libanon zwangsumgesiedelt worden waren und 1975 nach Berlin einwanderten. Mariam besuchte keinen Kindergarten und wuchs mit fünf Geschwistern (drei ältere Brüder, zwei ältere Schwestern) auf. Ihre Kindheit verbrachte sie im Umkreis „türkischer Freunde" und lernte nach und nach drei Sprachen fließend: türkisch, arabisch, deutsch. Sich selbst erlebte sie als „Kreuzbergerin", nicht als Libanesin, nicht als Türkin, nicht als Deutsche. Ihr Vater arbeitete in der Gastronomie, die Mutter als Hausfrau. Mit 13 Jahren begann sie aus Eigenantrieb neben der Schule zu arbeiten. „Ich lief die gesamte Oranienstraße ab und fragte in jedem Geschäft, ob jemand gebraucht werden kann." Sie bekam Arbeit in einem Lederladen, einer Bäckerei, einem Friseurgeschäft,*

in verschiedenen Cafés, mit 14 Jahren nahm sie auch Jobs als Modell für „Diesel" und „Miss Sixty" an und arbeitete seitdem durchgehend. Das verdiente Geld hortete sie nicht, sondern „ich gab es aus und teilte es mit meiner Familie, ohne daß ich dazu angehalten worden wäre."
Die Schullaufbahn litt unter ihrem Arbeitseinsatz, ihr Abschluß war immer wieder gefährdet, und drei Schulwechsel waren die Folge. Mit 16 Jahren verließ sie die Friedrich-Ludwig-Jahn Schule am Kottbuser Damm und arbeitete von da an durchgehend. Mit 19 Jahren besuchte sie eine Abendschule, brach aber ab („ich schloß morgens um 5 Uhr die Bäckerei auf und verließ sie um 15 Uhr; dann ging es um 17 Uhr in der Abendschule weiter, und ich schlief auf der Bank ein"). Mit 22 Jahren „zog ich meinen Realschulabschluß durch. Morgens ging ich zur Schule und nachmittags arbeitete ich in der Sushi-Bar bis nachts um eins."

2003 verliebte sich Mariam in einen kurdischen jungen Mann: „Wir waren seelenverwandt, das stellten wir beide sehr bald fest" – und stieß, als sie ihren Eltern den Heiratswunsch eröffnete, auf Ablehnung, da eine arabisch-türkische Ehe für diese nicht vorstellbar war. Mariam kämpfte um Verständnis, prallte aber immer wieder ab, und erlitt einen Nervenzusammenbruch, der sie ins Klinikum brachte. Sie raffte sich neu auf. Obwohl sie immer wieder vor der Entscheidung stand, von zu Hause wegzugehen, beschloß sie, weiter um Anerkennung ihres Lebenswunschs zu kämpfen. Sie erstellte nach Schule und Arbeit nachts in zäher Denk- und Schreibarbeit Psychogramme aller Familienmitglieder, um deren Beweggründe und Argumentationslinien wirklich zu begreifen und unterzog sich selbst äußerst strenger Beobachtung, um auf die Wurzeln dessen zu stoßen, „was ich wirklich wollte". Mariam hat 2005 geheiratet. Heute sind die Familienmitglieder stolz auf sie und tragen ihren Lebensentschluß ganz und gar mit, ihr Mann und sie sind als Ehepaar in beiden Familien voll akzeptiert. Mariam El-Awad lebt heute mit ihrem Mann in Berlin Alt-Mariendorf.

„Wer soll die Kraft aufbringen, wenn nicht wir?" – antwortet Mariam El-Awad in diesem Gespräch. Sie bezieht sich damit auf den Kraftakt, den es für in Deutschland geborene „Einwandererkinder" bedeutet, zwischen westlich geprägten und in islamischen Traditionen stehenden Lebensformen authentische Lebenswege zu finden, und diese der Elterngeneration zu vermitteln. Mariam El-Awad hat die Höhen und Tiefen eines

Foto: K.v.Bechtolsheim
Zahnarztpraxis Kreuzberg/Berlin

selbsterrungenen Weges durchlebt, und es gelang ihr, im Familien- und Bekanntenkreis dafür Verständnis zu erwerben. „Es ist eine Frage des Glaubens und des Willens, und es ist kein Prozeß von heute auf morgen!" sagt sie dazu und bescheinigt, daß sie ohne diese inneren und äußeren Prüfungen nie geworden wäre, was sie heute ist und was noch aus ihr werden wird.

Sie appelliert immer wieder an Entwicklungsfähigkeit, Durchhaltekraft, Mut und Erfindergeist der Menschen, um den Fragen der Kultur- und Religionsschranken zu begegnen. Sie blickt auf Glaubensfragen, Erziehungsfragen und Zukunftsfragen mit der schnörkellosen und völlig lebensdurchtränkten Zuversicht eines jungen Menschen, der gelernt hat, das Selbstgewollte weder durchzuboxen noch von ihm abzulassen, sondern sich einen gangbaren Weg wirklich zu erarbeiten. „Es geht, man muß es nur wirklich wollen und mit sich im reinen sein, dann zeigt sich ein Weg, der auch die anderen glücklich macht."

Ich lernte Mariam El-Awad in einem Coffeeshop neben meiner Haustür kennen und durfte sogar bei ihrer Hochzeit dabeisein. Es lohnt sich, die Augen offen zu halten, liebe Leser; hinter Ihrer Verkäuferin kann sich ein Mensch verbergen, der all Ihre wohlgefestigten Vorstellungen auf den Kopf stellt und Sie ins Staunen versetzt.

Katharina von Bechtolsheim: Mit der Entscheidung, innerhalb Deiner Familie dafür zu kämpfen, daß Du als Araberin eine Ehe mit einem kurdischen Mann eingehen darfst, hast Du Dir eine Krise eingehandelt, die Dich an den Rand dessen brachte, was seelisch verkraftbar ist. Du lagst eine Zeitlang in der Klinik, Du hast an allem gezweifelt. Schließlich ist es Dir gelungen, Deine Familie zu überzeugen. Kannst Du sagen, ob gerade diese Talsohle auch positive Früchte getragen hat – für Deinen Umkreis und für Dich?

Mariam El-Awad: Ohne diese Prüfung hätte ich meine Eltern und Geschwister nie so intim kennengelernt, wie ich sie kennenlernte, indem ich mich Tag für Tag in sie eingedacht habe. Ich entdeckte durch die

Charakterforschung, die ich Tag für Tag betrieben habe, wo ihre sensiblen Seiten sind. Es gab Zeiten, in denen die ganze Familie gegen mich stand, in denen sie mich auf ihr Boot ziehen wollten. Ich wollte aber, daß auf diesem Boot alle Platz haben, also auch ich mit meinen Gedanken und mit meinem Lebenswunsch. Wir haben alle sehr gelitten, jeder für sich, und das hat uns im nachhinein einander nähergebracht, weil wir die Sache wirklich durchlitten haben. Außerdem konnte ich die Beziehung zu meinem Mann in dieser Zeit wirklich prüfen; denn er stand zu mir, ohne mich auf sein Boot ziehen zu wollen.

Meine Eltern haben durch diese Sache etwas ganz Neues erfahren: Meine Mutter konnte plötzlich sehen, daß meine Schwiegermutter meinen Mann und mich nicht weniger liebt, als sie selber uns liebt, und das ließ ihr einen Stein vom Herzen fallen. Außerdem kam von außen viel Positives zurück; die Menschen waren von unserer Hochzeit ganz begeistert. Dort tanzten die Araber zur türkischen Musik und umgekehrt, und eine echte Harmonie war spürbar, die im Alltag ja so oft nicht da ist, wo arabische und türkische Jugendliche im offenen Clinch liegen. Meine Mutter bekommt noch heute Anrufe von Menschen, die von der Hochzeit schwärmen, und sie ist heute sehr stolz auf uns.

Man muß gesund kämpfen!

K.v.B.: Abgesehen davon, daß Du mit Ülan zusammen bist: Was ist Deine ganz eigene, innere Frucht, die Du durch diese Krise geerntet hast?

M. El-Awad: Ich bin mir in einem ganz sicher: Wenn ein Mensch fest – aber wirklich fest – an etwas glaubt, und wenn er es in der richtigen Haltung will, dann wird es ihm gelingen. Ich habe jeden Abend gebetet, so intensiv, wie Du es Dir gar nicht vorstellen kannst, und ich habe gesagt: Wenn er *nicht* der richtige Mann ist, sollen meine Eltern eben recht behalten; dann leide ich, weil ich ihn geliebt habe, aber dann soll es so sein. Wenn er aber der Richtige ist, dann flehe ich darum, den richtigen Weg zu sehen. Und ich habe diesen Weg gesehen. Mein Glaube hat mir geholfen, all das zu schaffen. Es war mein Glaube, nichts anderes.

Aber denke nicht, daß das leicht war! Etwas fest zu glauben heißt nicht, daß es einem aus dem Himmel zufliegt! Man braucht einen Wahnsinnswillen, um den Glauben in die Tat umzusetzen, und man muß bereit sein, gnadenlos nachzudenken und immer daran zu arbeiten. Ich konnte diesen Glauben an das Richtige irgendwann sogar fast von außen spüren; und es kamen mir die richtigen Gedanken. Das merkte ich daran, daß es positive Gedanken waren. Was habe ich in dieser Zeit alles gedacht! Ich hatte aber auch wirklich einen sehr starken Willen. Halbherzig wäre das nicht gegangen. Heute noch sitzen mein Mann und ich oft zusammen und freuen uns darüber, daß sich all das gelohnt hat; daß wir wirklich zurückbekommen haben, was wir durchlitten haben.

Was ich außerdem wirklich lernte, war, Herz und Kopf zu trennen, um sie dann wieder zusammenzuführen. Ich wurde richtig zur Forscherin. Meinen Mann beobachtete ich z.B. einerseits mit der Herzseite, und dann verarbeitete ich es. Dann aber beobachtete ich ihn wie eine Außenstehende, rein aus dem Denken heraus, ganz sachlich; ich ließ dabei gar kein Gefühl zu. Und dann fügte ich im nachhinein beide Seiten zusammen, und ich sah: Es paßt, die beiden geben sich die Hand, es ist keine halbe Sache. Wenn man sich aber in beiden Bereichen sicher ist, nicht nur ganz blind im Herzbereich oder ganz unterkühlt im Kopfbereich, dann lohnt es sich wirklich, um einen Menschen zu kämpfen, und dann darf man auch einen hohen Einsatz riskieren.

Man muß aber gesund kämpfen! Das ist schwer, und es passieren Verletzungen. Aber ich wußte ja, daß auch meine Eltern mich lieben, und genau das war der Grund dafür, zu kämpfen. Es ist unlogisch, jemandem, den man liebt, nicht den Raum für seinen Lebenswunsch zu lassen. Deswegen mußte ich meine Eltern verstehen; ich mußte mich völlig in sie hineinversetzen, um ihre Gedanken und ihre Handlungsmuster nachvollziehen zu können. Wenn man nicht egoistisch an die Sache herangeht, ist es machbar; denn dann ist alles machbar. Meine Eltern leben zwar seit 30 Jahren in Berlin, aber zu ihrem Leben gehörte immer, daß man tut, was die Eltern sagen. Ich mußte erst einmal begreifen, was sie überhaupt dazu führt, daß sie so handeln, wie sie zuerst handelten.

„Auf europäisch machen" bringt nichts!

K.v.B.: Gibt es denn über das, was Du gesagt hast, hinaus eine Art Ratschlag, wie man seinen traditionell geprägten Eltern gegenüber Verständnis erwerben kann – oder wie man „gesund kämpft", wie Du sagst?

M. El-Awad: Man sollte eben nicht auf stur stellen und „auf europäisch machen", indem man sagt: Ich bin in Berlin geboren, und ich sag Euch jetzt, wo es langgeht! – sondern man muß erklären können: Ihr habt dieses Leben geführt, ich respektiere es, ich liebe Euch, aber versteht doch: Ich will nichts Schlechtes! – Man muß immer versuchen, auf die ältere Generation einzugehen, man muß liebevoll auf sie schauen, man muß sie erforschen – und man muß trotzdem versuchen zu verwirklichen, was man verwirklichen muß, weil man sonst unglücklich wird. Ich würde keinem muslimischen Mädchen empfehlen, von zu Hause abzuhauen – solange es daheim nicht unaushaltbar ist –; sondern ich würde ihr raten, sich mit der Familie auseinanderzusetzen. Selbst der krasseste Vater liebt seine Tochter, auch wenn diese Liebe hinter tausend traditionellen Vorstellungen verschüttet ist und hinter der Angst davor, was die anderen denken. Wer über sein Leben und seine und seines Vaters Situation wirklich nachdenkt, statt seine Zeit zu verplempern, der wird es auch schaffen, wenn er oder sie es wirklich will.

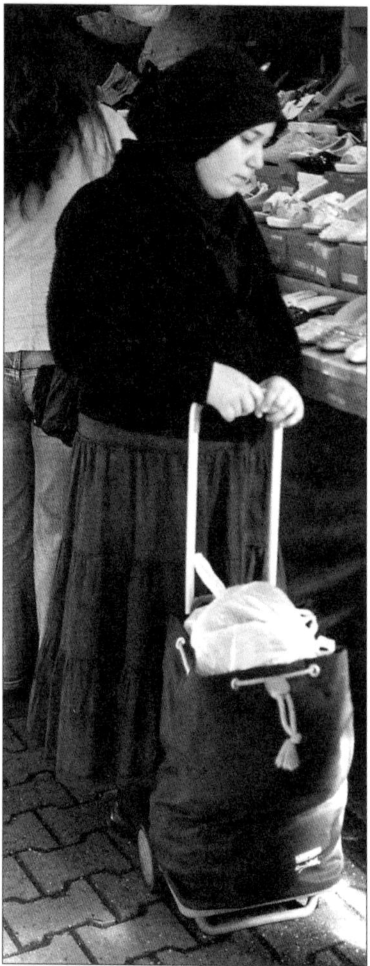

Foto: K.v.Bechtolsheim

Alltag in Berlin Kreuzberg

Eine Wand hat sich sowieso schon zwischen den Generationen aufgebaut; und diese Wand noch höher zu ziehen bringt nichts. Zwischen Vater und Tochter gibt es oft viel zuwenig Gespräch: Der Vater arbeitet, die Mutter kümmert sich um die Periodenprobleme der Tochter. Viele muslimische Väter wollen die Tochter gar nicht als eigenständigen Menschen sehen. „Ich habe eine Tochter, die irgendwann heiraten muß" – mehr denkt der Vater gar nicht! Und er wird von alleine nicht darüber nachdenken! Sag also die Wahrheit, aber finde den richtigen Weg, finde den Draht! Man muß zuerst den eigenen Charakter, den eigenen Willen, und dann den Charakter des Vaters und der Familienmitglieder erforschen. Deshalb gibt es keinen Allgemeintip.

Wer soll die Kraft entwickeln, wenn nicht wir?

K.v.B.: Was du entwickelst, erlegt Deiner und der jungen Generation eine ziemliche Verantwortung auf. Dies erfordert ja einen großen Kraftakt!

M. El-Awad: Es braucht sehr viel Kraft. Aber wer soll die Kraft entwikkeln, wenn nicht wir? Ich bin hier geboren, bin hier zur Schule gegangen, habe hier meine Erfahrungen gesammelt, und ich kann nicht von meinen Eltern verlangen, daß sie mir die hiesige Kultur beibringen. Genausowenig wird mein Vater einem wildfremden Menschen zuhören, der ihn über die europäische Kultur belehrt; er wird doch viel eher seiner Tochter zuhören, wenn sie es ihm auf seinem Weg erzählt, wenn sie ihn mitnimmt, ohne ihn zu überrennen. Das ist aber keine Geschichte von heute auf morgen, sondern ein Prozeß, der nichts ändert, wenn man nicht ständig daran arbeitet. Man muß ackern, sonst kommt man nicht weiter.

Am meisten lernst Du aber selbst dabei, denn Du mußt ja diese Arbeit auch Dir selber gegenüber leisten. Wie bin ich eigentlich? Wer bin ich? Was bin ich? Was will ich?

K.v.B.: Gab es Zeiten, in denen Du an dieser Frage auch verzweifelt bist?

M. El-Awad: Es gab Zeiten, in denen ich überhaupt nichts mehr wußte. Von mir wurde das eine erwartet, ich selbst wollte etwas anderes, offene Türen standen aber wieder woanders. Ich lebte in drei Welten! Gehe ich meinen Weg? Gehe ich den vorgegebenen Weg oder den der offenen Türen? Ich habe den harten Weg gewählt, nämlich meinen. Wenn ich z.B. nicht in so vielen Jobs gearbeitet und geackert hätte, sondern wenn ich eine dreijährige Ausbildung gemacht hätte, dann wäre ich nicht ich geworden. Ich habe so viel gelernt! Wie ich auf die Menschen blicke, wie ich arbeite, wie ich alles verarbeite, wie ich in die Zukunft schaue – das habe ich mir damit wirklich erarbeitet.

K.v.B.: Welche Rolle spielt die Arbeit denn in Deinem Leben?

M. El-Awad: Eine riesige. Ich liebe Arbeit, und es wäre das Schlimmste für mich, wenn mir jemand verbieten würde zu arbeiten. Es geht da gar nicht so sehr um Geld; aber wenn ich einen Mann hätte, der mir das Arbeiten verbietet, wäre das für mich ein Trennungsgrund. Ich liebe es auch, von der Arbeit zu lernen, immer dazuzulernen, immer weiterzukommen. Das liegt auch daran, daß ich so ein Willensmensch bin. Meinen Willen bekommst Du nur mit ständiger Arbeit gebändigt. (*lacht*)

Gottseidank habe ich hier von meinem Mann wirklich Unterstützung. Er ist sogar stolz darauf, daß ich so eigenständig bin, und er trägt alles mit.

Ich versuche, mit mir ins reine zu kommen

K.v.B.: Du hast ja vorhin von Deinem Glauben gesprochen und davon, welche Rolle er für Dich spielt. Wie unterscheidet sich denn Deine Glaubenshaltung von derjenigen Deiner Eltern?

M. El-Awad: Ich habe das Glück, daß meine Eltern in der religiösen Erziehung freilassend waren. Meine Mutter trägt das Kopftuch, sie betet fünfmal am Tag, sie war in Mekka, und sie ist ein tiefgläubiger Mensch; aber sie hat uns nie dazu angehalten, zu beten oder das Kopftuch zu tragen oder ähnliches. Sie trinkt nicht, sie lästert nie über andere Menschen, und sie lebt ihren Glauben ganz und gar.

Ich dagegen halte mich nicht streng an die äußeren Gebote, ich trage kein Kopftuch, ich bete nicht fünfmal am Tag; aber ich bin im Herzen wirklich Muslima, da gibt es kein Wenn und Aber. Jeden Tag bedanke ich mich bei Allah, selbst wenn der Tag einmal schlecht war. Ich trinke hin und wieder ganz gern ein Glas Wein und feiere auch gern; aber ich denke, es ist wichtiger, wie es innen aussieht. Erst wenn Du zu Dir ehrlich bist, kannst Du wirklich von Glauben sprechen. Ich sehe viele Menschen, die ihre religiösen Pflichten erfüllen, aber gleichzeitig lügen, betrügen – und denken, es sei damit getan, daß man seine Pflicht ableistet. So geht es nicht! Die Dinge, die ich aus dem Glauben heraus denke und tue, sind gut für mich und öffnen mir Türen – auch wenn keiner weiß, daß es mit meinem Glauben zu tun hat, daß ich bin, wie ich bin. Ich versuche einfach, innen ein reines Gewissen zu haben, mit mir ins reine zu kommen.

Es tut mir aber weh, im Fernsehen von „islamischen Terroristen" zu hören – denn es kann gar keine islamischen Terroristen geben! Was wissen denn die Medien von einem richtigen Moslem, was wissen sie schon vom

Koran! Obwohl ich sagen muß: Ich kenne den Koran selber nicht von vorne bis hinten.

K.v.B.: Hast Du denn den Eindruck, in Deiner Generation und in der Generation darunter gibt es viele Menschen, die ähnlich glauben wie Du?

M. El-Awad: Menschen, die wirklich mit dem Herzen glauben, finde ich nicht sehr viele. Die Beziehung zum Islam wird immer weniger, und die jetzige junge Generation ist in der Frage eigentlich verloren. Die Jüngeren haben keinen Halt mehr, weder den Halt der Traditionen noch den Halt eines inneren Glaubens.

Foto: K.v.Bechtolsheim

Hoch hinaus – Moscheebau in Kreuzberg

K.v.B.: Kennst Du in Deinem deutschen Bekanntenkreis einen Menschen, von dem Du den Eindruck hast, er wende sich an etwas Göttliches? Kennst Du jemanden, der so etwas wie eine christliche Haltung lebt oder ausstrahlt?

M. El-Awad: (*schüttelt den Kopf*) Ich habe eine schwarze Freundin, die so etwas ausstrahlt; aber als Deutscher fällt mir keiner ein. Und ich weiß immer gar nicht, wo die Menschen ihren Halt finden. Im Gesetz? Das würde mir nicht reichen. Und wie kann man sich abends ins Bett legen, die Augen zumachen, sich umdrehen und einfach einschlafen? Ich hätte auch wie viele meiner Freunde werden können: keine Arbeit, Schufa-Einträge, riesige Rechnungen, Sozialamt, Schminken, Drogengeschichten, Abhängen, Lästern; aber ich muß mich doch selbst auf den Weg machen nach dem richtigen Lebensweg! Dazu brauche ich Willen. Ohne Willen kann ich nicht einmal einen Glauben zu Gott aufbauen.

Vorleben statt belasten

K.v.B.: Weißt Du heute schon, wie Du an der Zukunft Deiner Kinder mitarbeiten willst?

M. El-Awad: Ich spreche mit meinem Mann oft darüber, was uns das Wesentliche in der Erziehung ist, und ich werde mich dieser Frage bestimmt schon in der Schwangerschaft intensiv stellen. Eines weiß ich aber: Ich werde versuchen zu erreichen, daß mein Kind ehrlich ist; und ich werde versuchen, ihm Vorbild zu sein. Das gilt für alle Bereiche: für die Arbeit genauso wie für alles andere. Unsere Generation konnte noch verstehen, daß unsere Eltern kein Deutsch können und daß z.B. die Frauen nicht arbeiten. Aber welche Ausrede sollte ich haben, mich diesen Herausforderungen zu entziehen? Natürlich werde ich auch versuchen, mein Kind nicht psychisch zu belasten, auch wenn es nicht immer gelingen wird; denn kein Mensch ist perfekt. Aber ich weiß selbst, wie nachhaltig solche Belastungen wirken.

Einem Kind sollte man außerdem immer zuhören, das ist das A und O. Außerdem werde ich versuchen, ihm nicht meine Erwartungen aufzudrängen, sondern zu sehen, wie der Wunsch sich im Kind selber entwickelt. Das Kind muß selber herausfinden, was für ein befriedigendes Gefühl es ist, wirklich zu lernen. Nicht ich bin diejenige, die ihm das vorschreiben kann. Das kann ich ihm vorleben; aber ich werde es nicht erpressen, nicht belohnen für Noten – das hält ja alles nicht vor. Das Kind muß lernen, sich selbst zu loben, denn sonst gewöhnt es sich daran, immer gelobt zu werden.

Es gibt zuwenig Motivation

K.v.B.: Wie blickst Du denn z.B. auf die Zukunft Kreuzbergs oder Neuköllns, was das Nebeneinanderleben von Deutschen und Muslimen betrifft?

M. El-Awad: Wenn die Menschen, die nicht ganz dumm und die entwicklungsfähig sind, sich nicht bald auf die Menschen einlassen, die ganz einfach gestrickt sind, wird sich hier nie etwas verändern. Jeder, der etwas Grips und etwas Mut hat, sollte täglich zwei Sätze mit einem Menschen aus der Nachbarschaft wechseln, um die Lage zu verbessern. Ich sehe, daß die Strenggläubigen immer mehr versuchen, mit Kampf und Macht etwas zu erreichen – was auch immer.

K.v.B.: Kannst Du beschreiben, was das sein könnte, das sie zu erreichen versuchen?

M. El-Awad: Das ist eben schwer zu beschreiben. Aber die Wurzeln für alle Konflikte liegen in meinen Augen in der Unzufriedenheit der Menschen.

Foto: K.v.Bechtolsheim

Alltag in Kreuzberg

Die Leute sehen keine Zukunft mehr, und mittlerweile haben sogar die Jugendlichen Angst vor neuen Schritten und leben äußerlich die gleichen Formen wie ihre Eltern; es hat nur keinen Inhalt mehr. Das Gefährliche ist, daß sie denken, sie hätten nichts mehr zu verlieren. Viele haben sehr jung mit ihrem Leben abgeschlossen, entwickeln selber keine Perspektive und stützen sich deswegen auf das Alte. Ich entdecke immer wieder, daß die Menschen auf der Stelle treten in ihrem Leben; und diejenigen, die ein Stück weitergekommen sind, haben kaum Auswirkungen auf die anderen. Das ist sehr traurig.

Von seiten der Politik wird alle mögliche versucht: Ausländertests werden unternommen – was ich gar nicht einmal schlecht finde –; an den Schulen wird dies und das installiert. Ich denke aber, daß der Zeitpunkt viel zu spät ist. Wer soll den Politikern denn zuhören? Die Fünfjährigen? Menschen in meinem Alter nehmen das alles nicht ernst, und in der Elterngeneration lebt auch sehr viel Resignation. Es gibt zuwenig Ziele, zuwenig Motivation – das ist traurig.

Zukunft mit offenen oder geschlossenen Augen

K.v.B.: Du kennst ja die Hauptschulen hier von innen. Wie blickst Du auf die Maßnahmen, die staatlicherseits unternommen werden, also etwa: Man schickt drei Sozialarbeiter an die Stelle eines schulischen Brandherds? Packt das die Sache bei der Wurzel?

M. El-Awad: Das geht nach hinten los. (*lacht*) Wer soll denn drei Sozialarbeiter ernst nehmen, die sich hinter ihrer Tür verschanzen? Niemand tut das.

K.v.B.: Wie könnte man das Problem bei der Wurzel packen?

M. El-Awad: Ich habe das ja alles selber erlebt, und ich kann nur sagen: Die Lehrer und Sozialarbeiter tragen Mitverantwortung dafür, daß es an den Schulen so abgeht. Die Lehrer haben Angst! Jemandem, der mit Schiß in der Hose in die Klasse kommt, bringt doch niemand Respekt entgegen. Und selbst wenn die Sozialarbeiter gut sein sollten: Was hilft es, wenn die übrigen Lehrer mit den Jugendlichen nicht umgehen können? Als allererstes müßte man mit den Lehrern ganz neue Methoden erarbeiten; man müßte mit ihnen erarbeiten, wie man mit solchen Menschen umgeht. Es gibt Lehrer, die die schlimmsten Schüler erreichen; aber das sind auch diejenigen, die wirklich etwas wollen. Sie müssen doch Vorbild sein! Es geht doch um die Zukunft!

Man muß ausloten, ob diese Leute wirklich die Kraft für die Schüler haben, ob ihre Psyche noch gesund ist usw. Zukunft mit offenen Augen oder Zukunft mit geschlossenen Augen, das ist die Frage. Anstatt Mut zu entwickeln, kriegen die Lehrer aber Angst! Anstatt neue Ziele zu entwickeln, zu sehen: „Mein Gott, die Welt geht unter – alles hängt an mir!“ und mutig dranzugehen, machen sie schnell die Augen zu. Man muß doch erfinderisch sein. Man muß sich die Schüler greifen, die den Boß schieben, und muß sie sich zum Freund machen. Ich sage Dir, das geht, ich weiß es. Ich könnte so einen Kerl zum Professor machen, könnte ihm alle Lichter zum Leuchten bringen, sogar dazu, daß er seine Glühbirnen alle selber anwirft. Man braucht Beobachtungsgabe und Mut, man muß erfinderisch sein! Wenn ich natürlich mit Scheuklappen an einer Prügelei vorbeigehe, was will ich dann bewirken?

K.v.B.: Gibt es denn eine Chance, daß Du irgendwann in der Pädagogik landest? Mir scheint, Du hättest das Zeug und die Kompetenz dazu.

M. El-Awad: Wenn es irgendwann möglich ist, ohne sechs Jahre Ausbildung in die pädagogische Arbeit zu gehen, und wenn man davon leben kann, dann bin ich da. Ich spreche türkisch, arabisch und deutsch, und die Sache interessiert mich wirklich. Aber ich muß noch ein paar Jahre warten. Noch bin ich ein bißchen zu jung, um Respektsperson zu sein; das konnte ich in meiner Arbeit als Streetworkerin merken. Ab 30 Jahren kannst Du wieder bei mir anfragen. Aber tief in mir drin arbeitet das schon.

Gottes Reichtum hat kein Ende

Interview mit Abdul Basit Tariq

von Wolfgang Weirauch

Abdul Basit Tariq, *geb. 1948 in Lahore, Pakistan, verheiratet, eine Tochter und ein Sohn (beide Abitur in Berlin). 1968 Abitur, dann widmete er sein Leben der Ahmadiyya-Muslim-Gemeinde. Sieben Jahre Studium der arabischen Literatur und der vergleichenden Religionswissenschaften an einer islamischen Universität in Rabwa. Anschließend 3 1/2 Jahre Studium der deutschen Sprache und Germanistik in Islamabad; Magisterarbeit über Kleist und Goethe, u.a. über „Faust" und „Die Leiden des jungen Werther". Im Oktober 1982 Wechsel nach Deutschland und Arbeit in sehr vielen deutschen Städten, in denen Ahmadiyya-Muslim-Gemeinden existieren. Seit 1999 Imam in Berlin.*

Unser Grundgesetz garantiert in den Artikeln 3 und 4, daß niemand wegen seiner religiösen Anschauung benachteiligt werden darf und daß die ungestörte Religionsausübung in unserem Land gewährleistet wird. Dieses Grundrecht scheint aber vielen Menschen – in diesem Fall in den neuen Bundesländern – nicht zu passen; zumindest dann nicht, wenn in ihrem Stadtteil rechtmäßig ein Grundstück erworben wird und eine Moschee darauf errichtet werden soll.

© Ahmadiyya Muslim Jamaat

Baitul Malik
Moschee neben dem Flughafen Tegel

Die Ahmadiyya-Muslim-Gemeinde ist es, die in Berlin-Heinersdorf eine Moschee errichten möchte; die Bürgerinnen und Bürger dieses Stadtteils sind es, die gegen diesen Bau Sturm laufen. Sie erwecken Vorurteile und alte Feindbilder und schrecken auch vor Morddrohungen nicht zurück.

Hier haben wir ein exemplarisches Beispiel von Intoleranz und drohendem Kultur- bzw. Religionskampf. Dabei wäre ein Kulturdialog so einfach, wenn man nur miteinander sprechen würde!

Ich sprach mit dem Imam der Ahmadiyya-Muslim-Gemeinde, Abdul Basit Tariq, in der Moschee neben dem Flughafen Tegel über den geplanten Moscheebau in Pankow, über Toleranz und Gerechtigkeit. Des weiteren diskutierten wir über den barmherzigen Gott, über Reinkarnation und über den Sinn des Lebens.

Wolfgang Weirauch: Seit wann gibt es die Ahmadiyya-Muslim-Gemeinde in Berlin?

Abdul Basit Tariq: Seit 1975.

W.W.: Sie planen, in Pankow eine Moschee mit Bibliothek und Jugendtreff zu bauen. Am 30.03.06 gab es eine Veranstaltung gegen Ihre Pläne mit 1.500 teils wütenden Teilnehmern. Warum wollen diese Menschen keine Moschee in ihrem Stadtteil?

A.B. Tariq: Viele Menschen leben mit einem durch die Medien vermittelten erschreckenden Bild vom Islam, und sie haben allgemeine Ängste vor Islamisten, Terroranschlägen und Geiselnahme. Daraus ergibt sich eine allgemeine Angst vor dem Islam und vor den Muslimen.

Heinersdorf in Pankow, wo wir die Moschee bauen wollen, ist ein kleines Dorf, und die Leute sind nicht bereit, eine Gruppe fremder Menschen dort zu akzeptieren. Sie leben dort seit Generationen und wollen ihre bürgerliche Ruhe bewahren, und vor einer pakistanischen Moschee haben sie sehr viel Angst. Aber das ist eine allgemeine Angst vor Fremden, und die Menschen fühlen sich von dieser Situation überfordert.

Diffuse Ängste und Vorurteile

Allerdings kennen sie uns nicht und werfen alle Muslime in einen Topf, und sie glauben, daß alle Muslime gewalttätig sind.

Wir haben ihnen aber versucht klarzumachen, daß wir eine friedliche Gemeinde sind und daß die Moschee ein Haus Gottes ist. Es wäre gut gewesen, wenn wir zusammen mit den Lokalpolitikern und den Heinersdorfer Bürgern vorher über den Moscheebau gesprochen hätten, um die Bürgerinnen und Bürger mental vorzubereiten. Aber das ist leider nicht geschehen, und nun sind die Vorurteile ins Kraut geschossen. Anfang März erfuhren die Menschen durch die Zeitung, daß in ihrem Bezirk eine Moschee gebaut werden soll. Jetzt glauben sie, daß der Muezzin morgens zum Gebet auf das Minarett steigt und alle Bürger weckt, und sie glauben, daß ständig 200 Leute mit Autos zum Beten anfahren. Tatsache aber ist, daß das Grundstück 4.700 qm groß ist und wir lediglich 400 bebauen, so daß wir im Innenhof der Moschee einen riesigen Parkplatz haben werden. Außerdem werden täglich nicht mehr als zwei bis drei Autos kommen, allerhöchstens am Freitag einige mehr.

Außerdem glauben die Heinersdorfer, daß diejenigen Muslime, die die Ahmadiyya-Muslim-Gemeinde nicht akzeptieren, nach Heinersdorf kommen, um mit uns Streit anzufangen.

W.W.: Können die Einwohner von Heinersdorf überhaupt zwischen Ihnen und anderen Muslimen unterscheiden?

A.B. Tariq: Sie wissen, daß wir Gegner haben. Außerdem haben sie die Befürchtung, daß die Ahmadiyya-Muslim-Gemeinde eine missionarische Gemeinde ist, die in Heinersdorf aggressiv missionieren wird. Ich habe den Menschen aber immer wieder gesagt, daß man mit uns sprechen solle, daß man die Nachbarn unserer Moschee hier in Tegel fragen solle, ob es in diesen 18 Jahren einen einzigen Zwischenfall gegeben habe, und ich habe sie aufgefordert, mit den Behörden von Reinickendorf zu sprechen.

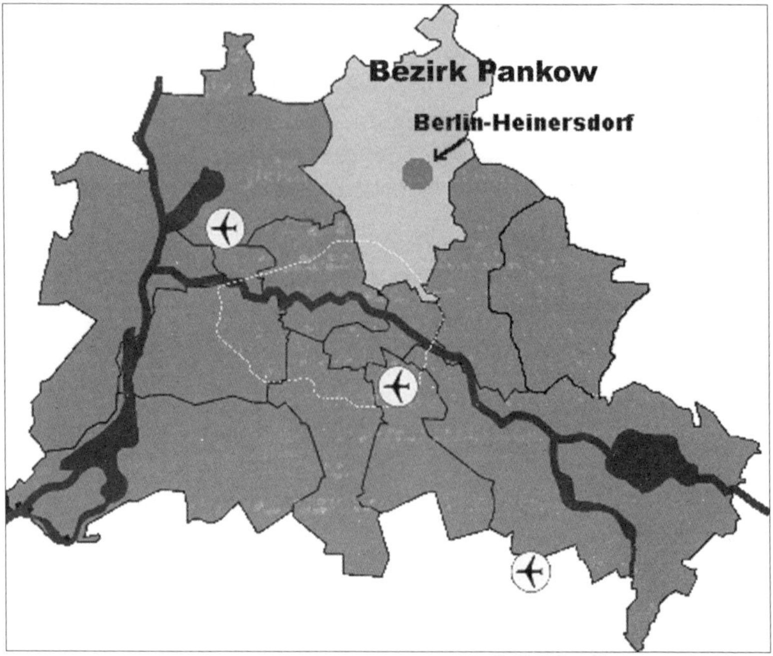

Karte zur Lage von Berlin-Heinersdorf

Es gab in diesen 18 Jahren nicht einen einzigen Streit, und die Behörden konnten nicht eine einzige Gewalttätigkeit feststellen.

Deswegen sind alle Befürchtungen der Bürger aus Heinersdorf unbegründet. Insofern ist diese Angst eine diffuse Angst vor Fremden, vor Menschen, die sie nicht kennen. Aber ich hoffe, daß die Ängste verschwinden, sobald wir uns gegenseitig näher kennenlernen werden.

W.W.: Können Sie diese Ängste verstehen?

A.B. Tariq: Ich kann diese Ängste gut verstehen, und ich meine sogar, daß die Ängste dieser Menschen gerechtfertigt sind. Dort leben eher einfache Menschen; trotzdem gehört dieser Stadtteil zu Berlin, einer weltoffenen Stadt. Und in Berlin leben Menschen aus bestimmt 100 Kulturkreisen mit entsprechend unterschiedlichen Hautfarben. Es gibt dort die verschiedensten Religionen seit etlichen Jahren. Aber in Heinersdorf wollen die Menschen ihre Ruhe haben, und sie wollen keine Zustände wie in Paris oder in Kreuzberg. Ich frage mich jedoch, wie lange sich diese Menschen auf einer solchen Insel inmitten einer multikulturellen

Stadt aufhalten können. Sie können sich nicht ewig verstecken, denn Heinersdorf ist ein Teil von Berlin.

Das Problem ist, daß sich die Denkweise dieser Menschen seit dem Mauerfall nicht geändert hat. Sie wollen weiter so leben, wie die Generationen vor ihnen gelebt haben. Aber das wird nicht möglich sein. Mir erzählte z.B. eine deutsche Familie, die vor 60 Jahren aus Westdeutschland nach Heinersdorf gezogen ist, daß sie an ihrem neuen Wohnort jahrelang nicht akzeptiert wurde. Die Heinersdorfer haben sie jahrelang mit mißtrauischen Augen angeschaut. Da sie also eine solche Angst vor Überfremdung haben – wie können sie uns da akzeptieren?

Hinzu kommt noch eine weitere Angst der Bürger von Heinersdorf: Sie befürchten, daß die Preise der Immobilien wegen unserer Moschee sinken werden. Auch glauben sie, die Schulen könnten von muslimischen Kindern übervölkert werden, und die Deutschen könnten ihre eigene Identität verlieren.

Dialogbereit

W.W.: Wie viele Menschen aus Heinersdorf oder Pankow haben jemals Ihre Moschee hier in Tegel besucht oder das Gespräch mit Ihnen gesucht?

A.B. Tariq: Kein einziger. Niemand hat mit mir gesprochen.

W.W.: Es gibt ein Bürgerbegehren mit dem Ziel, den Moscheebau zu verhindern. Wie ist hier der momentane Stand?

A.B. Tariq: Wir besitzen bereits das Grundstück; den Bau kann man also nicht mehr verhindern. Ich als Imam und Islamwissenschaftler suche den Dialog und möchte gerne zu den Leuten gehen und mit ihnen sprechen; am liebsten nicht auf großen Versammlungen, sondern in kleinen Gruppen. Aber ich finde keinen Zugang zu ihnen.

W.W.: Haben Sie Gespräche angeboten?

A.B. Tariq: Selbstverständlich. In jeder Zeitung habe ich meine Angebote gemacht und erklärt, daß ich dialogbereit bin. Aber ich bin sehr skeptisch, daß die Menschen überhaupt mit mir sprechen, geschweige denn mir zuhören wollen. Man muß Auge in Auge mit den Menschen sprechen, und dann verschwinden die Ängste.

Die meisten Heinersdorfer kennen die Ahmadiyya-Muslim-Gemeinde über eine Internetseite einer Frau Hiltrud Schröter, die gegen uns ein

© GNU Free Documentation License

Die Kirche in Berlin-Heinersdorf,
auf Fundamenten aus dem 14. Jahrhundert im 19. Jahrhundert errichtet.

Buch geschrieben hat, als wir in der Nähe von Frankfurt eine Moschee bauen wollten. Ihr gesamtes Buch ist im Internet, so daß die Heinersdorfer lediglich das lesen, was unsere Gegner schreiben. Aber kein einziger Mensch aus Heinersdorf hat mit uns gesprochen oder unsere Moschee besucht. Niemand hat uns eingeladen; und so gibt es zwischen uns überhaupt keine menschliche Beziehung. Wir kommunizieren lediglich über die Tageszeitung: Man liest über uns, wir lesen über sie.

Frau Schröter wirft uns auch vor, daß wir in Deutschland einen Kalifatstaat anstreben und die politische Macht übernehmen wollen. Und so glauben viele Menschen, wir wollten einen Staat wie die Taliban in Afghanistan errichten. Außerdem glauben sie, daß wir in 300 Jahren die Weltherrschaft übernehmen wollen. Aber das ist natürlich alles vollkommener Unsinn.

Wir sind eine religiöse Gemeinschaft und haben keine materiellen und politischen Zwecke. Aber die Menschen, unter denen wir leben, denken politisch, während wir geistlich denken. Deswegen kommen wir nicht miteinander klar.

Als Jesus Christus darüber sprach, daß er der Messias sei und daß er gekommen sei, um das Himmelreich auf Erden zu begründen, so meinte er das nicht politisch, sondern rein spirituell: Er wollte ein geistiges Königreich begründen, kein politisches. Aber die Pharisäer warfen ihm seinerzeit auch vor, daß er ein sehr gefährlicher Mensch sei und daß er die politische Macht übernehmen wolle. Aber Jesus sprach, sein Reich sei nicht von dieser Welt. Ähnlich äußerte sich der Begründer der Ahmadiyya-Muslim-Gemeinde: Gott werde Zeichen geben, so daß die Menschen mit reiner Seele auf der ganzen Welt zu Gott geführt werden.

Wir achten die Gesetze des Landes, in dem wir leben!

W.W.: Ihre Moschee wird sicherlich in Pankow gebaut werden – haben Sie keine Angst, daß man Ihre Moschee in Brand stecken wird?

A.B. Tariq: Der Vorsitzende des Bezirksparlaments, Jens-Holger Kirchner, erhielt bereits eine Drohung, daß man unsere Moschee abbrennen und ihn einen Kopf kürzer machen werde. Am letzten Wochenende gab es eine Demonstration mit über 500 Teilnehmern gegen den Bau unserer Moschee. Die Teilnehmer riefen: „Wir sind das Volk!", und hinter zweien unserer Gemeindemitglieder, die bei der Demonstration anwesend waren, hat man ausgespuckt. Ich mache mir Sorgen, aber Angst habe ich nicht. Ich mache mir deshalb Sorgen, weil das ganze Szenario überhaupt nichts mehr mit unserer Moschee zu tun hat. Es ist eine Tendenz in breiten Bevölkerungskreisen, besonders im Osten Deutschlands, die zum Rassismus führt, zu Engstirnigkeit und zu Unterdrückung anderer Menschen.

Die Ahmadiyya-Muslim-Gemeinde steht fest auf dem Boden des Grundgesetzes; wir haben alles getan, was die deutschen Gesetze von uns verlangen. Wir haben nicht ein einziges Mal gegen das deutsche Grundgesetz verstoßen. Der Islam, wie wir ihn verstehen, sagt aus, daß man die Gesetze des Landes respektiert, in denen man lebt. Wenn wir das deutsche Gesetz nicht respektieren und achten würden, wären wir keine richtigen Muslime. Das deutsche Gesetz sagt, daß es für jeden Menschen Religionsfreiheit gibt, solange er friedlich ist. Aber zur Religionsfreiheit gehört auch, daß man eine Stätte bauen darf, in der man seine Religion ausüben kann. Und wir haben alle Bedingungen des deutschen Baurechts erfüllt.

Religionsfreiheit

W.W.: Das bedeutet also, daß die Bürger von Heinersdorf gegen das deutsche Grundgesetz verstoßen, weil sie die Religionsfreiheit nicht achten!

A.B. Tariq: Ja, so kann man das sehen. Selbst der Verfassungsschutz hat uns bestätigt, daß es nicht ein einziges Beispiel dafür gibt, daß Mitglieder der Ahmadiyya-Muslim-Gemeinde gewalttätig gewesen wären oder gegen deutsche Gesetze verstoßen hätten. Die Moschee wird gebaut werden, auch wenn fast alle Heinersdorfer es verhindern wollen. M.E. steht in Wahrheit aber nicht unsere Moschee dahinter, sondern mein allgemeiner Eindruck ist, daß seit einigen Monaten die Fremdenfeindlichkeit und die rassistischen Gedanken stärker geworden sind. In diesem Zusammenhang sehe ich auch den zusammengeschlagenen Äthiopier in Potsdam und den Abgeordneten der Linkspartei, der in Lichtenberg angegriffen wurde.

W.W.: Nun werden Sie sich in Heinersdorf mit dem Bau der Moschee auf jeden Fall Ärger einhandeln. Wäre es dann nicht sinnvoller, in einen anderen Stadtteil Berlins auszuweichen, z.B. nach Kreuzberg?

A.B. Tariq: Seit zehn Jahren suchen wir in Berlin ein Grundstück. Die Makler haben uns viele Grundstücke angeboten. Aber manche Grundstücke waren zu teuer, andere zu klein, und manche waren nicht für unsere Zwecke geeignet. Das einzige Grundstück, das übrigblieb, war das Grundstück in Heinersdorf. Deshalb wird dies die erste Moschee, die im Ostteil Deutschlands gebaut werden wird.

Wir helfen allen Menschen wertfrei

W.W.: Wie viele Mitglieder hat die Ahmadiyya-Muslim-Gemeinde weltweit und in Deutschland?

A.B. Tariq: Weltweit haben wir 200 Millionen Mitglieder, in Deutschland sind es 30.000. In Berlin haben wir 200 Mitglieder. Wir haben auch einen eigenen Verlag und eine eigene Fernsehsendung (MTA). Außerdem haben wir einen gemeinnützigen Verein, mit dem wir überall in der Welt, vor allem in Afrika, notleidenden Menschen helfen. Wir bauen z.B. Brunnen in Benin und in Senegal, und wir haben Schulen und Krankenhäuser gegründet, die von der Ahmadiyya-Muslim-Gemeinde unterhalten werden. In den meisten dieser Krankenhäuser werden die Patienten kostenfrei behandelt, ebenso ist der Schulbesuch kostenlos.

W.W.: Sind diese Schulen und Krankenhäuser nur für die Angehörigen Ihrer Glaubensgemeinschaft vorgesehen?

Flagge der Ahmadiyya Muslim Jamaat

A.B. Tariq: Nein, auf gar keinen Fall. Ein Teil unseres Glaubens ist es, daß man auf keinen Fall missionieren darf. Wir helfen allen Menschen wertfrei. Was für uns wichtig ist, ist der Mensch. Die meisten, denen wir helfen, gehören unserer Gemeinschaft nicht an. Auch der Koran verbietet das, denn dort steht geschrieben, daß man keine weltlichen Absichten haben solle, wenn man den Menschen hilft. Wenn man Bedürftige unterstützt, dahinter jedoch politische oder religiöse Motive versteckt, geht der Lohn Gottes damit verloren. Man darf den Menschen nur selbstlos helfen, nicht zum Zwecke der Bekehrung.

W.W.: Gibt es auch in anderen Ländern Probleme beim Bau Ihrer Moscheen?

A.B. Tariq: Nein, diese Probleme gibt es nur in Deutschland. In den USA und in Kanada gab es überhaupt keine Probleme, in Afrika sowieso nicht; auch in England nicht, als wir dort die größte Moschee Europas bauten. In dieser Moschee haben 10.000 Menschen Platz. Wir haben auch Moscheen in den Niederlanden, in Japan, auf den Fidschi-Inseln und natürlich auch in Indonesien. In Deutschland gibt es bereits zwölf Moscheen von unserer Gemeinde, die 13. ist im Bau, und vielleicht wird die in Heinersdorf die 14. oder 15. Eigentlich haben die Deutschen keine Angst vor unserer Gemeinde, sondern es ist, wie gesagt, eine allgemeine Angst vor den Muslimen.

Der Mahdi

W.W.: Wer war Hazrat Mirza Ghulum Ahmad?

A.B. Tariq: Hazrat Mirza Ghulum Ahmad lebte 1835 bis 1908 und ist der Begründer der Ahmadiyya-Muslim-Gemeinde. Er stammte aus einer indischen Familie und verkündete 1891 aufgrund einer göttlichen Offenbarung, daß er der verheißene Mahdi sei, dessen Ankunft vom Propheten Mohammed vorausgesagt worden war. Der heilige Prophet Mohammed hat gesagt, daß dann, wenn die Muslime ihre Einheit verlören und sich in verschiedene Gruppierungen spalteten und wenn sie den Koran nur mit Unverstand lesen und wie ein Papagei nachplappern würden, der Sinn des Islam verlorengehe. Dann werde die islamische Umma verfallen und untergehen. Aber in diesen Zeiten des Untergangs würde Gott einen Mann schicken, ohne weltliche Absichten, nur mit heiliger Kraft versehen, der die Muslime mit spiritueller Kraft vereinen werde.

Die anderen Muslime glauben, daß dies durch zwei Personen geschehen wird: zum einen durch Jesus Christus, der wieder vom Himmel herabsteigen werde, zum anderen durch den Imam Mahdi. Wir dagegen glauben, daß der historische Jesus Christus nie wiederkommen wird, sondern daß ein Mensch in der muslimischen Umma erscheinen wird, der die gleiche Aufgabe und die gleiche spirituelle Kraft haben wird wie Jesus. Und dieser Mann war Hazrat Mirza Ghulum Ahmad, der Imam Mahdi. Imam bedeutet Führer, Mahdi bedeutet „der von Gott Geleitete".

Die Muslime brauchen einen Führer, denn es gibt viel zu viele Gruppen. Die Schiiten akzeptieren die Sunniten nicht und umgekehrt, und selbst unter den schiitischen Muslimen gibt es viele Gruppierungen. Auch die sunnitischen Gruppierungen haben untereinander Konflikte – es gibt einfach keine Einheit unter den Muslimen.

W.W.: Gehört die Ahmadiyya-Muslim-Gemeinde zu den Sunniten oder zu den Schiiten?

A.B. Tariq: Sie ist eine sunnitische Gruppierung. Aber wir haben keinen Führer in dem Sinne, sondern der Imam Mahdi will die Menschen langsam durch Güte und Milde zu Gott führen. Hazrat Mirza Ghulum Ahmad starb zwar 1908, aber seine Arbeit wird durch die Kalifen, seine Nachfolger, fortgesetzt. Und durch diese Arbeit werden nach und nach alle Muslime vereint werden.

Die Perle wird in ihrer Schönheit erstrahlen

Das, was er zu uns gebracht hat, ist wie eine Perle. Aber die Schönheit dieser Perle ist noch gedämpft, denn sie ist staubbedeckt. Und dann kommt jemand, nimmt ein nasses Tuch, wischt den Staub von der Perle ab, so daß sie wieder in ihrer ganzen Schönheit erstrahlen kann. Das ist die Aufgabe der Ahmadiyya-Muslim-Gemeinde. Wir wollen die Schönheiten des Islam wieder zum Vorschein bringen.

Hazrat Mirza Ghulam Ahmad

W.W.: Die Schiiten glauben doch aber im Gegensatz zu Ihnen, daß der Mahdi in Zeiten des größten Unglücks bzw. in der Endzeit erscheint.

A.B. Tariq: Ja, die Schiiten haben ihre eigenen Vorstellungen von dem Imam Mahdi. Aber damit sind wir nicht einverstanden.

Der Imam Mahdi verkörpert also die gleichen Eigenschaften wie Jesus Christus. Auch Jesus Christus hat die Menschen mit Gewaltlosigkeit und Liebe zu Gott geführt. Genauso wollte Hazrat Mirza Ghulum Ahmad die Menschen mit Demut und Liebe zu Gott führen. Vor allem in seinen Aufgaben ist er ähnlich wie Jesus Christus, aber er ist nicht Jesus Christus. Er ist auch nicht der wiedererschienene Christus. Er ist ein von Gott geleiteter Führer. Die anderen Muslime glauben demnach, daß der Imam Mahdi noch kommen werde, aber in Hazrat Mirza Ghulum Ahmad ist er nach unserem Glauben bereits erschienen.

W.W.: Aber die Muslime glauben doch, daß Mohammed der letzte Prophet gewesen sei. Ist es nicht ein Widerspruch, wenn Hazrat Mirza Ghulum Ahmad sich als Imam Mahdi versteht?

A.B. Tariq: Der Prophet Mohammed ist der letzte Prophet, der ein Gesetz gebracht hat. Und nach ihm wird bis zum Weltuntergang niemand erscheinen, der weitere Gesetze erläßt. Hazrat Mirza Ghulum Ahmad ist sein geistiger Schüler, sein geistiger Diener. Denn er hat keine neue Religion gebracht; er hält die fünf Säulen des Islam genau ein, und er trat dafür ein, die Schönheiten des Heiligen Koran zu verbreiten. Seine Aufgabe war es, diejenigen Bereiche unter den Muslimen zu korrigieren, die nichts mit dem Islam zu tun haben.

Erneuerung im Islam

W.W.: Woran denken Sie dabei?

A.B. Tariq: Vor allem an die vielen Gewalttaten, die von Muslimen ausgegangen sind und immer noch ausgehen. Wir hoffen, daß die Muslime ihre Fehler erkennen werden. Und wir hoffen, daß nach und nach alle Muslime erkennen, daß Hazrat Mirza Ghulum Ahmad der Imam gewesen ist.

Wir glauben ebenfalls, daß der Heilige Prophet Mohammed der letzte Prophet gewesen ist, auch daß er den höchsten geistigen Rang bei Gott hat. Und alle anderen Propheten gehören zu seiner Gruppe; sie sind seine geistigen Brüder. Wir denken, daß alle bisher erschienenen Propheten miteinander zu tun haben. Sie unterstützen einander.

W.W.: Was kritisieren Sie an den anderen Muslimen, und was muß im Islam erneuert werden?

A.B. Tariq: Wir wollen den Begriff des Heiligen Krieges verändern, denn der Heilige Krieg darf nicht mit Gewalt in Verbindung gebracht werden. Der Islam benötigt heutzutage dringend die intellektuelle Arbeit, eine Art von Aufklärung. Es geht nicht, daß jemand eine Fatwa mit Kopfgeld erläßt. Auch darf es nicht sein, daß man im Namen des Islam Fahnen verbrennt oder Menschen umbringt oder gar Ausschreitungen durchführt.

Aber wir wollen, daß die Muslime eine Einheit schaffen. Wir haben einen Gott, einen Propheten, einen Koran – und alle Gläubigen der Ahmadiyya-Muslim-Gemeinde verehren diese drei Wesen genauso wie jeder andere Muslim. Die Angehörigen unserer Gemeinde haben wahrscheinlich eine viel größere Liebe zum Propheten Mohammed und einen viel größeren Respekt vor ihm als die anderen Muslime, und Hazrat Mirza Ghulum Ahmad ist wie ein Tropfen aus dem Ozean des Heiligen Propheten. Der Prophet Mohammed ist ein Ozean, und Hazrat Mirza Ghulum Ahmad ist sein demütiger Diener, dessen Aufgabe es war, die Schönheiten der Lehre des Propheten zu verbreiten.

Kein neuer Prophet

W.W.: Kann es nicht sein, daß eines Tages noch einmal ein anderer Prophet kommt?

A.B. Tariq: Nein.

W.W.: Warum nicht?

A.B. Tariq: Wenn Allah es so entscheiden würde, mag es sein, aber das kann ich nicht beurteilen. Gott entscheidet, wann ein Prophet auftreten muß und wann nicht. Aber was wir aus den Heiligen Schriften wissen, ist, daß auch der Prophet Jesus nur einmal erschienen ist und nicht ein weiteres Mal als Mensch auf der Erde erscheinen wird. Genauso wissen wir aus den Aussagen des Propheten, daß er der letzte Prophet gewesen ist und daß nach ihm kein zweiter kommen wird. Hazrat Mirza Ghulum Ahmad ist zwar ein Prophet, aber er ist ein Diener Mohammeds. Er hat keine neuen Gesetze und keine neue Religion mitgebracht. Seine Aufgabe ist es, die Schönheiten des Islam zu verbreiten.

W.W.: Das mag alles so sein, aber es ist für mich überhaupt nicht einleuchtend, warum es nicht einen weiteren Propheten geben soll. Der Koran hat die Form für ein bestimmtes religiöses Leben gegeben, aber diese Form entwickelt sich nicht weiter. Die Menschen dagegen entwickeln sich weiter. Die Gegebenheiten auf Erden, die sozialen Verhältnisse und vieles mehr führen dazu, daß die Menschen sich weiterentwickeln und daß in dieser Weiterentwicklung z.B. so etwas herauskommt wie die westlichen Menschenrechte. Kann es aufgrund dieser Entwicklung nicht sein, daß die Muslime, der Islam und der Koran sich in gewissen Bereichen verändern müßten, weil sie in manchen Bereichen nicht mehr zeitgemäß sind?

Der Koran ist wie eine Lichtkugel

A.B. Tariq: Der Koran ist das Wort Gottes, und er beinhaltet alles, was der Mensch braucht.

W.W.: Kann es nie sein, daß ein Mensch zu der Erkenntnis kommt, daß diese eine besondere Stelle im Koran falsch ist?

A.B. Tariq: Nach unserer islamischen Auffassung kann das nur in der menschlichen Theorie vorkommen, nicht aber in der Wirklichkeit. Darwin z.B. hat erforscht, daß der Mensch vom Affen abstammt, später aber wurde durch die Wissenschaft entdeckt, daß man dies anders betrachten müsse. Die Menschen irren sehr oft, denn der Mensch ist nicht Gott, und Gott hat sein Wort im Koran offenbart. Wenn der Mensch im Koran Fehler entdecken würde, dann müßte er behaupten, daß Gott einen Fehler gemacht hat. Aber Gott macht keine Fehler. Wir glauben nicht, daß der Koran altmodisch geworden ist, daß er nicht mit dem menschlichen Fortschritt und der Erweiterung seiner Erkenntnis mitgehen kann. Der Inhalt des Korans geht weit über das hinaus, was die Menschen erfassen können. Der Koran spricht z.B. über Lebewesen im All, die eines Tages mit dem Menschen in Kommunikation treten werden. Außerdem fordert der Koran den Menschen auf, viel zu erforschen und über die Schöpfung von Himmel und Erde nachzudenken. Diese Motivation des Korans ist so groß, daß die Menschen auch noch in 50.000 Jahren weiterforschen können. Wir habe ja noch nicht einmal unser eigenes Sonnensystem erforscht. Hier gibt es also noch viel zu tun. Der Koran hat uns ein Ziel aufgezeigt, aber das ist noch lange nicht erreicht.

Hören Sie z.B. folgende Stelle aus dem Koran: *„In der Schöpfung der Himmel und der Erde und im Wechsel von Nacht und Tag sind in der Tat Zeichen für die Verständigen, die Allahs gedenken im Stehen und Sitzen und wenn sie auf der Seite liegen und nachsinnen über die Schöpfung der Himmel und der Erde: ‚Unser Herr, du hast dies nicht umsonst erschaffen; heilig bist du, errette uns denn vor der Strafe des Feuers' ..."* (Sure 3, 190 f.). Damit ist auf die Schöpfung der Erde durch Allah hingewiesen, und die Erde ist nur ein kleiner Teil aller durch Allah geschaffenen Sonnensysteme. Und der Mensch, indem er immer weiterdenkt und forscht, kann seine Erkenntnisse immerfort erweitern und kann zu immer neuen Ergebnissen kommen. Der fromme Muslim ist angehalten, immer mehr zu forschen. Und was wir heute wissen, ist wie ein Tropfen, während das, was wir nicht wissen, wie ein Ozean ist.

W.W.: Glauben Sie denn, daß es auf anderen Planeten Menschen mit Seele und Geist in einem physischen Leib gibt?

A.B. Tariq: Nein, aber ich glaube, daß es Lebewesen gibt, die intelligent sind und die eines Tages mit den Menschen in Kommunikation treten werden.

Der Prophet hat auch darüber gesprochen, daß Allah, der barmherzige Gott, für jede Krankheit ein Heilmittel gegeben hat. Alle Krankheiten, die den physischen Leib befallen, haben irgendwo ein Heilmittel – in den Steinen, den Pflanzen oder den Tieren. Und die Muslime sind verpflichtet, diese Heilmittel zu suchen. Und mit dieser Aussage hat der Heilige Koran eine unendliche Welt der Medizin eröffnet – und die nächsten 1.000 Jahre werden nicht ausreichen, diese Welt gänzlich zu erforschen.

© by Ahmadiyya Muslim Community

Das weiße Minarett (Minaratul Masih) ist ein Turm in Qadian, Indien. Qadian ist der Geburtsort von Hazrat Mirza Ghulam Ahmad, dem verheißenen Messias und Mahdi der weltweiten Ahmadiyya-Bewegung (Ahmadiyya Muslim Jamaat), die er 1889 gründete, als Qadian noch ein kleines Dorf war Hazrat Mirza Ghulam Ahmad ließ diesen Turm erbauen, da die Menschen nicht nur die spirituelle Schönheit sondern auch die Schönheit durch das Auge erkennen sollten
© wikipedia

Der Koran hat also ein weites Ziel für die Zukunft gezeichnet, und gleichzeitig motiviert er die Menschen, nach und nach auf dieses Ziel zuzuschreiten.

W.W.: Mohammed hat den Koran durch Allah empfangen, aber er war ein Mensch. Warum kann es nicht sein, daß Allah eines Tages einen weiteren Menschen mit Botschaften versieht?

A.B. Tariq: Nach dem islamischen Glauben ist der Koran eine Grundlage, ein verborgener Schatz. Selbstverständlich gibt es zu jeder Zeit Menschen, die in ihrem Intellekt und in ihrer Weisheit vom Himmel beleuchtet werden. Aber diese Menschen werden dann die Schätze im Koran entdecken.

Sehen Sie sich diese Zuckerdose an, die vor uns steht. In ihr ist Zucker enthalten. Denken Sie sich, daß dieser Zucker Ihr Reiseproviant für die Rückreise nach Flensburg ist. An mehreren Stationen auf Ihrer Reise werden Sie ein Stück Zucker nehmen, und in Flensburg wird der Zucker verbraucht sein. Nehmen Sie diese Zuckerdose als Bild für den Koran und die Reise als Bild für die gesamte Zukunft. Bei allem, was die Menschen entdecken und erforschen werden, werden sie auf die Schätze des Koran zurückgreifen können.

Wir glauben auch, daß der Koran wie eine Lichtkugel ist, die, von verschiedenen Seiten betrachtet, in den unterschiedlichsten Farben glänzt. Ich könnte Ihnen z.B. eine Stelle zeigen, in der zukünftige Atomkriege beschrieben werden. Genausogut kann man diese Stelle aber auch geistig deuten. Wenn dort vom Feuer gesprochen wird, so deuten die einen es als Atomkrieg, die anderen als das Feuer des Herzens.

Bemerken möchte ich allerdings, daß mir die deutsche Übersetzung des Korans überhaupt nichts sagt, sondern nur die arabische Sprache. Ich habe sieben Jahre Arabisch studiert, und indem ich mich in die Sprache des Korans einlebe, wird mir die ganze Schönheit und das Zukunftsweisende des Korans erkenntlich. Dieser Koran ist ein unendlicher Schatz Gottes, und Gottes Reichtum hat kein Ende. Das Wissen Gottes ist unbegrenzt und geht über jede Zeit hinaus.

Gott ist eine ewig sprudelnde Quelle

W.W.: Kann es nicht sein, daß sich die Menschen in ihrem Denken so weit entwickeln, daß sie zu neuen Erkenntnissen kommen, die nicht im Koran enthalten sind? Würden Sie dem Menschen eine solche Kraft zumessen, daß er sein Denken in dieser Weise erweitert, daß er zu Erkenntnissen kommt, die sogar dem Koran widersprechen?

A.B. Tariq: Als gläubiger Muslim bin ich der Meinung, daß es sehr intelligente Menschen geben wird und daß sich der Mensch immer weiter entwickeln wird. Gleichermaßen ist es für mich logisch, daß ein von Gott Geschaffener niemals seinen Schöpfer übertreffen kann. Und der Schöpfer hat im Koran alles für seine Geschöpfe niedergelegt, was sie für die Zukunft benötigen. Sie mögen eine andere Meinung haben, das ist vollkommen in Ordnung; aber für mich sind Gottes Wissen und Gottes Zeit unendlich. Bei ihm gibt es keine Grenzen. Sein Wissen – und damit auch der Koran – ist ein unverzehrbarer Schatz, eine ewig sprudelnde Quelle, die nie versiegt.

Leben wir nur einmal?

W.W.: Wie stehen Sie zur Reinkarnation? Lebt der Mensch nur einmal oder öfter?

A.B. Tariq: Ich glaube an das Leben nach dem Tod, aber nicht an die Reinkarnation. Das ist für mich ein Gedanke, den ich nicht akzeptieren kann. Warum müssen wir erneut in diese Welt kommen? Das würde für mich bedeuten, daß der Schöpfer unfähig geworden ist, neue Wesen zu schaffen, weil sich – angenommen die Reinkarnation wäre eine Tatsache – dann ja immer wieder dieselben Wesen inkarnieren würden.

W.W.: Stellen Sie sich eine bestimmte Anzahl von menschlichen Seelen vor. Diese Seelen kommen zu unterschiedlichen Zeiten auf die Erde, dann sterben sie, bleiben eine gewisse Zeit im Leben nach dem Tod in der geistigen Welt, aber dann kommen sie wieder – in einem neuen physischen Leib – auf die Erde. In jedem weiteren Leben gestalten sie ihr Schicksal fort und vervollkommnen ihren Geist und ihre Fähigkeiten; sie lernen andere Formen des Daseins kennen, machen Erfahrungen auf der Erde, die Gott nicht machen kann – und damit bereichern sie auch Gott. Ist das nicht ein schöner Gedanke? Die Menschen machen dadurch Gott ja nicht unfähig oder kleiner, sondern sie machen ihn damit größer. Der Mensch wird Gott sogar immer ähnlicher, weil er sich fortwährend weiterentwickelt.

A.B. Tariq: Das ist eine sehr interessante Fragestellung. Der Koran hat diese Frage beantwortet. Er sagt z.B. an einer Stelle: *„Oh, ihr Menschen, denkt ihr, daß Gott die Menschen und das Universum aus dem Nichts erschaffen hat?"* Und im Koran werden die Ungläubigen gefragt, ob sie denn meinen, daß Gott, wenn er einmal eine Schöpfung aus dem Nichts vollbracht hat, unfähig geworden ist, solche Schöpfungen aus dem Nichts auch in Zukunft zu vollbringen. Gott kann uns Menschen vollkommen sterben lassen oder gar vernichten, und er kann jederzeit ein neues Universum schaffen. Wir als Menschen können nur eine gewisse Zeit überblicken, und wir wissen nicht, ob Gott nicht eine solche Welt, wie wir sie heute erleben, schon viele Male zuvor geschaffen hat.

W.W.: Gehen Sie mit Ihren Gedanken nicht in diese Unendlichkeiten, sondern bleiben Sie bei einem überschaubaren Zeitrahmen von einigen tausend Jahren. Warum soll ein Mensch, der vor ca. 1.400 Jahren mit Mohammed durch die Wüste gezogen ist, nicht ein zweites Mal auf die Erde kommen? Vielleicht steht das ja auch im Koran, aber Sie haben es noch nicht entdeckt? Und Sie selbst kommen z.B. in 1.000 Jahren wieder auf die Erde, in einem anderen physischen Leib, vielleicht als Frau. Wäre das nicht toll?

Ist Gott ungerecht?

A.B. Tariq: Ich finde den Gedanken faszinierend, aber ich neige nicht dazu, mir eine Welt nur aus Phantasie zurechtzulegen.

W.W.: Ist das menschliche Leben nicht ungerecht? Nehmen Sie zwei Menschen, deren Seelen Gott erschafft. Der eine wird in reichen Verhältnissen in Deutschland geboren, bekommt eine gute Schulbildung, kann sich deswegen einen guten Beruf erwählen und lebt – zumindest äußerlich – in gesicherten Verhältnissen. Auf der anderen Seite wird in Pakistan oder Afrika ein Mensch geboren, in ärmsten Verhältnissen, er ist von vornherein krank, er kann keine Schule besuchen, bekommt vielleicht sogar Aids und stirbt früh. Ein solcher Mensch hat niemals auch nur irgendeine Chance in diesem Leben gehabt. Wenn man nun denkt, daß beide Menschen von Gott geschaffen wurden und nur einmal leben – ist das nicht vollkommen ungerecht? Ist ein Gott, der solche Verhältnisse schafft, nicht ein vollkommen ungerechter?

A.B. Tariq: Ungerechtigkeit ist für mich sehr bedeutend, hat aber noch ein anderes Gesicht. In der Vergangenheit gab es immer wieder ungerechte und grausame Herrscher, die z.B. unschuldige Menschen hingerichtet haben.

W.W.: Aber das waren Menschen. Ich fragte Sie nach einem ungerechten Gott.

A.B. Tariq: Gott im Himmel sieht diese Ungerechtigkeiten, und es gibt unzählige davon auf dieser Erde. Wenn wir sie aufzählen wollten, so säßen wir hier noch bis zu unserem Lebensende. Man kann ja fragen, welche Schuld bei einem Menschen liegt, der in Afrika in den ärmsten Verhältnissen geboren wird. Das wenige Wasser, das diese Menschen haben, ist vielleicht noch vollkommen verschmutzt. Und aus der Sicht eines solchen schwarzen Kindes ist z.B. ein Deutscher groß und stark, weiß, hat eine schöne Villa und bewegt sich mit Flugzeugen fort, während dieses Kind sich als schwach und schwarz, arm und krank erlebt und kein Brot zum Abendessen hat. Dieses schwarze Kind könnte Allah anklagen und nach seiner Schuld fragen. Es wird denken, daß es doch das gleiche Recht zu leben hat wie ein Deutscher, der in reichen Verhältnissen aufwächst. Wo liegt die Schuld, daß es so leben muß?

W.W.: Sie stellen meine Fragen. Nehmen Sie diese beiden Menschen, betrachten Sie sie isoliert und vergleichen Sie das Schicksal dieser beiden miteinander. Beide können nichts für ihr Schicksal, beide haben ihre Seelen von Gott bekommen, aber der eine hat alle Chancen, der andere keine. Ein Gott, der ein solches Leben einrichtet, ist für mich ein höchst ungerechter Gott, es sei denn, es gibt einen Ausweg. Dieser Ausweg ist allerdings für mich die Reinkarnation, der Ausgleich für die Ungerechtigkeit – in einem nächsten Leben. Damit aber verschwindet diese Ungerechtigkeit und gleichermaßen die Annahme, daß Gott ein ungerechter Gott wäre.

A.B. Tariq: Es gab immer starke und schwache Menschen, die einander unterdrückten.

W.W.: Das aber machen die Menschen unter sich aus. Meine Frage war die nach dem ungerechten Gott. Wenn ein Mensch in armen Verhältnissen geboren wird und dort aufwächst, so ist der Ursprung – die Schaffung seiner Seele – doch Gottes Werk. Wenn Sie aber weiterdenken, über ein Erdenleben hinaus, und sich vorstellen, daß die Ungerechtigkeit des einen Erdenlebens in einem nächsten zu einem Ausgleich kommt, dann verschwindet diese Ungerechtigkeit. Aber auch der Reiche, der sich in diesem Leben vielleicht auf die faule Haut legt, kommt dann in einem nächsten Leben z.B. in Afrika in ärmsten Verhältnissen auf die Welt. Wird das Leben nicht allein durch einen solchen Gedanken sinnvoll?

Ausgleich im Leben nach dem Tod

A.B. Tariq: Das ist das gleiche Argument, das wir Muslime denjenigen erzählen, die nicht an ein Leben nach dem Tod glauben. Eigentlich ist dieser Gedanke vollkommen logisch, denn es gibt so viele Ungerechtigkeiten auf dieser Erde, daß das Leben in sich vollkommen ungerecht wäre, wenn es nur dieses eine Erdenleben gäbe. Und wenn es kein Leben nach dem Tode gäbe, dann wäre der Gott ein grausamer Gott. Es wäre kein barmherziger, sondern ein ungerechter Gott. Der Ausgleich wird im Leben nach dem Tod vollbracht.

W.W.: Aber das Leben nach dem Tod ist ja ein anderes als hier auf der Erde.

A.B. Tariq: Nein. Der Koran hat uns eine Antwort gegeben. Das Leben hier auf der Erde ist kurz und vergänglich. Aber es gibt ein Leben nach dem Tod, in dem Ausgleich für die Ungerechtigkeit der Erde geschaffen wird. Und dieses Leben ist ein ewiges Leben. In diesem Leben werden die Ungerechten bestraft und die anderen belohnt. Zwar ist die Bestrafung beschränkt, aber das Paradies ist ewig. Wir glauben, daß der Ausgleich für die Ungerechtigkeit der Welt im Leben nach dem Tod zu finden ist.

W.W.: Aber hat das Leben einen Sinn, wenn man nur einmal lebt? Ist es wirklich sinnvoll, wenn ein Kind mit den schlechtesten Startchancen heranwächst, vielleicht als Straßenkind in Kolumbien, und stehlen muß, um überleben zu können – und dann für seine schlechten Taten nach dem Tod auch noch im Himmel bestraft wird? Oder denken Sie an eine Frau in Saudi-Arabien, die ständig in ihrer Ehe vergewaltigt wird, es irgendwann nicht mehr aushält und ihren Mann ersticht. Es werden immer wieder Menschen durch ungerechte Lebensverhältnisse in Situationen geführt, in denen sie fast notwendigerweise schlechte Taten begehen müssen, für die sie aber eigentlich nichts können.

A.B. Tariq: Das sind die Ungerechtigkeiten auf dieser Erde. Und Sie denken, daß das Leben sinnlos ist, wenn wir nicht wiedergeboren werden und auf dieser Erde zu einem Ausgleich kommen?

W.W.: Genau. Ich meine vor allem, daß alles, was man auf dieser Erde macht, irgendwann in einem nächsten Leben eine Folge haben wird; im Guten wie im Schlechten.

A.B. Tariq: Wir denken das gleiche, aber von dem Leben nach dem Tod. Das Leben nach dem Tod ist für uns keine andere Welt. Wir wissen zwar nicht genau, wie diese Welt nach dem Tod aussehen wird, aber die Idee des Ausgleichs ist die gleiche wie Ihre von der Reinkarnation.

Wir müssen mit dieser einen Welt leben

W.W.: Der Ausgleich mag von der Idee her ein ähnlicher sein, auch wenn ich den Ausgleich ausschließlich in einem weiteren Erdenleben sehe. Aber der Sinn des Lebens ist für mich damit noch nicht beantwortet. Denn ein einziges Leben – z.B. unter den erwähnten schlechten Bedingungen – ist für mich völlig sinnlos, wenn ein Mensch keinerlei Chance hat, sich weiterzuentwickeln. Dann kann er sich ja gleich umbringen. Der Sinn wird doch erst durch eine Zukunftsperspektive eröffnet, und sei diese auch erst in einem nächsten Erdenleben. Wenn ich aber in Verhältnisse hineingeboren werde, in denen ich nicht die geringste Chance habe, mich weiterzuentwickeln, und durch die ich vielleicht sogar zu einem Mörder werde, und wenn ich dann irgendwann sterbe, vor Allah trete und er mir vielleicht für mein schlechtes Leben etwas Gutes tut, dann werde ich bestimmt sagen: „Na toll, und wo war der Sinn? Warum mußte ich das machen?" Ist es nicht sinnvoller, wenn ich öfter auf die Erde komme, in einem nächsten Leben aus den Erfahrungen des ersten Lebens gelernt habe und nun die Chance habe, meine Persönlichkeit weiterzuentwickeln, was ja nur auf der Erde möglich ist?

A.B. Tariq: Das ist eine allgemeine Frage, die Sie an alle Menschen haben. Und die Antwort aus dem Islam ist für Sie nicht zufriedenstellend. Es ist die Frage, die viele Menschen haben, nämlich: Warum ist diese Welt so ungerecht, und warum läßt Gott das zu? Ich kann Ihnen hierzu eine Geschichte erzählen: Es war einmal ein heiliger Mann, der richtete immer sein Gesicht zum Himmel und sprach:

„Oh Gott, ich mag deine Welt nicht. Es gibt auf dieser Welt so viel Ungerechtigkeit, ich mag diese Welt nicht, die du geschaffen hast." So beklagte er sich jeden Tag. Aber eines Tages schwieg er und senkte seinen

Kopf, und die Leute fragten ihn, was mit ihm los sei. Da erzählte er, daß er von Gott eine Antwort aus dem Himmel bekommen habe. Gott habe ihm gesagt: „Wenn dir alles, was ich geschaffen habe, wenn dir meine Welt nicht gefällt, dann geh zu einer anderen Welt, zu einer Welt, die dir gefällt." Und da erkannte der Heilige seinen Fehler. Es gibt nämlich keine andere Welt. Wir müssen in dieser Welt leben, wir müssen die Ungerechtigkeit ertragen, und wir sind Geschöpfe Gottes und können uns somit keinen Widerstand gegenüber unserem Schöpfer leisten. Der Mensch ist hilflos gegenüber vielen Ungerechtigkeiten in dieser Welt.

Ich möchte mit einem Koranzitat schließen, das unsere Anschauung über die Gerechtigkeit und das Leben nach dem Tod noch einmal zusammenfaßt:

„Und das Buch wird ihnen vorgelegt, und du wirst die Schuldigen in Ängsten sehen ob dessen, was darin ist. Sie werden sprechen: ‚Oh weh uns, was für ein Buch ist das? Es läßt nichts aus, Klein und Groß, sondern hält alles aufgezeichnet. Und sie werden gegenwärtig finden, was sie getan. Und dein Herr tut keinem Unrecht.'"

Parallelwelten in Neukölln

Interview mit Wolfgang Schimmang

von Wolfgang Weirauch

Wolfgang Schimmang, *geb. 1945, verheiratet, zwei Kinder. Abitur an der Fritz-Karsen-Schule in Berlin, 1965—70 Studium an der PH in Berlin. Seit 1966 Mitglied der SPD. Vorsitzender der SPD Alt-Britz. 1970—77 Lehrer an der Annelore-Leber-Grundschule in Berlin-Tempelhof, 1971—79 Mitglied der Bezirksverordnetenversammlung in Berlin-Neukölln, 1977—79 Rektor an der Kurt-Tucholsky-Grundschule in Berlin-Tiergarten, 1979—89 Schulrat in Berlin-Neukölln, 1989—95 Bezirksstadtrat für Volksbildung in Berlin-Neukölln, 1996—98 Abteilungsleiter im Landesschulamt Berlin, Leitender Oberschulrat (Schulaufsicht über die Berliner Grund- und Sonderschulen; Schulpsychologischer Dienst), April 98 bis November 99 Leiter des Landesschulamtes Berlin,*

seit 19.11.99 Bezirksstadtrat für Bildung, Schule und Kultur in Neukölln. Mitglied im Beirat für Geschichte beim Senator für Schulwesen, Tätigkeit als nebenamtliches Mitglied des ehemaligen Wissenschaftlichen Landesprüfungsamtes für Lehramtsprüfungen, Vorlesungen für Schulrecht für Lehranwärter und Studienreferendare.

Als die Lehrer der Rütli-Schule in Berlin-Neukölln ihren Brandbrief über die unhaltbaren Zustände an ihrer Schule verfaßten, war dies ein Weckruf, der das ganze Land erfaßte und uns schonungslos mit der Realität konfrontierte. Spätestens hiermit war ein Traum geplatzt, der schon längst hätte platzen müssen: der Traum von einer friedlichen multikulturellen Gesellschaft.

Wer genauer hinschaut, bemerkt zwar, daß alle Menschen vor dem Gesetz gleich sind, daß aber ihre kulturellen Wurzeln, ihre Sitten und ihre religiösen Praktiken alles andere als gleich sind. Und daraus entstehen vielseitige Probleme bis hin zum Ehrenmord.

In einem Bezirk wie Neukölln, in dem besonders viele Ausländer und „Bürgerinnen und Bürger nicht-deutscher Herkunftssprache" – nicht nur Ausländer und Ausländerinnen – leben, ballen sich die vielseitigsten Probleme: in der Schule, auf der Straße, in der Familie, in der Politik und im menschlichen Miteinander.

Wie erschreckend die Situation schon ist, wie stark sich die Parallelwelten in Berlin bereits entwickelt haben, wie aussichtslos die Situation besonders an Hauptschulen und für die beruflichen Laufbahnen der Hauptschulabgänger mittlerweile ist, bemerkt man erst, wenn man genauer hinschaut und Interesse für die Menschen aufbringt.

Ich sprach mit dem Volksbildungsstadtrat Wolfgang Schimmang in Neukölln über die dringendsten Probleme dieses Bezirks und über Lösungsvorschläge, die uns allen zu denken geben sollten, wenn wir das menschliche und kulturdialogische Miteinander in Zukunft verbessern wollen.

Wolfgang Weirauch: Was sind die Aufgaben eines Volksbildungsstadtrates, speziell hier in Neukölln?

Wolfgang Schimmang: Das ist in Berlin von Bezirk zu Bezirk unterschiedlich geregelt. Grundsätzlich gibt es in allen zwölf Berliner Bezirken ein Bezirksamt mit fünf Stadträten und einem Bezirksbürgermeister. Nicht die Anzahl, aber die Institution Bezirksamt ist in der Berliner Verfassung festgelegt, und die Anzahl der Bezirksamtsmitglieder ist ge-

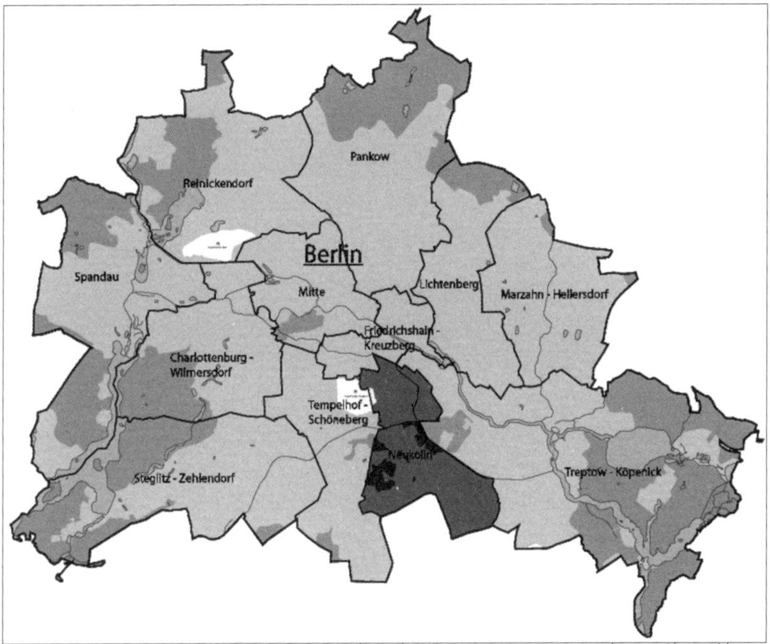

Karte von Berlin und seinen Bezirken

setzlich durch das Landesrecht festgelegt. In Neukölln haben wir einen Bezirksbürgermeister, der allerdings nicht der Vorgesetzte ist, sondern die Amtsgeschäfte koordiniert. Dann gibt es einen Baustadtrat, einen Sozialstadtrat und z.B. mich als Volksbildungsstadtrat; im Beamtendeutsch ist das auf „Bezirksstadtrat für Bildung, Schule und Kultur" geändert worden. Ich repräsentiere sozusagen die Schulträgerschaft, bin zuständig für das nichtpädagogische Personal, verteile die Lehr- und Lernmittel, kümmere mich um die bauliche Unterhaltung und die Schülerzuweisung. Allerdings mische ich mich auch in den pädagogischen Bereich ein, aber nicht aufgrund meines politischen Amtes, das ich vertrete.

W.W.: Sie begannen Ihre berufliche Karriere 1970 als Lehrer. Wie war damals die Situation in den Schulen in Berlin bzw. Neukölln?

W. Schimmang: Ich begann meine Karriere in Lichtenrade, einem Stadtteil von Tempelhof, und zwar in einer 5. Klasse einer Grundschule mit 34 Kindern. Damals hatte ich eine einzige argentinische Schülerin, alle anderen waren deutsche Kinder. Dieses argentinische Kind sprach kein Wort Deutsch, und ich mußte darüber nachdenken, was ich mit ihr machen würde. Ich habe mir für sie Lese- und Schreibfibeln aus der 1. Klasse besorgt und sie neben den anderen unterrichtet. In Neukölln sah es damals schon etwas anders aus, und es gab Schulen, an denen bereits etwa 20 bis 25 % der Schüler Ausländer waren.

Ein Drittel mit nicht-deutscher Herkunftssprache

W.W.: Wie ist die Situation heute?

W. Schimmang: Wir haben in Neukölln etwa 30.000 Schüler. Der Bezirk ist zweigeteilt, in Nord und Süd; vor allem aber ist er bevölkerungspolitisch zweigeteilt. Im Kernland Nord-Neukölln mit 150.000 Einwohnern haben wir an den Grundschulen einen Anteil von Schülern nicht-deutscher Herkunftssprache von 80 %. Hier im Norden haben wir rund 8.000 Grundschüler, und von ihnen sind 80 % nicht-deutscher Herkunftssprache. Aber auch im Süden, z.B. in Buckow, Britz, Gropiusstadt und Rudow, gibt es einen Anteil von 30 %.

Es gibt eine Bevölkerungsstudie über Groß-Berlin, die für das Jahr 2020 prophezeit, daß dann jeder zweite Schüler von Gesamt-Berlin ein Schüler nicht-deutscher Herkunftssprache sein wird. Seit Jahren steigt der Ausländeranteil in unserem Bezirk um ein bis zwei Prozent. Wir können es auch andersherum ausdrücken: In Berlin haben wir 800 Schulen, und an einem Viertel dieser Schulen ist der Anteil von Schülern nicht-deutscher Herkunftssprache über 40 %.

W.W.: Woher stammt der Begriff „Schüler nicht-deutscher Herkunftssprache"?

W. Schimmang: Es war eine geniale Erfindung, daß wir diesen Begriff im Gegensatz zu dem Begriff Ausländer eingeführt haben, weil er uns im Verteilungskampf mehr Geld zugeführt hat. Wir haben hier z.B. viele Russen, die einen deutschen Paß haben, also Aussiedler und Deutsche sind, aber kein Deutsch sprechen. Sprachlich müssen sie genauso behandelt werden wie z.B. ein Chinese, der kein Deutsch kann. Der Paß alleine sagt nichts über die Sprachfähigkeit der Menschen aus. In Gropiusstadt haben wir z.B. sehr viele Aussiedler, gleichwohl beherrschen viele von ihnen nicht die deutsche Sprache.

W.W.: Wie viele Menschen nicht-deutscher Herkunftssprache leben in Neukölln?

W. Schimmang: Von den 300.000 Einwohnern Neuköllns sind dies etwa 100.000.

Die Hälfte spricht schlecht Deutsch

W.W.: Wie viele Kinder sprechen bei Schulantritt schlecht Deutsch?

W. Schimmang: Seit zwei Jahren macht die Senatsbildungsverwaltung einen Deutsch-Test für Lernanfänger. Nach diesem Test müssen wir feststellen, daß 50 % der Kinder über den Gesamtbezirk gerechnet nicht angemessen Deutsch sprechen. Aber es gibt eine noch erschreckendere Zahl: Diejenigen Kinder, die keinen Kindergarten oder eine entsprechende Einrichtung besucht haben, beherrschen die deutsche Sprache zu 86 % nicht. Das führt hier in Berlin zu der Debatte, ob nicht der Kindergarten oder auch die Krippe – die sehr viel Geld kosten – kostenlos sein sollten.

Die rot-rote Regierung hat jetzt eingeführt, daß das letzte Kindergartenjahr vor dem Schulbesuch kostenfrei ist. Nicht kostenfrei ist allerdings das Essen. Dafür muß momentan ein symbolischer Beitrag von 23 Euro im Monat bezahlt werden. Aber wir haben schon Hinweise aus den einzelnen Bezirken, daß es auch eine gewisse Anzahl von Eltern gibt, die nicht bereit sind, diesen Beitrag zu bezahlen, und die ihre Kinder deshalb nicht hinschicken wollen. Deshalb kommt aus Neukölln der Vorschlag, ob wir nicht mindestens das Kindergeld einfrieren sollten, um auch dieses Essen kostenlos anzubieten.

Dann gibt es noch die ganz große Lösung, gegen die sich aber besonders die bürgerlichen Schichten wehren: das Kindergeld bis auf weiteres einzufrieren oder gar abzusenken und die freiwerdenden Milliarden von der Subjekt- zur Objektförderung zu führen. Das würde bedeuten, daß in ganz Deutschland der Kindergarten einschließlich Essen frei wäre. Hinzu käme die Einführung der flächendeckenden Ganztagsschule, also deren Weiterführung in der Oberschule mit Essen; ebenfalls frei. Zu dieser großen Lösung gehört auch die Streichung bzw. Nichteinführung von Studiengebühren. Natürlich wehren sich dagegen besonders diejenigen bürgerlichen Schichten, die z.B. die Institution Kindergarten gar nicht in Anspruch nehmen. Ein Diplomaten-Ehepaar braucht vielleicht überhaupt keinen Kindergartenplatz für seine Kinder, erst recht nicht die sogenannte Ganztags-Grundschule – denn man holt das Kind um 12.30 Uhr ab und bringt es nachmittags z.B. zum Musik- oder Reitunterricht.

Foto: K.v.Bechtolsheim

Kinderladen in Kreuzberg, Heinrichplatz

Damit wir uns nicht mißverstehen: Die Familie ist schon der sicherste Hort. Aber was machen wir dann mit jenen, die außer ihrer Elternschaft nichts als diese anbieten können? Das ist eine Kernfrage, die sich für mich, auch als Sozialdemokrat, stellt. Und hierbei geht es keineswegs nur um die Migrantenfamilien, sondern auch um ausgesprochen leistungsschwache deutsche Schüler. In Neukölln, Wedding, Reinickendorf, in Teilen von Schöneberg und Tiergarten vereinigt sich eine bildungsferne deutsche Schicht mit einer bildungsfernen ausländischen Schicht.

Kinder, die sich nicht die Schuhe zubinden können

W.W.: Mit welchen weiteren Defiziten kommen die Kinder heute zur Schule?

W. Schimmang: Die Defizite finden sich auf sozialem, kulturellem und rein wissensmäßigem Gebiet. Aus den Berichten der Lehrkräfte erfahren wir, daß die Kinder bei Eintritt in die 1. Klasse nicht gelernt haben, sozial miteinander umzugehen. Sie haben keinen Respekt und benutzen die übelsten Schimpfwörter, teilweise ohne zu wissen, was diese bedeuten. Sie fügen sich körperliche Verletzungen zu, was sie in vielen türkischen, kurdischen und arabischen Familien gelernt haben. Vielfach werden Verhaltensweisen auch aus den berühmten Spielfilmen oder Comics gelernt. Den Kindern fehlt es schlichtweg auch an pragmatischen Fähigkeiten. Es gibt Kinder, die niemals einen Bleistift oder ein anderes Schreibgerät in Händen gehalten haben; auch können sie sich die Schuhe nicht zubinden, sie können nicht mit einer Schere umgehen. Selbst auf Klassenfahrten mit 5. und 6. Klassen wird entdeckt, daß viele Kinder nicht in der Lage sind, mit Messer und Gabel umzugehen. Außerdem gibt es Probleme mit der Reinlichkeit.

Früher hat man bis zu 20 % der einzuschulenden Kinder vor der 1. Klasse zurückgestellt; aber das hat man nun eingestellt. Ob das gut ist, bleibt abzuwarten. Man ist der Meinung, daß es keinen Sinn hat, sie zurückzustellen, weil sie in dieser Zeit doch nichts lernen. Ich bin hier allerdings etwas anderer Ansicht.

Wir müssen uns etwas für die sozial Schwachen einfallen lassen

W.W.: Das bedeutet also, daß immer mehr Eltern verlernt haben, wie man Kinder erzieht?

W. Schimmang: Ja. Wir haben hier in Neukölln schon eine zweite und dritte Generation von Sozialhilfeempfängern. Und es gibt erwachsene Menschen, die Kinder in die Welt gesetzt haben, ohne zu erkennen, welche gewaltige Aufgabe es ist, Kinder zu erziehen. Oder die jetzigen Eltern sind ebenfalls als Kinder in archaischen Strukturen großgeworden: Der Vater befiehlt, die anderen haben zu gehorchen; der ältere Junge befiehlt der Mutter und den kleineren Geschwistern. Das sind Strukturen, die mit den Werten unseres Grundgesetzes und mit Toleranz nichts mehr zu tun haben. Und solche Strukturen, solch angelerntes Verhalten kann man nicht in wenigen Schulstunden verändern. Die Schule dauert nur wenige Stunden, der Tag hat aber 24 Stunden. Hinzu kommt auch noch das Verhalten auf der Straße, wo die Gewalt auch immer mehr zunimmt. Damit wir uns nicht mißverstehen: Ich spreche keineswegs nur von Ausländern oder Schülern nicht-deutscher Herkunftssprache; ebenso kommen auch viele deutsche Eltern nicht mehr mit den alltäglichen Problemen klar. In diesem Sinne sprechen wir über eine große Gruppe von Menschen, und sie machen uns große Sorgen.

Untersuchungen der Industrie- und Handelskammer und anderer Organisationen sagen, daß zwischen 20 und 25 % derjenigen Schüler, die die Berliner Schulen verlassen, überhaupt nicht leistungsfähig sind. Eine Industriegesellschaft wie Deutschland, die keine Bodenschätze hat, kann eine solche große Gruppe von Menschen nicht ignorieren. Wir müssen uns für sie etwas einfallen lassen, um sie fähig zu machen, im sozialen, politischen und kulturellen Austausch bestehen zu können.

W.W.: Wie stehen Sie zu dem Gedanken, die Hauptschule zugunsten einer Gesamtschule abzuschaffen?

W. Schimmang: Das kann man machen. Von unseren 35 Oberschulen in Neukölln sind sechs Gesamtschulen, und die Eltern können sich nach der 6. Klasse relativ frei entscheiden, welche Schulform ihr Kind besuchen soll. Man muß allerdings feststellen, daß die meisten Eltern die Hauptschule ablehnen, weil sie besonders in Berlin mit einem sozialen Stigma belegt ist und weil tatsächlich auch die sogenannten Schwächsten die Hauptschule besuchen. Deshalb möchten sie ihre Kinder auf diejenigen Schulen schikken, an denen angeblich die „besseren Lehrer" unterrichten.

In Berlin gibt es ein zusätzliches Problem, und zwar den Wettbewerb zwischen den verschiedenen Schularten. Bei den meisten Schulen gibt es ein Probehalbjahr, und wer es besteht, kann auf dieser Schule bleiben. Viele Gesamtschulen sind bereits Hauptschulen. Aber: Lediglich ein anderes Türschild anzubringen ändert nicht viel, denn die Schüler bleiben dieselben. Wenn eine solche Schule einen großen Einzugsbereich hat, in dem Tausende von Schülern leben, die eigentlich eine Hauptschule besuchen müßten, was nutzt es dann, wenn man an die Schule das Schild „Gesamtschule" anschraubt? Langfristig wird es somit wahrscheinlich auf ein zweigeteiltes Schulsystem hinauslaufen. Und alle Hauptschulen zu Gesamtschulen zu machen, ist ohnehin nicht möglich, da eine Mehrheit der Eltern dagegen sein wird. Deshalb müssen wir unsere Kräfte bündeln, um den sozial Schwächeren in den entsprechenden Stadtteilen – auch mit zusätzlichen finanziellen Mitteln – zu helfen.

25 kleinen süßen Ungeheuern gegenüber

W.W.: Ist die Lehrerausbildung heute noch ausreichend, oder geht sie total an der Realität der heutigen Schüler vorbei?

W. Schimmang: Daß die Lehrerausbildung komplett an der Realität vorbeigeht, habe ich schon gehört, als ich selbst Student war. Aber daran ist etwas Wahres. Logischerweise trifft die heutige Lehrerschaft auf eine Schülerschaft, die anders ist als vor 20 Jahren. Fakt ist, daß man sowohl die theoretische als auch die praktische Ausbildung braucht. Lehrer ist kein leichter Beruf, und es ist ein himmelweiter Unterschied, ob man in seinem Büro die Tür zumacht und dann mit seiner Arbeit allein ist oder ob man wie ein Lehrer die Tür von innen zumacht und dann 25 kleinen süßen Ungeheuern gegenübersteht, gegenüber denen man vollkommen allein ist. Und dieser Kulturschock sollte nicht am Ende eines langen Studiums eintreffen, wenn man feststellen muß, daß man dieser Aufgabe nicht gewachsen ist.

Deshalb habe ich folgende Idee: Weshalb gelingt es uns nicht, für die werdenden Lehrer gleich nach dem Abitur ein soziales Jahr an der Schule einzurichten? Dann laufen die zukünftigen Studierenden ein Jahr mit und sehen am eigenen Leib, was es bedeutet, Lehrer zu sein. So könnten die jungen werdenden Lehrer mit einem großen Praxisanteil in das Studium gehen. Die eigene Schulzeit bis zum Abitur ist nämlich etwas vollkommen anderes als die Arbeit als Lehrer in einem sozialen Brennpunkt. Aber ich bedaure, daß diese Idee nicht aufgegriffen wird. Eines wird von den werdenden Lehrern meist nicht beachtet: Die quantitative Arbeit kann bewältigt werden, aber die psychische Belastung als Lehrer vor einer Klasse ist enorm. Und es reicht eben nicht mehr aus, die Schüler lediglich vernünftig anzusprechen oder ihnen gar das Du anzubieten. Denn so einfach ist es wahrlich nicht.

Als Lehrer muß man sich dauernd beherrschen: Man darf sich nicht ständig die Nase schnäuzen; mal ist man zu unfreundlich; mal berücksichtigt man ein Kind nicht u.v.m. Diese psychische Anstrengung führt oft zu einer tiefgehenden Erschöpfung. Manchmal fühlt man sich wie ein Bomberpilot im feindlichen Land, immer auf der Hut, daß sich der Feind nähert. Leider ist der Mensch so, daß er die Schwächen eines anderen wittert und dann ausnutzt.

Die Gebräuche der anderen kennenlernen

W.W.: Muß man nicht gerade hier in Neukölln als Lehrer eine Zusatzausbildung machen, um überhaupt die Familienstrukturen, Gebräuche und Ehrenrituale vieler kurdischer, türkischer oder arabischer Familien kennenzulernen?

W. Schimmang: Da haben Sie vollkommen recht. Zu jeder Lehrerausbildung gehört als erstes ein Grundkurs in Psychologie, damit man z.B. weiß, wie man auf Aggressionen reagieren sollte. Es gehört auch dazu, daß man weiß – ich bitte um Entschuldigung für diese Banali-

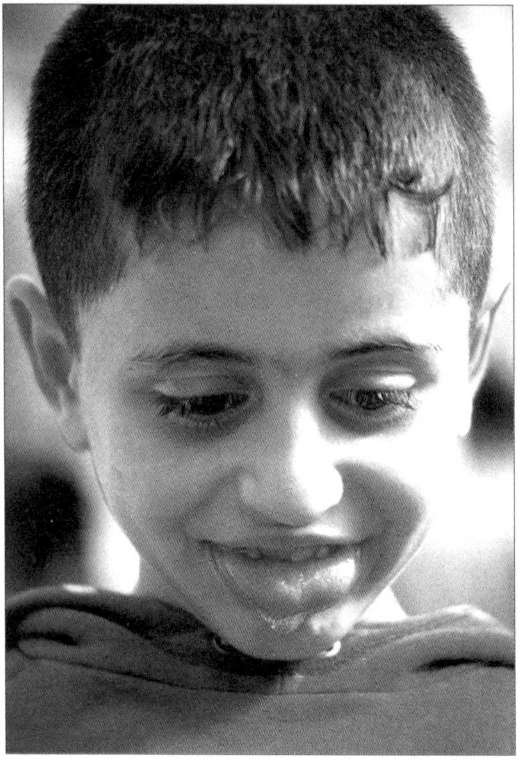

Foto: K.v.Bechtolsheim

Türkischer Junge, Kinderladen Kreuzberg

tät –, welche Unterschiede zwischen Mann und Frau bestehen. Und drittens muß man die multikulturelle Gesellschaft kennenlernen: Man muß einfach wissen, was für den Araber oder den Türken oder den Deutschen peinlich ist; man muß wissen, ob man Frauen die Hand geben darf oder ob man das tägliche fünfmalige Beten respektieren muß. Man muß wissen, ob ein 9jähriges Mädchen arabischer Abstammung mit Jungen in ein gemeinsames öffentliches Schwimmbecken steigen darf u.v.m. Ein solches theoretisches Wissen muß man haben, und man sollte es zusätzlich am praktischen Beispiel erleben.

Deshalb ist auch dieses von mir vorgeschlagene praktische Jahr notwendig, damit man diese Konflikte nicht in der Erstverantwortung, sondern erst in der Zweitverantwortung lösen muß. Ähnliches gilt ja auch für werdende Ärzte, die vorab in der Praxis sehen müssen, welche psychische Verantwortung auf sie wartet, wenn sie z.B. in der Unfallchirurgie arbeiten und ein Bein amputieren müssen. Wenn man dieses praktische Jahr nicht einführt, so betreibt man auch eine riesige ökonomische Verschwendung; denn alle diejenigen, die später im Beruf scheitern, haben sowohl den Staat als auch sich selbst unnötig belastet. Heute werden oft kostbare Lebensjahre verschwendet.

W.W.: Wie ist die Situation der Lehrerschaft hier in Berlin?

W. Schimmang: Die Lehrerschaft ist grundsätzlich sehr alt geworden. Das Durchschnittsalter liegt etwa bei 50 Jahren. Durch lange Wartezeiten, Familiengründung usw. tritt der Berliner Lehrer heute etwa mit 33 Jahren erstmals in den Unterricht ein. Und das ist sehr spät. Die Lehrer, vor allem an den Schulen in sozialen Brennpunkten, fühlen sich von der Politik im Stich gelassen – weil ihnen das 13. Monatsgehalt weitgehend gestrichen wurde und weil ihnen in den letzten zehn Jahren die Arbeitszeit um 20 % erhöht wurde; und das empfinden sie als Zumutung. Dazu kommen die schwierigen sozialen Verhältnisse an den Schulen, und viele Lehrer verstehen nicht, warum der Staat nicht schneller Hilfe für einzelne verwahrloste Schüler bereitstellen kann.

Die kriminellen Karrieren beginnen in den Familien

W.W.: Wie stark ist die Kriminalität der Schüler in Berlin?

W. Schimmang: Wir haben seit einigen Jahren eine sogenannte Intensivtäter-Kartei. Ein Intensivtäter ist nach diesem Begriff ein Minderjähriger zwischen 14 und 18 Jahren, der innerhalb eines Jahres zehn Straftaten begangen hat. Zur Zeit sind über 300 Personen erfaßt, und sie alle besuchen weitgehend die Berliner Schulen! Aber die Berliner Schulen sind auf diese Täter nicht vorbereitet. Ein solcher Schüler beraubt z.B. im Februar seine Großmutter, im März eine Mitschülerin usw. Die Eltern versprechen, sich um ihren Sohn zu kümmern – aber es passiert zunächst einmal gar nichts. Hier aber hat die Gesellschaft eine Gesamtverantwortung, und es wird darüber gestritten, ob man geschlossene Heime schaffen oder ob man das Alter der Strafmündigkeit absenken sollte.

W.W.: Das heißt also, daß die Lehrer mit den kriminellen Karrieren der Jugendlichen konfrontiert werden, ohne daß ihnen von außen geholfen wird?

W. Schimmang: Genau. Diese kriminellen Karrieren der Schüler beginnen allerdings nicht erst mit 14, sondern – so grausam es klingt – weit früher schon mit sieben, acht oder neun Jahren. Diese Karrieren beginnen in den Familien, und es ist auch kein Geheimnis, daß einige 12jährige Mädchen bereits aus den Familien heraus der Prostitution zugeführt werden. Die Fotos, die für die Kinderprostitution angeboten werden,

Foto: K.v.Bechtolsheim

Alltag in Berlin Kreuzberg

zeigen schließlich reale Menschen und müssen irgendwoher kommen. Das sind unsere Kinder! Dabei sind nicht nur Fremde beteiligt, sondern diese Kinder werden oft von ihren Verwandten als Prostituierte angeboten. Zum Glück ist das noch keine Massenbewegung, aber es sind Ausschnitte unserer Gesellschaft, die quantitativ zunehmen. Glücklicherweise – und das ist das einzig Positive – werden diese Fälle nicht mehr vertuscht oder wie früher als Kavaliersdelikte abgetan.

W.W.: Inwieweit spielt in Berlin das Problem der Fotohandys und die daraus folgende Erpressung von Mitschülern mit Gewalt- oder pornographischen Filmen eine Rolle?

W. Schimmang: Das Problem ist uns bewußt, und hier entsteht die Frage, wie stark die soziale Kontrolle der Eltern sein muß. Manche Schulen reagieren darauf mit einem Handy-Verbot. Gleichwohl löst dies das Problem nur für sechs Stunden, und danach wären eigentlich die Eltern mit der Kontrolle dran. Dieses Problem ist noch nicht gelöst, und es wird nicht das letzte sein.

Parallelwelten mit eigener Gerichtsbarkeit

W.W.: Welche Konflikte gibt es zwischen türkischen und arabischen Schülern?

W. Schimmang: Es gibt Probleme, sie sind aber nicht quantitativ erfaßt. Es gibt türkische und deutsche Banden, die gegeneinander kämpfen, arabische gegen türkische, genauso aber auch gemischte mit internationaler Besetzung.

W.W.: Wie stark ist die Gewalt in Neukölln außerhalb der Schule, beispielsweise auf der Straße?

W. Schimmang: Es gab Ehrenmorde, und es gibt richtige Clan-Familien, die auch bekannt sind. Das sind mehrere Großfamilien mit weit über 100 Personen. Solche Großgruppen operieren bar jeder Rechtsstaatlichkeit, sie haben ihre eigenen Gesetze. Deshalb haben wir hier in Neukölln und anderswo den Begriff der Parallelwelten gebildet, die manchmal sogar ihre eigene Gerichtsbarkeit haben. Das ist ähnlich wie in Chicago in den 30er Jahren oder wie früher auf Sizilien. Solche Menschen, die brutale Gewalttaten ausüben, treffen dann auf eine sehr verständnisvolle Gerichtsbarkeit – und daraus entstehen viele Probleme.

W.W.: Wie stark sind diese Parallelwelten? Gibt es Chancen, die Menschen aus den Parallelwelten in unsere Gesellschaft zu integrieren?

W. Schimmang: Quantitativ sind diese Welten schwer zu greifen. Von einem 3jährigen und einem 80jährigen geht keine unmittelbare Gewalt aus, aber unter den männlichen Jugendlichen kann man etwa 5 % diesen kriminellen Parallelwelten zuordnen, und auch die Mädchen passen sich zunehmend an.

In Neukölln gibt es in jedem Jahrgang etwa 3.000 Menschen – also 3.000 Einjährige, 3.000 Zweijährige usw. –, und wenn man hier 5 % ansetzt, bei denen zumindest eine kriminelle Gefährdung vorliegt, dann sind dies in jedem Jahrgang 150 Personen. Nach Auskunft der Kriminalpolizei verüben vier bis fünf Prozent der Jugendlichen 35 % der gesamten Straftaten. Das Problem betrifft zum Glück noch nicht die Bandbreite der Menschen jeden Alters, sondern diesen absolut harten Kern von jugendlichen kriminellen Straftätern, denen wir noch oft hilflos zuschauen müssen.

Deshalb verhalten wir uns gegenüber diesen Jugendlichen nicht fürsorglich, wenn z.B. ein solcher Jugendlicher zwei oder drei Jahre seine kriminelle Karriere aufbauen kann, ohne daß man sich um ihn kümmert oder ohne daß man ihn zügig bestraft und zugleich resozialisiert.

Keine Ausbildungsplätze

W.W.: Sind nicht alle integrationspolitischen Maßnahmen sinnlos, wenn den Jugendlichen nach der Schule kein Ausbildungsplatz oder kein Job angeboten werden kann? Wie viele Hauptschulabgänger von Neukölln erhalten nach der Schule keinen Ausbildungsplatz?

W. Schimmang: Darüber habe ich keine Zahlen, weil diese Schüler aus unseren Statistiken verschwinden. Aber der subjektive Eindruck, den ich aus verschiedenen Rückmeldungen der Lehrer habe, ist, daß von den 20 Hauptschulabgängern höchstens zwei oder drei einen Ausbildungsplatz bekommen. Auch die Realschüler finden nicht ohne weiteres einen Ausbildungsplatz. Das ist ein gesamtgesellschaftliches Problem, und da viele Hauptschüler wissen, daß sie keinen Ausbildungsplatz bekommen, haben sie während der Schulzeit keine Lust zu lesen, zu schreiben oder Mathematik zu lernen. Was sie aber wollen, sind praktische Tätigkeiten. Insofern sollte man die Ausbildung in der Schule wesentlich praxisorientierter machen. Wenn man das intelligent macht, lernt man auch während der praktischen Beschäftigung Lesen und Schreiben. Wenn man z.B. mit einer Malerkolonne durch die Gegend zieht, muß berechnet werden, wieviel Tapete für eine Wand benötigt wird oder wieviel Teppichboden verlegt werden muß. Bei diesen Tätigkeiten kann man das Rechnen lernen.

Aber das Problem ist die finanzielle Seite. In Deutschland gibt es etwa 5 Mio. Arbeitslose, und wer Arbeitslosengeld II bekommt, bekommt umgerechnet mitunter 10 bis 12 Euro in der Stunde; eine Friseurin in der Warschauer Straße aber nur 4 Euro. Hier stellt sich für mich eine Frage: Ist es sinnvoll, daß wir Bahnhöfe ohne Personal haben? Ist es sinnvoll, daß es in den Rathäusern oder anderen Behörden keine Pförtner mehr gibt? Ich bin noch körperlich rege und kann das schwere Eisentor des Rathauses selbst aufmachen – aber ist es sinnvoll, daß man die Arbeitslosigkeit mit 9 oder 10 Euro finanziert, nicht aber solche Arbeitsplätze schafft?

Unsere Gesellschaft, die einem fortwährenden technischen Wandel unterliegt, muß sich im Hinblick auf die Zukunft eine Frage stellen: Wer sorgt dafür, daß die schwächsten der schwachen Schüler, die einen Ar-

Berlin-Neukölln – Rathaus in der Karl-Marx-Straße

beitsplatz erhalten wollen, auch einen bekommen? Wer stellt sozialversicherungspflichtige Arbeitsplätze für diese Menschen zur Verfügung? Die Betriebe, die immer weiter automatisiert werden und die ihren Mitarbeitern immer größeres Fachwissen abverlangen, werden dies nicht tun. Insofern bleibt – so grausam das klingt – nur der Öffentliche Dienst übrig. Das wird aber nicht zu den heute gängigen Tarifen möglich sein. Diese Frage hat die Gesellschaft noch nicht beantwortet. Wir müssen beantworten, wo wir den fleißigen, lernbereiten Haupt- oder Sonderschüler lassen. Man braucht nur an die grauenhaften Verhältnisse in Frankreich zu denken, wo 20 % der Jugendlichen keinen Ausbildungsplatz bekommen. Bei uns besteht die Gefahr, daß ähnliche Verhältnisse eintreten.

Insofern haben Sie recht, daß alle integrationspolitischen Maßnahmen für die Katz sind, wenn diese Jugendlichen keinen Ausbildungsplatz bekommen.

W.W.: Welche freiwilligen Integrationsmaßnahmen gibt es in Neukölln – ich denke da z.B. an freiwillige Elternbetreuung auf Spielplätzen?

W. Schimmang: Es gibt z.B. das sogenannte Quartiersmanagement, bei dem man versucht, die Menschen unterschiedlicher kultureller Herkunft zusammenzuführen. Von den Volkshochschulen aus gibt es Mutter-Kind-Kurse. Das sind Kurse, in denen die Mütter Deutsch lernen, während ihre Kinder zur Schule gehen. Dann gibt es bei uns das Projekt „Stadtmütter": Mütter werden dafür ausgebildet, mit anderen Müttern über Erziehungs- und Gesundheitsfragen zu sprechen.

Es ist also der Versuch des Aufbaus eines engen betreuenden Netzes. Das alles kostet natürlich sehr viel Geld, aber es wird nicht anders gehen. Spielplätze, die nicht bewacht werden, gehen kaputt. Deshalb gibt es bei uns auch Menschen, die sich um Spielplätze kümmern. Auch bei der Polizei müssen sehr viel mehr Ausländer bzw. Menschen nicht-deutscher Herkunftssprache eingestellt werden, die zweisprachig sind. Ebenfalls müssen wir verstärkt mit Migranten-Organisationen arbeiten, die sich meistens sehr viel besser mit ihrem eigenen Klientel auskennen. So etwas wird bei uns gefördert, könnte aber noch mehr gefördert werden.

W.W.: Wie sieht die Realität in Neukölln in zehn bis 20 Jahren aus?

W. Schimmang: Wenn es uns nicht gelingt, die angesprochenen Maßnahmen von der Krippe bis zum Ausbildungsplatz zu verbessern, werden sich die Parallelwelten weiter verstärken. Und es wäre wirklich schade, wenn man gewisse Gebiete dieses schönen Deutschlands, das aus dem Zweiten Weltkrieg wieder auferstanden ist, zur Tageszeit nicht mehr betreten könnte.

W.W.: Wenn Sie einen Traum hätten: Was sind Ihre persönlichen Wünsche für das Zusammenleben von Ausländern und Deutschen in der Zukunft hier in Neukölln?

W. Schimmang: Ich möchte, daß wir uns gegenüber Ausländern und Menschen nicht-deutscher Herkunftssprache so verhalten, wie sich die Menschen eines anderen Landes uns gegenüber verhalten, wenn wir im Ausland sind. Allerdings möchte ich hinzufügen, daß ich bei meinen Auslandsbesuchen nicht gerade Problemgebiete aufsuche, die es natürlich gibt.

Im biologischen Erbe der Menschen liegt u.a. die Aggression, und ich würde mir wünschen, daß wir uns alle bemühen, diese Aggressionspotentiale weitgehend einzudämmen und einander mit Respekt zu begegnen.

Im Gefängnis der Ehe

Interview mit Ahmet Toprak

von Wolfgang Weirauch

Dr.phil. Ahmet Toprak, *Dipl.-Pädagoge. Abschluß der Grundschule in der Türkei, Hauptschulabschluß in Köln, Abitur in Ankara, dreisemestriges Studium der Germanistik und Anglistik in Bonn (kein Abschluß). Studium der Erziehungswissenschaften in Regensburg (1997), im Jahr 2001 Promotion an der philosophischen Fakultät der Universität Passau. Fünfjährige praktische Tätigkeit mit gewalttätigen Migrantenjugendlichen. Zur Zeit Referent für Gewaltprävention bei der Aktion Jugendschutz Landesarbeitsstelle Bayern e.V. und Lehrbeauftragter an der Universität Eichstätt sowie an der Fachhochschule München. Autor mehrerer Bücher/Artikel zu Themen Interkultureller Pädagogik und Gewaltprävention. Darüber hinaus ist er tätig in der Weiter- und Fortbildung für Multiplikatoren mit interkulturellem Ansatz. Lebt seit 1998 in München.*

Veröffentlichungen:

- *03.2000: Sozialisation und Sprachprobleme, Eine qualitative Untersuchung über das Sprachverhalten türkischer Migranten der zweiten Generation*
- *11.2001: Ich bin eigentlich nicht aggressiv, Theorie und Praxis eines Anti-Aggressions-Kurses mit türkischstämmigen Jugendlichen*
- *12.2001: „Auf Gottes Befehl und mit den Worten des Propheten…“, Auswirkungen des Erziehungsstils auf die Partnerwahl und die Eheschliessung türkischer Migranten der zweiten Generation in Deutschland*
- *01.2004: „Wer sein Kind nicht schlägt, hat später das Nachsehen“, Elterliche Gewaltanwendung in türkischen Migrantenfamilien und Konsequenzen für die Elternarbeit*
- *01.2005: Jungen und Gewalt, Die Anwendung der Konfrontativen Pädagogik in der Beratungssituation mit türkischen Jugendlichen*
- *11.2005: Das schwache Geschlecht – die türkischen Männer. Zwangsheirat, häusliche Gewalt, Doppelmoral der Ehre. Lambertus-Verlag, Freiburg, 187 Seiten, 18,00 €.*

Wenn wir von Integration sprechen, reicht es nicht, den Menschen anderer Sprachherkunft Deutsch beizubringen. Wenn wir von Kulturdialog sprechen, reicht es nicht, eine im Grunde undefinierbare deutsche Leitkultur zu zelebrieren. Gänzlich unmöglich wird es sogar, wenn man Einbürgerungstests von Ausländern verlangt, die man einerseits stupide auswendig lernen könnte, bei denen andererseits aber auch viele Deutsche versagen würden.

Nein, wenn wir die Integration fruchtbar angehen wollen, müssen wir erst einmal die Kultur, die Religion und die traditionellen Gegebenheiten derjenigen kennenlernen, die wir integrieren bzw. mit denen wir gemeinsam leben und arbeiten wollen.

Man kann als Mensch, der mit westlichen Menschenrechten aufgewachsen ist und diese schätzt, zu Recht von den Verhältnissen in vielen konservativen türkischen und kurdischen Familien abgestoßen sein. Gewalt in der Ehe und bei der Kindererziehung, Zwangsheirat, Importbräute, Männerdominanz, Ehrenkodex und Ehrenmorde sind etwas zutiefst Verachtenswertes. Aber solange wir nicht verstehen, warum viele

Menschen in einem solchen engen Korsett gefangen sind, können wir ihnen auch nicht helfen. Solange wir nicht verstehen, warum ein türkischer Schüler z.B. einer deutschen Lehrerin widerspricht, legen wir dies vielleicht als Deutschenhaß aus, was es aber gar nicht ist.

Der Erziehungswissenschaftler Ahmet Toprak arbeitet in der Gewaltprävention bei der Aktion Jugendschutz in Bayern und hat seine Doktorarbeit über die türkischen Männer geschrieben. Werfen Sie mit ihm in dem folgenden Interview einen Blick in die Sitten und Gebräuche vieler Familien in der Türkei und in die der Migranten in Deutschland. Lesen Sie, woher die Gewalt in diesen Familien stammt, wie junge Frauen und auch junge Männer zwangsverheiratet werden, wie die Erziehung der Kinder erfolgt, wie Frauen gedemütigt werden, welches männerdominierende Sexualverhalten in und außerhalb der Ehe vorkommt und wie es zu solchen abscheulichen Taten wie Ehrenmorden kommen kann.

Betont werden muß – damit keine Vorurteile gegen Ausländer, speziell keine gegen Türken und Kurden geschürt werden –, daß es sich bei den Zuständen, die in dem folgenden Interview besprochen werden, nicht um alle Türken handelt, sondern um eine konservative Minderheit, die allerdings vor allem unter den Migranten nicht klein ist.

Aber was ist das oberste Prinzip, der übergeordnete Regulator aller dieser unmenschlichen traditionalistischen Zustände? Ist es die Religion Islam oder die Männerherrschaft? Oder ist es vielleicht noch etwas ganz anderes, was man sich hierzulande überhaupt nicht vorstellen kann? Lesen Sie selbst.

Wolfgang Weirauch: Welche Rolle spielt die Familie in der türkischen Gesellschaft?

Ahmet Toprak: Bei den Migrantenfamilien aus der Türkei – diesen Begriff wähle ich bewußt, weil unter ihnen auch Kurden sind – ist die Familie das oberste Prinzip, und die Kinder müssen heiraten, damit sie ein vollwertiges Mitglied in der Gesellschaft werden. Außerdem geht es darum, daß man Kinder bekommt, vor allem Jungen, und deshalb sehen die Eltern zu, daß ihre Kinder früh heiraten.

W.W.: Für dieses Interview interessieren mich besonders diejenigen Türken und Kurden, die aus konservativen Kreisen stammen. Kann man in etwa sagen, wie viele Einwohner der Türkei aus Liebe heiraten und wie viele durch arrangierte Ehen und Zwangsehen?

A. Toprak: Das ist schwierig zu sagen, da man arrangierte Ehen und Zwangsehen voneinander unterscheiden muß. Die arrangierte Ehe ist in der Türkei ein gängiges Modell, dem die meisten freiwillig zustimmen. Über die Zwangsehen – wenn die Brautleute durch Schläge zur Heirat gezwungen werden – gibt es keine verläßlichen Daten.

W.W.: Am 17.02.1926 wurde das Schweizer Zivilrecht in der Türkei weitgehend übernommen. Was besagte das islamische Recht davor in bezug auf Heirat, Heiratsalter, Stellung der Frau und des Mannes?

A. Toprak: Das islamische Recht kannte in bezug auf das Heiratsalter nach unten eigentlich keine Grenze, so daß auch Kinder mit neun Jahren verheiratet werden konnten. Mit dem Schweizer Zivilrecht wurde das Mindestalter für Männer auf 18, für Frauen auf 17 Jahre festgelegt; 1938 wurde dieses Mindestalter für Männer auf 17 und für Frauen auf 15 Jahre, in Ausnahmesituationen für Jungen auf 15 und Mädchen auf 14 Jahre herabgesetzt.

Die islamische Eheschließung

W.W.: Wie lief bzw. läuft eine solche islamisch-osmanische Eheschließung ab?

A. Toprak: Der Imam kommt, und beide Ehepartner geben vor ihm das Jawort. Anschließend liest der Imam wohlklingende Verse aus dem Koran vor und wünscht ihnen auf ihrem Lebensweg alles Gute. Es kommt aber auch vor, daß die Brautleute überhaupt nicht erscheinen und an ihrer Stelle Stellvertreter vor den Imam treten. Das ist dann eine Zwangsehe. So etwas ist natürlich nicht akzeptabel, und deshalb muß eine standesamtliche Eheschließung vorliegen, bevor man eine Imam-Ehe eingeht. Trotzdem kommt es auch heute noch vor, daß die Menschen auf dem Lande ohne staatlichen Trauschein vor dem Imam heiraten. Aber das sind wilde Ehen, und sie werden rechtlich nicht akzeptiert.

W.W.: Dann ist diese Imam-Ehe also in manchen Kreisen auch heute noch wichtiger als die standesamtliche?

A. Toprak: Ja. Die türkische Regierung hat in den 90er Jahren eine große Aufklärungskampagne gestartet, mit der sie den Frauen in der Türkei klarmachen wollte, daß die Imam-Ehen rechtlich nicht anerkannt werden.

W.W.: Gibt es verheiratete türkische oder kurdische Männer, die mit einer weiteren Imam-Ehe eine zweite, dritte oder vierte Frau heimlich ehelichen?

A. Toprak: Ja, auch das kommt vor, besonders in den konservativ-ländlichen Kreisen. Solche Männer haben ein oder zwei Frauen nebenbei, aber derartige Konstellationen kennen wir ja auch in Deutschland. Rechtlich ist das in der Türkei verboten, und auch gesellschaftlich ist es nicht sehr hoch angesehen.

Die arrangierte Ehe

W.W.: Was ist die arrangierte Ehe in der Türkei?

A. Toprak: Spätestens wenn ein junger Mann seinen Militärdienst geleistet hat, versuchen seine Eltern für ihn eine Frau zu finden. Man versucht, eine Frau aus gutem Hause zu finden; sie darf keinen schlechten Ruf haben, und sie soll der gleichen Religion, also dem sunnitischen Islam angehörig sein. Vor allem die weiblichen Familienmitglieder des jungen Mannes akquirieren die Braut, machen Besuche in ihrem Haushalt und schauen, ob sie eine gute Hausfrau sein wird, ob sie gut servieren und bedienen kann, ob sie zurückhaltend und schamhaft ist. Wenn sie einen guten Eindruck von diesem Mädchen haben, wird es angeworben. Man kündigt dann ein offizielles Gespräch an und bekundet den Willen, das Mädchen als Ehefrau für den eigenen Sohn anzuwerben. Andererseits recherchieren die Eltern der jungen Frau über die Familie des Sohnes, und wenn dann die junge Frau und der junge Mann in die Ehe einwilligen, wird die Ehe geschlossen. Wenn das Mädchen aber gegen die Heirat ist – und hier beginnt die Abgrenzung zur Zwangsehe –, der Vater die Tochter schlägt und sie gegen ihren Willen zur Heirat zwingt, dann reden wir von Zwangsehe.

W.W.: In welchem Umfang haben die Kinder denn ein Mitspracherecht bei der Entscheidung über ihren zukünftigen Ehepartner?

A. Toprak: Das ist genau der Punkt, an dem die Kritik ansetzen muß, denn der freie Wille des Mädchens kann auch manipuliert werden. Deshalb ist es auch sehr schwierig, die arrangierte Ehe von der Zwangsehe abzugrenzen, denn dem Mädchen wird vielleicht eingeredet, daß ihr zukünftiger Mann, den sie eigentlich gar nicht heiraten will, einen guten Job habe usw. Hier eröffnet sich ein großer Raum für Manipulationen. Daß das Mädchen getreten und geschlagen und so zu der Ehe gezwungen wird, kommt vor, aber eher bei einer Minderheit.

W.W.: Ist es eine Beleidigung, wenn das Mädchen und die Familie des Mädchens den Heiratswunsch des Jungen und seiner Familie ablehnen?

A. Toprak: Eine Beleidigung ist es nicht, obwohl es als eine Art Kränkung erlebt wird; aber man geht schließlich davon aus, daß man Absagen erhält. Doch fassen viele Männer eine Ablehnung als Kränkung auf, denn sie überlegen, ob sie ein unansehnlicher Mann sind, aus einer unansehnlichen Familie kommen oder nicht genug Geld besitzen. Aber normalerweise wird die Absage schnell zu den Akten gelegt, und man wird weiter auf dem Heiratsmarkt aktiv.

Die Zwangsehe

W.W.: Welches sind die Kriterien einer Zwangsehe?

A. Toprak: Das Mädchen wird gegen ihren Willen zur Heirat gezwungen, und sie wird trotz ihres Neins geschlagen, und oft wird ihr auch der Paß weggenommen. Dadurch wird sie so unter Druck gesetzt, daß sie vor dem Imam und vor dem Standesamt ja sagt. Ich kenne sogar einen Fall, bei dem das Mädchen einen Selbstmordversuch unternahm, von ihren Eltern aus dem Krankenhaus abgeholt und weiterhin gezwungen wurde, vor dem Standesamt ja zu sagen. Diese gräßlichen Zwangsehen schätzt man auf 8 bis 12 Prozent aller geschlossenen Ehen in der Türkei.

W.W.: Werden auch Männer zwangsverheiratet?

A. Toprak: Ja, auch das kommt vor. Es wird auf den Mann z.B. der Druck ausgeübt, sich doch endlich eine Frau zu nehmen. Aber letztlich ist dieser Zwang sekundär, da der Mann grundsätzlich von einer Ehe profitiert. Ihm wird eine Frau versprochen, die für ihn sorgt, für ihn kocht, ihm Kinder gebiert und die vielleicht auch noch gut aussieht – und dann sagt der anfangs vielleicht heiratsunwillige Mann: „Warum eigentlich nicht?“

W.W.: Warum sucht man in diesen konservativen Kreisen den Ehepartner besonders in der Verwandtschaft?

A. Toprak: Bei Verwandten weiß man, was man an ihnen hat. Man kennt ihre Verhältnisse, ihre Religionszugehörigkeit, und man hat den Vorteil, daß man nicht lange mit ihnen verhandeln muß. Gleichzeitig versucht man, mit der Verwandtenehe ein Großfamiliengefüge aufrechtzuerhalten. Daneben hat es finanzielle Vorteile, weil man dann den Großbesitz einer Familie nicht aufzuteilen braucht. Besonders in der Migration legt man ein großes Gewicht auf die Verwandtschaftsehe. Wenn ein in Deutschland lebender Türke ein Mädchen aus der Großfamilie in der Türkei heiratet, dann spekuliert die in der Türkei lebende Großfamilie auf finanzielle Unterstützung und darauf, daß ein weiterer Teil dieser Familie nach Deutschland gebracht werden kann.

Handanhalten

W.W.: Was gehört bei den Hochzeitsvorbereitungen zum Handanhalten um die Frau dazu?

A. Toprak: Das Handanhalten um die Braut ist sehr entscheidend, selbst in modernen Kreisen, wenn die zukünftigen Eheleute schon miteinander geschlafen haben. Die Eltern der Braut legen Wert darauf, daß ihre Tochter angemessen angeworben wird. Wenn es in ritueller Weise abläuft, sagt der Vater des Bräutigams zum Vater der Braut: „Auf Gottes Befehl und mit dem Worte des Propheten möchte ich deine Tochter für meinen Sohn." Das ist ein ganz wichtiger traditioneller Brauch. Wichtig ist auch, daß man angemessene Geschenke mitbringt; und auf der Brautseite, daß man nicht sofort ja sagt.

Wenn man die eigene Tochter nicht sofort ziehen läßt, zeigt man damit, daß man z.B. 17 Jahre in sie investiert und sie gut erzogen hat. Oft läuft es dann so ab, daß die Eltern der Braut einen Dank für den Besuch aussprechen mit der gleichzeitigen Bitte, in der nächsten Woche noch einmal vorzusprechen. Auf der einen Seite ziert man sich – das ist sehr wichtig für die Familie der Braut –, auf der anderen Seite hat die Familie des zukünftigen Bräutigams noch einmal Gelegenheit, weitere Recherchen über die Familie der zukünftigen Braut anzustrengen. Wenn die Familie der zukünftigen Braut sofort ja sagt, überlegt die andere Seite natürlich, warum sie ihre Tochter sofort loswerden wollen. Insofern ist es ganz entscheidend, daß man zwei oder drei Besuche abstattet, bevor die andere Seite ja sagt. Am Ende gibt man die Tochter her, aber daß der Vater sich eine Weile ziert, ist eine ganz entscheidende Komponente in den Vorbereitungsverhandlungen einer Ehe.

W.W.: Sind die zukünftigen Brautleute bei diesen ersten Besuchen dabei, oder müssen sie „außen vor" bleiben?

A. Toprak: Das ist traditionell unterschiedlich. Bei modernen Familien sind die Brautleute dabei, bei konservativen oft nicht. Aber das ist von Ort zu Ort oder von Dorf zu Dorf unterschiedlich. Meist wird es bei traditionellen Familien so sein, daß die zukünftigen Brautleute mit in die Wohnung kommen, aber nicht in das Wohnzimmer, in dem die Eltern verhandeln.

Zum Abschied wird geweint

W.W.: Was ist der Henna-Abend?

A. Toprak: Eigentlich ist das der wichtigste Abend für die Braut, denn es ist der Abschiedsabend aus dem Elternhaus. An diesem Abend wird Henna auf die Hand des Mädchens gebrannt, und es ist ein traditioneller Abend, an dem keine Männer teilnehmen dürfen. Dieser Henna-Abend findet am Abend vor der eigentlichen Hochzeitsfeier statt, und die Braut nimmt nicht nur Abschied vom Elternhaus, sondern auch von ihrer Kindheit. Das Henna auf den Händen soll der Braut Glück bringen, und zugleich bedeutet es, daß die zukünftige Braut mit diesen Händen gute Taten verrichten soll. Allgemein gilt Henna als Glücksbringer. Traditionell soll die Braut auch an diesem Abend weinen. Meist geschieht es von alleine, aber wenn nicht, dann wird sie zum Weinen gebracht.

W.W.: Was bedeutet das? Wird sie geschlagen?

A. Toprak: Nein, die weiblichen Familienmitglieder und Freundinnen singen traurige Lieder. Es ist ein Abschiednehmen, und dann kommen die Tränen meist von selbst. Daß sie am nächsten Tag heiratet, von zu Hause auszieht, sich von ihren Freundinnen trennen und oft einen ihr unbekannten Mann heiraten muß, ist aber für die meisten schon Grund genug zum Weinen. Die anderen noch ledigen Mädchen, die an diesem Henna-Abend teilnehmen, bekommen auch Henna auf ihre Hand, damit es ihnen Glück bringe und sie auch bald heiraten.

W.W.: Was machen die Männer in dieser Zeit?

A. Toprak: Sie begleiten ihre Frauen, sitzen aber in einem anderen Raum und verleben einen Abend in ruhiger und geselliger Stimmung. Für viele ist der Henna-Abend entscheidender und schöner als die Hochzeit an sich, auch weil an diesem Abend nur Verwandte und nahe Freunde teilnehmen dürfen.

W.W.: Wer zahlt den Brautpreis, und woran bemißt er sich?

A. Toprak: In städtischen Kreisen wird dieser Brautpreis ohnehin nicht mehr gezahlt, aber in ländlichen Gebieten hat er noch Tradition.

Der Brautpreis wird vom Vater des Bräutigams an den Vater der Braut ausgerichtet. Ein richtiger Brautpreis kommt immer seltener vor, aber es gibt latente Brautpreise. Der Vater der Braut bestimmt dann z.B., daß man der Braut eine gewisse Anzahl von Goldstücken oder Ketten kauft oder eine Wohnung anschafft.

W.W.: Macht man über diesen latenten Brautpreis einen Vertrag?

A. Toprak: Nein, das ist eine Ehrensache. Bei diesen Verhandlungen gibt es immer viele Zeugen, und wenn die Familie des Bräutigams diesen Brautpreis nicht einhält, hat sie ihr Ansehen verloren.

Die Hochzeitsfeier

W.W.: Wie läuft eine solche Hochzeitsfeier ab?

A. Toprak: Auf dem Land in der Türkei dauert eine solche Hochzeitsfeier meist drei Tage. Die Hochzeit beginnt auf beiden Seiten der Brautleute. Auf der Seite des Bräutigams ist sehr viel Schwung und Fröhlichkeit, und es herrscht die Stimmung vor, daß man eine Braut abholt. Auf der Brautseite herrscht dagegen eher eine bedrückte Stimmung. Später zieht dann die Seite des Bräutigams mit Musik ins nächste Dorf zum Haus der Braut und holt die Braut fröhlich tanzend ab. Man feiert und tanzt dann einige Zeit im Haus der Braut und geht dann mit ihr in das Haus des Bräutigams zu den Abschlußfeierlichkeiten. Oft dauert das drei Tage, aber aus finanziellen Gründen wird es oft abgekürzt.

In der Stadt mietet man dagegen meist eine Halle und feiert dort gemeinsam. In Deutschland ist es extrem schwierig, solche großen Hochzeitsfeiern abzuhalten, weil es dafür einfach nicht genügend große Säle gibt. Man versucht aber auch in Deutschland, gewisse traditionelle Elemente einzuhalten, z.B. die Braut abzuholen, um irgendwo auf der Straße zu tanzen. Dann geht man zusammen mit der Braut in die Halle, in der die Hochzeitsfeier stattfindet.

Ein entscheidendes Element der Hochzeitsfeier ist die Beschenkung der Brautleute, und zwar wird öffentlich über Mikrophon verkündet, wer was schenkt. Dadurch wird ein hoher gesellschaftlicher Druck aufgebaut. Vor allem für den Vater des Bräutigams ist es sehr wichtig, wer was schenkt, da sein Ansehen von der Höhe der Geschenke abhängig ist. Wird viel geschenkt, hat seine Familie ein hohes Ansehen, wird wenig geschenkt, hat seine Familie ein geringes Ansehen. Für die Brautleute ist das über

Mikrophon verkündete Hinausschreien der Höhe der Geschenke meist sehr peinlich. Auf der Seite der Gäste entsteht ebenfalls ein sozialer Druck, weil die Höhe der eigene Geschenke verkündet wird. Das ist fürchterlich, aber es ist so.

Der Mann darf sexuell nicht versagen

W.W.: Warum darf der Mann vor der Ehe Sex haben, die Frau aber nicht?

A. Toprak: Das ist die Doppelmoral des Männlichkeitsprinzips. Der Mann darf vor der Ehe Sex haben, weil er in der Hochzeitsnacht und danach seine Männlichkeit beweisen muß. Vor allem am Hochzeitsabend darf er nicht versagen. Da aber die Gefahr groß ist, daß er am ersten Abend versagt, darf er vor der Ehe Sex haben. Meist wird der zukünftige Bräutigam einige Tage vor der Hochzeitsfeier gefragt, ob er schon Sex gehabt habe, und wenn er dies verneint, wird er von einem männlichen Familienmitglied mit ins Bordell genommen. Es ist ein traditionelles Männlichkeitsprinzip, daß der Mann am Abend der Hochzeitsfeier seine Männlichkeit beweisen kann.

W.W.: Stehen die Männer nicht unter ungeheurem Druck, daß es in der Hochzeitsnacht nicht klappt?

A. Toprak: Die Männer stehen unter enormem Druck. Gerade stand heute in *Hürriyet* auf Seite 3, daß sich ein Mann in seiner Hochzeitsnacht umgebracht hat, weil er seine Männlichkeit nicht in dieser Nacht beweisen konnte.

W.W.: Muß denn dieser Geschlechtsverkehr in der Hochzeitsnacht anschließend bewiesen werden?

A. Toprak: In traditionellen Kreisen ja, in der Stadt natürlich nicht mehr. Meist wird ein blutiges Bettlaken herausgehängt. Dieses Blut ist zugleich ein zweifacher Beweis, zum einen für die Jungfräulichkeit der Frau, zum anderen dafür, daß es beim Mann geklappt hat.

W.W.: Kann man das manipulieren?

A. Toprak: Das wird oft manipuliert. Aber das geht nur dann, wenn sich Bräutigam und Braut miteinander absprechen. Oft wird dann an einer unproblematischen Stelle des Körpers, z.B. am Oberarm, ein kleiner Schnitt gemacht, und dann wird das Blut auf das Laken geschmiert.

Daß die Braut eine Jungfrau ist, ist für die Ehre eine wichtige Angelegenheit, denn in traditionellen Kreisen heiratet man nur eine ehrenhafte Frau, und eine ehrenhafte Frau muß Jungfrau sein. Eine ehrenhafte Frau geht als Jungfrau in die Ehe und beweist ihre Jungfräulichkeit mit diesem Blut. Deswegen darf die Frau vor der Ehe keinen Sex haben.

Von Migrantinnen in Deutschland wissen wir aber auch, daß viele vor der Ehe Sex hatten und dann gezwungen waren, ihre Jungfräulichkeit vor der Ehe wieder zu rekonstruieren. Ich kenne auch einen Gynäkologen, der mir erzählte, daß zu ihm sehr viele Türkinnen oder Kurdinnen kommen, die ihre Jungfräulichkeit rekonstruieren möchten. Auch bei ihnen herrscht die Doppelmoral noch so stark, daß sie vor der Ehe Sex haben, aber für die Ehe ihre Jungfräulichkeit wiederherstellen lassen.

W.W.: Ist das medizinisch möglich?

A. Toprak: Ja, gynäkologisch ist das möglich. Die Haut wird dann wieder zusammengenäht.

W.W.: Das ist ja schauderhaft.

Die Frau macht immer einen Fehler

Wenn die Männer vor der Ehe sexuelle Erfahrungen im Bordell sammeln, andererseits die Jungfräulichkeit und sexuelle Enthaltsamkeit der Frau bis zur Ehe aufbewahrt werden muß, prallen da nicht zwei völlig unterschiedliche Erfahrungswelten zusammen?

A. Toprak: Auf jeden Fall. Deshalb kommt es in der Ehe auch zu vielen Vergewaltigungen. Der Mann hat beispielsweise bei den Frauen im Bordell gewisse sexuelle Praktiken schätzengelernt, und wenn seine eigene Frau das nicht kann, wird sie geschlagen. Und wenn sie es kann, wird sie auch geschlagen, weil sie es kann, denn dann ist sie keine züchtige Frau. Die Frau kann machen, was sie will, im Prinzip macht sie immer einen Fehler. Das ist eine schizophrene und groteske Situation, aber es gibt Männer, die noch in diesen Denkkategorien leben.

W.W.: Kommen diese Männer nicht irgendwann einmal von alleine auf die Perversität eines solchen Modells des Zusammenlebens?

A. Toprak: Meines Erachtens wissen sie es schon, aber sie verdrängen es. Glücklicherweise denkt aber nur die Minderheit der Männer so.

Keine Liebe

W.W.: Kommen in diesen Kreisen denn überhaupt keine Zärtlichkeit und Liebe vor?

A. Toprak: In der Öffentlichkeit auf gar keinen Fall, vor allem in traditionell religiösen Kreisen nicht. Dort faßt man nicht einmal in Anwesenheit der Eltern die eigene Ehefrau an. Auch Händchenhalten ist ein absolutes Tabu. In extremen Fällen spricht man in Anwesenheit der Eltern nicht einmal die eigene Ehefrau an. Auch Küssen in Anwesenheit der Eltern kommt in keiner türkischen Familie vor.

W.W.: Und wie ist es, wenn die Eheleute allein sind, vor allem wenn sie längere Zeit zusammenleben: Kommt dann in diesen Ehen nicht so etwas wie Liebe auf? Es kommt mir so vor, als seien solche Ehen eine Zweisamkeit ohne jegliche Liebe und als sei die Frau lediglich eine sexuelle Puppe für den Samenerguß des Mannes.

A. Toprak: Es ist in dem Sinne Liebe, daß der Mann seine sexuellen Triebe ausleben kann. Wenn diese Männer mit ihrer Frau schlafen, denken sie, daß sie sie lieben. Das ist für diese Männer ein Liebesbeweis.

W.W.: Aber das ist doch keine Liebe, sondern Trieb. Gibt es denn über diesen Trieb hinaus keine wirkliche Liebe?

A. Toprak: Viele dieser Männer sind in ihren Gedanken und Gefühlen beschränkt, und Liebe ist für sie gleichbedeutend mit Trieb. Glücklicherweise ist das die Minderheit der Männer. Bei ihnen redet man ohnehin nicht über Liebe.

Wenn man keine männlichen Nachkommen zeugen kann

W.W.: Wie wichtig ist die Gründung einer Familie für einen Mann in der Türkei bzw. für einen in Deutschland lebenden Türken oder Kurden? Wird man als Unverheirateter überhaupt für voll genommen?

A. Toprak: Im ländlichen Bereich wird das Wort eines Mannes erst dann Gewicht haben, wenn er verheiratet ist, Kinder gezeugt und somit Verantwortung übernommen hat. Dann wird er auch als volles Mitglied der Gesellschaft wahrgenommen und akzeptiert. Im städtischen Bereich verwischen diese Grenzen, und es gibt auch andere Wege – Studium, Beruf –, um Ansehen zu erlangen. Das wird auch entsprechend honoriert. Aber auf dem Land sind Ehe und Kinder von enormer Wichtigkeit, denn diese werden als Leistung ausgelegt. Auch für das Mädchen und die Familie des Mädchens ist es von großer Bedeutung, daß die Tochter verheiratet wird, denn wenn es keine Anwerber gibt, bedeutet das für die Eltern, daß sie kein anständiges Mädchen erzogen haben. Je mehr Jungen bzw. dessen Familien eine Tochter anwerben, desto größer ist das Ansehen der Familie der Tochter. Denn dann haben sie nicht nur ein anständiges Mädchen erzogen – sie haben zugleich eine hübsche Tochter.

W.W.: Wie wichtig sind Kinder, vor allem Jungen?

A. Toprak: Vor allem auf dem Land sind Jungen wichtig, da sie auch als Arbeitskräfte gesehen werden. Töchter dagegen heiraten sehr früh und verstärken die Familie der anderen, deswegen sind Töchter eher von Nachteil. Deshalb ist es von Wichtigkeit, daß man Söhne zeugt. Es kommt auch immer wieder vor, daß die Männer ihren Frauen androhen, eine zweite Frau zu heiraten, wenn sie ihnen keine Söhne gebären.

W.W.: Aber das geschlechtsspezifische Chromosom liegt doch beim Mann! Wenn ein Mann nur Mädchen zeugen kann, sich dann scheiden läßt, mit der nächsten Frau wiederum nur Mädchen zeugt, wie viele solcher Runden will er dann noch drehen?

A. Toprak: Genau, wir wissen aus der Biologie, daß es vom Mann abhängt, ob er

Foto: K.v.Bechtolsheim

Mädchen oder Jungen zeugt. Das wollen die Männer aber nicht hören, und vor allem auf dem Land haben sie keine höhere Bildung. Neulich sprach ich allerdings mit meinem Vater, und er hat mir erzählt, daß die Männer sehr wohl wissen, daß sie die Ausschlaggebenden bei der Geschlechtsbestimmung der Kinder sind.

W.W.: Das muß ich mir auf der Zunge noch einmal zergehen lassen: Ein Mann weiß, daß er ausschlaggebend für die Geschlechtsbestimmung seiner Kinder ist, er zeugt nur Mädchen, und er läßt sich von seiner Frau scheiden, weil sie ihm keine Jungen gebiert?

A. Toprak: Bisher dachte ich, daß die Männer das nicht wüßten, aber nun habe ich – wie gesagt – von meinem Vater erfahren, daß auch die Männer in den ländlichen Gebieten der Türkei davon wissen. Aber das wird unter den Tisch gekehrt. Das ist das Männlichkeitsprinzip! Aber das ist eine Einzelmeinung meines Vaters, und ich kann nichts Genaues darüber sagen, ob es wirklich alle Männer wissen.

Keine sexuellen Wünsche

W.W.: Und in ländlichen Gebieten in der Türkei ist es also so, daß die Frau keine sexuellen Wünsche haben darf, sondern nur der Mann?

A. Toprak: So ist es. Die Frau ist dazu da, die männlichen Triebe zu befriedigen. Und es ist die eheliche Aufgabe des Mannes, diese Triebe umzusetzen. Einige Männer lehnen es sogar ab, daß die Frau beim Geschlechtsverkehr Lust empfindet.

W.W.: Wie halten das die Frauen aus?

A. Toprak: Ich habe fünf Jahre im Psychologischen Dienst in einer Beratungsstelle der Arbeiterwohlfahrt gearbeitet und dort viele Frauen mit Eheproblemen kennengelernt. Viele der Frauen hatten Eheprobleme, weil die Männer sie sexuell ausbeuteten, oder sie waren verzweifelt, weil die Männer sie schlugen. Insofern muß man sich vorstellen, daß die meisten dieser Ehen wie ein Gefängnis für die Frauen sind. Das Problem ist natürlich, daß die meisten Frauen nicht zur Beratung kommen, und diejenigen, die kommen, sind schon einigermaßen für ihre Probleme offen. Das ist nur die Spitze des Eisberges. Nur eine Minderheit der Frauen wagt überhaupt den Schritt zu einer psychologischen Beratung. Die Leidensfähigkeit der Frauen scheint also sehr groß zu sein. Eine Ehe muß auch funktionieren, denn wenn sich eine Frau scheiden ließe, bekämen auch ihre Eltern in der Türkei Probleme, vor allem finanzieller Art. Deshalb ertragen viele Ehefrauen diese Zustände. Andererseits ist nicht jede Ehe so; denn es gibt auch viele Ehen, die gut funktionieren.

Klarmachen, wer das Sagen hat

W.W.: Welche Elternteile erziehen welche Kinder?

A. Toprak: Erziehung in traditionellem Sinn heißt, daß Väter und Mütter die administrativen Aufgaben zu übergeben haben. Sie müssen auch dafür sorgen, daß die Kinder gut genährt und angezogen werden und zur Schule gehen. Darüber hinaus übernimmt das Mädchen die Geschlechterrolle der Mutter, der Sohn die des Vaters. Die Tochter schaut sich deswegen genau das Verhalten der Mutter an und weiß nach und nach, was sie zu tun hat, was ihre Aufgabe ist, was eine gute Hausfrau machen muß. Die Mutter selbst führt die Tochter in diese Geschlechterrolle hinein.

Der Junge orientiert sich in Richtung Vater. Während die Mutter die Tochter mit sehr viel Strenge begleitet, mit dieser Geschlechterrolle auch sehr früh beginnt, wird dem Jungen sehr viel erlaubt, er darf auch sehr viel Unsinn machen. Er wird auch nicht bestraft, während die Tochter sofort bestraft wird. Während die Tochter alles ohne jegliche Widerrede umsetzen muß, was die Mutter ihr sagt, darf der Sohn der Mutter widersprechen. Eigentlich darf die Mutter dem Sohn nur Dinge sagen, die der Sohn machen darf, aber nicht machen muß.

Die Jungen lernen also von frühauf, daß sie den weiblichen Familienmitgliedern widersprechen dürfen, und das übertragen sie in den schulischen Kontext. Sie widersprechen dann den Lehrerinnen. Deutsche Lehrerinnen verstehen das oft so, daß die türkischen Jungen ihnen widersprechen, weil sie Deutsche sind, aber das stimmt nicht. In den konservativen Familien wird den Jungen einfach beigebracht, Frauen zu widersprechen. Hier prallen zwei völlig unterschiedliche Konzepte in deutschen Schulen aufeinander.

W.W.: Sollten dann vor türkischen und kurdischen Kindern in deutschen Schulen nur Lehrer unterrichten?

A. Toprak: Nein, die Konsequenz für eine Lehrerin ist, daß sie ganz deutlich macht, daß sie die Chefin ist und die Schüler zu tun haben, was sie sagt. Auch wenn es in den Familien anders ist: In der Schule hat die

Lehrerin die Kompetenz, und das muß sie ganz deutlich hervorkehren. Und sie muß es auch mit Konsequenz durchziehen. Dann wissen die türkischen Jungen spätestens nach einer Woche, wer in der Klasse das Sagen hat. Nur Männer vor die Klassen zu stellen ist keine Lösung.

In der Hierarchie ganz unten

W.W.: Können Sie einmal den Aufbau einer Familienhierarchie beschreiben?

A. Toprak: In einer Großfamilie steht an oberster Stelle der Großvater, dann sein Sohn und dann dessen Söhne. Allerdings kann auch die Großmutter die Söhne in der Hierarchie verdrängen. Das ist von Familie zu Familie unterschiedlich und hängt vor allem davon ab, wie viele Söhne die Großmutter bekommen hat. Aber normalerweise kommen in der Hierarchie zuerst alle Männer und dann die Frauen, und hier wieder nach dem Alter geordnet.

W.W.: Das heißt also, daß die jüngsten Söhne über der Ehefrau stehen?

A. Toprak: Auch das ist von Familie zu Familie unterschiedlich. Jungen im Alter von etwa zehn Jahren bestimmen nicht über ihre Mutter, aber wenn sie etwas älter werden – vielleicht 15 oder 16 Jahre –, dann können sie es.

W.W.: Das bedeutet also, daß eine frischverheiratete Ehefrau in der Hierarchie ganz unten steht und sich nach und nach hocharbeiten kann?

A. Toprak: Genau. Am besten, indem sie Kinder auf die Welt bringt, vor allem Jungen.

Wenn man eine fremde Frau anspricht

W.W.: Was kommt bei Importbräuten in bezug auf Ehegefängnis und Hierarchiestellung in der Familie verschärfend hinzu?

A. Toprak: Das Schwierigste ist die soziale Isolation, da eine solche Braut kein soziales Netzwerk hat wie in der Türkei. Das hängt damit zusammen, daß viele Männer der Frau keine sozialen Kontakte in Deutschland erlauben, und wenn sie es tun, dann finden diese Kontakte meist nur in der Familie statt. Diese jungen Ehefrauen können sich auch nicht den

Familienmitgliedern anvertrauen, weil sie ständig befürchten müssen, daß diese Familienmitglieder alles dem eigenen Ehemann weitererzählen.

W.W.: Gibt es in Deutschland einen Diaspora-Effekt, der auch dazu führt, daß die Männer ihren Frauen nicht einmal Kontakt zu anderen türkischen oder kurdischen Frauen erlauben?

A. Toprak: Ja, das kommt vor.

W.W.: Darf eine Frau allein einkaufen?

A. Toprak: In vielen Fällen nicht.

W.W.: Wenn eine Frau doch alleine einkaufen gehen muß und dabei von fremden Männern angesprochen wird, so wird dadurch die Ehre ihres Ehemannes verletzt. Wie kann man so etwas verstehen?

A. Toprak: Das kann man eigentlich nicht verstehen. Man kann es zwar erklären, aber die Denkweise dieser Männer ist unbegreiflich. Wenn eine Ehefrau angesprochen wird, so ist es vollkommen unerheblich, ob sie angesprochen werden will oder nicht. Es ist nicht entscheidend, ob die Frau einen Fehler gemacht hat. Wichtig ist, daß sie überhaupt angesprochen wird. Wenn sie angesprochen wird, besteht die Gefahr, daß ein Dritter sie dabei beobachtet – und das ist ganz schlimm! Denn dann reden die anderen schlecht über diese Frau und damit über ihren Ehemann. Das verstößt gegen die Ehre, und der Mann bekommt dadurch einen schlechten Ruf. Deshalb versucht der Mann, derartige Situationen zu vermeiden, indem er die Frau überhaupt nicht allein auf die Straße schickt. Wenn die Ehefrau dagegen mit Kindern auf die Straße geht, ist

Foto: K.v.Bechtolsheim

... beim Einkaufen!

es nicht so schlimm, weil man in der Regel keine Frauen mit Kindern auf der Straße anspricht. Die verschärfte Variante besteht also immer dann, wenn die Frau frisch verheiratet ist und noch keine Kinder hat.

Gewalt als Erziehungsmittel

W.W.: Warum spielt in türkischen und kurdischen Familien Gewalt eine so große Rolle?

A. Toprak: Gewalt gibt es auch in deutschen Familien, was oft vergessen wird. Das möchte ich nur am Rande erwähnen. Aber in türkischen und kurdischen Familien kommt Gewalt häufiger vor. Ein Problem ist, daß z.B. eine Ohrfeige überhaupt nicht als Gewalt angesehen wird, da eine Ohrfeige eine Disziplinarmaßnahme für das Kind ist, mit der man für das Kind etwas Gutes bezwecken will. Genauso verhält es sich mit der Ohrfeige für die Ehefrau, denn der Mann will, daß sie nach außen hin ordentlich und diszipliniert auftritt. Diese Art der Ohrfeigengewalt ist leider in ärmeren und ländlichen Schichten sehr gängig.

Die extreme Gewaltanwendung mit Tritten und Fäusten ist nicht so gängig, kommt aber nicht selten vor. Üblich ist auch die Anwendung von psychischer Gewalt, die in diesen Kreisen ebenfalls nicht als Gewalt angesehen wird.

W.W.: Dann gilt also in diesen Kreisen die Ohrfeige als Erziehungsmittel!

A. Toprak: Richtig. Die Ohrfeige ist ein Erziehungsmittel, um die Erziehungsziele an die eigenen Kinder und die Ehefrau zu vermitteln. Wenn ein Erziehungsziel nicht von den Kindern übernommen wird, wird diesem Ziel mit einer Ohrfeige Nachdruck verliehen, damit dieses Erziehungsziel angenommen wird.

W.W.: Was geht in Menschen vor, die ihre Kinder treten oder ihnen die Nahrung oder den Gang zur Toilette verweigern?

A. Toprak: Das ist eine sehr schwierige Frage, da man sich als normaler Mensch nicht in einen Menschen hineinversetzen kann, der seine Kinder auf diese Weise behandelt und bei dem der Ehrbegriff derartig im Mittelpunkt steht. Der Extremfall ist, daß man bei verletzter Ehre tötet. Diese Menschen stellen eine Sache in den Mittelpunkt und blenden alles andere aus. Oft ist es auch so, daß solche Männer die Ehrverletzung mit entsprechender Gewaltanwendung nur vorübergehend in dieser einseitigen Weise in ihrem Bewußtsein haben. Wenn sie sich dann beruhigt haben und später darüber nachdenken, erkennen sie oft, daß sie einen Fehler gemacht haben.

Im Teufelskreis der Gewalt

W.W.: Wie kommt es, daß diejenigen, die als Kinder Gewalt erfahren haben, es selbst in Ordnung finden, als Erwachsene wiederum diese Gewalt anzuwenden? Wie kann denn dieser Teufelskreis der Gewalt durchbrochen werden?

A. Toprak: Man muß mit den Eltern sprechen und ihnen deutlich machen, daß Gewalt immer wieder Gewalt hervorruft. Insofern muß man ihnen klarmachen, daß Gewaltanwendung keine Lösung ist. Mit steigendem Bildungsniveau nimmt ebenfalls die Gewaltanwendung ab. Wer nichts anderes gelernt hat als das, was er im Rahmen seiner Familie sein Leben lang gesehen hat, und wer keine anderen Vorbilder hat, der ist kaum in der Lage, aus diesem Teufelskreis auszubrechen. Das geht nur, wenn man diesen Menschen andere Wege zeigt. Wenn man den Eltern deutlich macht, daß es immer um das Wohl des Kindes geht und daß das Wohl des Kindes ohne Gewalt ein größeres ist, sind die Eltern auch bereit, über ihre Erziehungsmethoden zu diskutieren.

W.W.: Mir kommt das alles wie eine große Maschinerie vor, in der es überhaupt keine individuellen Handlungen gibt. Wenn ein Kind ein Leben lang geschlagen wird, heranwächst, vielleicht 20 Jahre alt ist – keimt in ihm dann niemals irgendein Unrechtsbewußtsein auf, das dazu führt, diese Familientradition in Frage zu stellen und sich vorzunehmen, als zukünftiger Familienvater nicht mehr zu schlagen?

A. Toprak: In meiner Doktorarbeit habe ich diese Fragen untersucht. Die Männer sagen dann, daß jedes Kind irgendwann einmal eine Ohrfeige verdient, und weil dies so ist, geben sie den Kindern auch die Ohrfeigen. Subjektiv gesehen verdient in der Tat jedes Kind einmal eine Ohrfeige, aber das bedeutet natürlich nicht, daß man dem Kind auch diese Ohrfeige geben muß. Viele Männer sagen auch, daß sie ihre eigenen Kinder nicht so erziehen wollen, wie sie selbst von ihren Eltern erzogen worden sind; aber da sie keine anderen Vorbilder haben, läuft es dann meist wieder genauso ab. Diese Menschen sind oft nicht von selbst reflexionsfähig, und so muß man ihnen von außen andere Wege zeigen. Man muß ihnen deutlich machen, daß jedes Kind einen Anspruch auf gewaltfreie Erziehung hat. Das wissen aber auch nicht alle deutschen Familien.

W.W.: Ist Gewalt gegen Frauen, vor allem sexuelle Gewalt, irgendwie aus dem Koran heraus zu legitimieren?

A. Toprak: Meine Erfahrung sagt mir, daß Männer, die Frauen Gewalt antun, asozial sind. Sie gehen dann auf die Suche nach einer Legitimierung und werden dabei auch im Koran fündig. Meist wissen die Männer überhaupt nicht, was im Koran steht. Sie übernehmen einfach traditionsgemäß das, was ihnen der Vater erzählt hat, und der hat es wieder von seinem Onkel usw. Diese Männer fühlen sich nicht als Gewalttäter, müssen aber ihre Taten legitimieren und verweisen dann meist zu Unrecht auf den Koran. Gefährlich ist vor allem dieser sogenannte Alltags-Islam, der tradiert wird und bei dem fast niemand weiß, ob das alles wirklich im Koran oder den Hadithen enthalten ist.

Die drei Begriffe der Ehre

W.W.: Über all diesen Zusammenhängen schwebt etwas, was das Zusammenleben dieser türkischen und kurdischen Familien seit Jahrtausenden prägt und bestimmt und was man als aufgeklärter moderner Mensch weder verstehen noch akzeptieren kann. Was verbirgt sich hinter den drei vorhandenen Ehrbegriffen?

A. Toprak: Man kann sich um ein Verständnis bemühen. Der erste Ehrbegriff ist *seref*. Das bedeutet, daß man gute Dienste leistet und in der Öffentlichkeit gut dasteht, hilfsbereit ist, nicht lügt und stiehlt. *Seref,* das Ansehen in der Öffentlichkeit, kann man sich also durch gute Dienste erwerben. Neutral gesehen finde ich das gar nicht einmal schlecht. Wenn man das Gegenteil tut, wenn man lügt und stiehlt, schlecht über andere Menschen redet oder eine Geliebte nimmt, obwohl man verheiratet ist, dann hat man als Mann kein Ansehen – man hat kein *seref*. *Seref* gilt für beide Geschlechter.

Ein zweiter Begriff ist *namus,* Ehre, und bedeutet, daß immer dann, wenn jemand von außen ein Familienmitglied beleidigt oder beschimpft oder eine bestimmte Grenze überschreitet, die Männer dieser Familie diese Grenzüberschreitung ahnden müssen. Wenn diese Ahndung nicht erfolgt, ist der Mann ehrlos. Der Mann muß diese Ahndung vornehmen, und die jeweilige Ahndung ist von der jeweiligen Grenzüberschreitung abhängig.

Wenn z.B. die Tochter einer Familie von einem anderen Mann vergewaltigt wird, dann ist es für den Vater der Tochter legitim, den Täter umzubringen. Und das ist in diesen Kreisen gesellschaftlich anerkannt, weil die Grenzüberschreitung extrem ist.

Ein zweiter Bereich von *namus* ist der sexuelle Bereich. Eine Frau soll als Jungfrau in die Ehe gehen und während der Ehe auch treu bleiben. Außerdem soll sie sich anständig anziehen. In diesem Sinne hat sich Hatun Sürücü nicht ehrenhaft verhalten, sie hat das Ansehen der Familie beschmutzt, weil sie frei war und sich scheiden ließ. In einem solchen Fall ist die Familie gefordert, eine solche Tat zu ahnden. In diesem Extremfall war das die Tötung dieser Frau. Es ist aber von Familie zu Familie unterschiedlich und entscheidend, wie diese Familienehre geahndet wird. Ein Schritt davor wäre bei Hatun Sürücü gewesen, daß man sagt: „Wir haben keine Tochter mehr!" Man kann also auch die Tochter verstoßen.

Ein dritter Ehrbegriff ist *saygi,* Respekt und Achtung. Das bedeutet, daß die Jüngeren die Älteren achten, daß letztere nicht beim Namen genannt werden, daß man sie respektiert und nicht in ihrer Anwesenheit Zigaretten raucht usw.

Wenn man alle drei Begriffe zusammenbringt, redet man von Ehre.

Die Doppelmoral der Männer

W.W.: Durch welches Verhalten des Mannes wird die Ehre der Frau verletzt?

A. Toprak: Das geht nicht. Aber die Ehre des Mannes kann durch die Frau verletzt werden, wenn sich die Frau z.B. nicht richtig in der Öffentlichkeit verhält. Das ist z.B. dann der Fall, wenn sie verheiratet ist und auf der Straße mit anderen Männern redet. Die Ehre des Manne wird deswegen beschmutzt, weil er sie nicht davon abhalten konnte, in der Öffentlichkeit mit anderen Männern zu reden; er konnte ihr nicht beibringen, wie sich eine ehrenhafte Frau in der Öffentlichkeit verhält.

Der Mann kann nicht die Ehre einer Frau verletzen, sondern nur seine eigene. Wenn er sich eine Geliebte nimmt, verletzt er nicht die Ehre seiner Frau, sondern seine eigene. Denn ein ehrenhafter Mann ist an die Familie gebunden, dementsprechend auch in der Öffentlichkeit angesehen, und er hat keine andere Frau nebenbei zu haben. Aber bei den Männern wird immer ein Auge zugedrückt, und deshalb muß man von der Doppelmoral der Männer sprechen.

W.W.: Hat die Frau überhaupt keine Ehre?

A. Toprak: Sie hat schon eine Ehre, aber diese kann nicht von einem Mann verletzt werden. Sie kann nur selbst ihre Ehre verletztzten, und damit verletzt sie nicht nur ihre eigene Ehre, sondern automatisch auch die Ehre ihres Mannes.

W.W.: Wenn z.B. eine Tochter die Ehre der Familie bzw. des Mannes verletzt, wirkt das dann gefühlsmäßig so stark auf den Familienvater, daß er wirklich deprimiert oder angeschlagen oder wütend ist – also diese Gefühle wirklich durchleidet –, oder ist die sogenannte Ehrverletzung nur ein äußeres Korsett, eine Konvention, ein gesellschaftlicher Rahmen, in dem man agieren muß?

A. Toprak: Das kann man nicht trennen. Es kann sein, daß der Mann so wütend und verletzt ist, daß er diese Ehrverletzung ahnden muß. Es kann aber auch sein, daß ihm die Ehrverletzung mehr oder weniger egal ist, daß er aber nach außen seine Ehrverletzung zeigen und dementsprechend handeln muß, um zu beweisen, daß er eine Ehre hat. Beides ist möglich – es gibt viele Varianten.

Mord im Namen der Ehre

W.W.: Wie stehen Sie zur Familie von Hatun Sürücü? Ist das eine Mörderbande?

A. Toprak: Von Mörderbande würde ich nicht sprechen; allerdings kenne ich diese Familie nicht. Aber ich weiß, daß dieser junge Mann diesen Mord nicht alleine beschlossen hat. So etwas ist in diesen Kreisen nicht möglich. Die Familienstrukturen sind so, daß die ganze Familie involviert sein muß. Man überträgt dann den Mord auf den Jüngsten, auch in der Türkei. Denn wenn der Vater den Mord begehen würde, müßte er ins Gefängnis, was aber nicht möglich ist, da er meist die einzige Arbeitskraft ist und das Geld verdient. Der zweite Grund ist, daß der Jüngste immer die geringste Strafe erhält. Es sprechen also wirtschaftliche und strafrechtliche Gründe dafür, daß man den Mord an den Jüngsten überträgt.

W.W.: Wenn ein derartiger Ehrenmord mit Familienbeschluß in Deutschland ausgeführt wird, wie sollte man dann hier damit umgehen?

Sollte das deutsche Strafrecht so verändert werden, daß im Fall von Ehrenmorden auch Jugendliche bestraft werden können, oder müßte man jeden aus der Familie individuell bestrafen?

A. Toprak: Aus meiner Sicht ist das deutsche Strafrecht hart genug, und man kann auch nicht alle Menschen abschieben. Wenn allerdings Ehrenmorde stattfinden, muß man sofort recherchieren, ob auch andere Familienmitglieder beteiligt sind. Ohne Beweise kann man niemanden verurteilen, aber man sollte ein großes Augenmerk darauf legen, ob ein solcher Ehrenmord wirklich eine individuelle Tat ist oder vielmehr eine Familienangelegenheit. Wenn ein gemeinsamer Mord geplant worden ist, müssen auch alle daran Beteiligten bestraft werden.

W.W.: Dieser Ehrbegriff wirkt auf mich so, als würde er bei den betreffenden Menschen höher als die Religion eingeordnet. Stimmt das?

A. Toprak: Ja. Vor allem hat dieser Ehrbegriff nichts mit der Religion – und schon gar nichts mit dem Islam – zu tun, denn dieser traditionelle Ehrbegriff ist wesentlich älter.

W.W.: Warum brechen die Menschen nicht aus diesem Ehrenkodex aus? Sie sehen doch, daß andere es auch tun.

A. Toprak: Ich hoffe, daß immer mehr Menschen aus diesem Ehrenkodex ausbrechen. Ich habe vor kurzem einige ältere Filme gesehen, in denen es um Blutrache ging. Dort wollte z.B. ein Familienmitglied diese Blutrache nicht mehr mitmachen, aus der Tradition ausbrechen, und es wurde von den anderen Familienmitgliedern geschnitten. Ähnlich wird es mit dem Ehrbegriff sein, wenn jemand aus dieser Tradition ausbrechen wird. Auch er wird dann von den übrigen Familienmitgliedern geschnitten werden. Andererseits geht die Entwicklung weiter, und vor allem in den türkischen Städten, teilweise auch auf dem Land, ändern sich die Menschen langsam, nehmen den Ehrbegriff und vor allem die Ahndung nicht mehr so genau. Bei den in Deutschland lebenden Türken und Kurden ist dies aber noch nicht der Fall. Die Türken in Deutschland sind konservativer als die in der Türkei.

Die dritte Generation ist konservativer

W.W.: Was kann man in Deutschland unternehmen, damit bei den Türken und Kurden, die hier leben, der Ehrenkodex allmählich verschwindet?

A. Toprak: Das Wichtigste ist, daß man diesen Menschen eine Perspektive aufzeigt. Mein Eindruck ist, daß die Angehörigen der dritten Generation konservativer sind als die der ersten und zweiten Generation, weil den erstgenannten fast jegliche Perspektive in Deutschland fehlt, und zwar arbeits- und bildungsmäßig sowie im Sozialen. Sie sollten sich auch in Deutschland wohlfühlen können, und auch die Warnung vieler deutscher Politiker vor der Türkei führt dazu, daß sich die Türken immer mehr in sich abschließen. Damit fördert man nicht die Integration, sondern genau das Gegenteil, denn die Menschen ziehen sich dann zurück. Wenn man aber den Politikern deutlich macht, daß sie durch ihr Verhalten die Fremdenfeindlichkeit fördern, werden sie sauer, denn viele von ihnen müssen ihre Stammtische bedienen. Und wenn die Migranten sich nicht willkommen fühlen, wenn über sie von deutschen Politikern feindlich geredet wird, führt das auf ihrer Seite zu einer Gegenreaktion.

Mehr Integrationsangebote schaffen

W.W.: Was muß sich alles in der deutschen Integrationspolitik verändern?

A. Toprak: Momentan beschränkt sich die Integrationspolitik eigentlich nur darauf, daß alle Ausländer Deutsch zu lernen haben. Aber die Schüler der Rütli-Schule sprechen alle relativ gut Deutsch. Das zeigt, daß es damit allein nicht getan ist. Die Jugendlichen, die in Frankreich auf die Barrikaden gegangen sind, sprechen auch alle perfekt Französisch und haben einen französischen Paß. Trotzdem haben sie „Scheiße gebaut".

Was den Jugendlichen fehlt, ist eine Perspektive. Man muß den Jugendlichen nachhaltige Angebote machen und sie nicht alle auf die Hauptschule abschieben. Natürlich müssen viele auch auf die Hauptschule gehen, aber man sollte viel eher den Blick auf die Zeit nach der Hauptschule richten; denn langsam beschleicht mich das Gefühl, daß nur noch die ausländischen Schülerinnen und Schüler die Hauptschule als Einrichtung retten. Man muß den Jugendlichen nach der Schulzeit Angebote in der Berufsausbildung machen, und wenn die Angebote nicht angenommen werden, kann man immer noch darüber sprechen, warum diese Integrationspolitik nicht funktioniert.

Foto: K.v.Bechtolsheim

Unter sich

Aber noch gibt es in Deutschland keine Angebotsstruktur für Ausländer. Daß man den Ausländern Deutschkurse anbietet, wird ja erst seit kurzem in der öffentlichen Debatte besprochen, aber das ist viel zuwenig. Ich denke auch konkret an Kindertagesstättenplätze. Die meisten Kinder von Migranten haben keinen solchen Platz, sie bekommen auch kaum Krippenplätze. Man muß den Kindern schon im Mutterleib Deutsch beibringen, denn damit fängt alles an. Wenn die Ausländer diese Angebote nicht annehmen – was ich nicht glaube – kann man immer noch über Sanktionen reden. Wenn man den Eltern schon ganz früh Angebote verschiedener Art macht, kann ich mir nicht vorstellen, daß diese nicht angenommen werden; denn jeder möchte gerne, daß es ihm gutgeht.

Die Kinder schreien nach Grenzen

W.W.: Deutsche Lehrer wissen meist überhaupt nichts von den türkischen Familienzusammenhängen, über die wir jetzt gesprochen haben.

Wenn sie vor den Schülern stehen und auf Teamfähigkeit und Gleichberechtigung von Mann und Frau pochen, so werden sie doch sicherlich als Schwächlinge angesehen. Was muß sich hier ändern?

A. Toprak: Die Lehrerinnen und Lehrer tun mir sehr leid, denn sie werden nicht einmal auf den Unterricht mit deutschen Kindern vorbereitet. Die Universitätsausbildung bzw. die Ausbildung auf den Pädagogischen Hochschulen geht komplett an der Realität vorbei. Meist wird man nur zur Wissensvermittlung ausgebildet, und damit ist es ja wohl nicht getan. Insofern muß man die Lehrer auch schützen. Sie brauchen eine viel umfassendere pädagogische Ausbildung.

Vor allem: An Hauptschulen geht es nicht um die Vermittlung von Fachwissen, sondern um soziale Kompetenzen. Aber diese Fähigkeiten besitzen die meisten Lehrkräfte nicht; insofern muß man die Ausbildung modifizieren und durch eine Zusatzausbildung aufstocken, oder man muß Sozialarbeiter an die Schulen schicken. Viele Lehrer sollten auch an Fortbildungen teilnehmen; denn es reicht nicht, daß sie die Meinung vertreten, daß alle ihre Schüler gleich sind, ob sie nun Ali, Andreas oder Klaus heißen. Denn anscheinend sind die Schüler nicht alle gleich. Viele Lehrer sind offen, trotzdem gibt es immer noch einen großen Stamm von Lehrkräften, die nicht offen genug sind für die Unterschiede zwischen deutschen und ausländischen Schülern.

W.W.: Wie sollte man auf Gewalt und Regelverletzungen in der Schule reagieren?

A. Toprak: Ich mache sehr viele Lehrerfortbildungen und habe den Eindruck, daß die Lehrkräfte sehr spät Grenzen setzen. Wichtig ist, daß man den Schülern *sofort* Grenzen setzt. Viele Lehrer glauben, daß sie durch die sofortige Grenzsetzung den guten Kontakt zu den Schülern verlieren; aber ich sage ihnen dann, daß das Gegenteil der Fall ist, denn die Kinder schreien nach Grenzen! An Ort und Stelle muß sofort nein gesagt werden. Wichtig ist dabei, daß man das Verhalten der Schüler verurteilt, nicht jedoch die Persönlichkeit. Man muß ihnen sagen: „Ali, du bist in Ordnung, aber dein Verhalten dulde ich nicht." Wenn man diese Trennung zwischen Verhalten und Persönlichkeit schafft, wird man auch nicht als ausländerfeindlich bezichtigt. Leider machen das viele Lehrkräfte nicht, weil sie so etwas nicht gelernt haben. Sie können sehr gut Wissen an die Schüler vermitteln, aber eine derartige Vorgehensweise ist für unsere schulische Realität in Deutschland nicht mehr ausreichend.

Gewaltfreie Erziehung ist kein deutscher Wert

W.W.: Was kann man in bezug auf die türkischen und kurdischen Familien in Deutschland unternehmen, damit sie den westlichen Wertekanon und die deutschen Grundrechte – beispielsweise die Gleichstellung von Mann und Frau – übernehmen?

A. Toprak: Am wichtigsten ist es, daß man mit den Eltern spricht und ihnen klarmacht, daß es immer um das Wohl der Kinder geht. Bei meinen politischen Kontakten habe ich dagegen das Gefühl, daß man die Eltern indoktrinieren möchte, daß man ihnen die westlichen Werte einimpfen möchte, weil man sie für gut und richtig hält. Die Antwort der Eltern ist aber der Rückzug. Wenn man ihnen aber sagen würde, daß es sich um universelle Menschenrechte handelt, unabhängig davon, ob man Spanier, Kurde, Deutscher oder Türke ist – und daß es um das Wohl des Kindes geht, werden die Eltern offen sein. Aber wir stellen uns in Deutschland oft sehr dumm an und reden z.B. von der deutschen Leitkultur. Das Recht auf eine gewaltfreie Erziehung ist jedoch kein deutscher Wert. Man muß den Menschen auf gleicher Augenhöhe gegenübertreten und nicht so, als würde man ihnen, den defizitären Türken, etwas Gutes tun.

W.W.: Wir haben über die sehr konservativen türkischen und kurdischen Menschen gesprochen, in denen dieses starke Ehrgefühl verwurzelt ist, das sogar stärker als ihre Religion in ihnen lebt und wirkt. Wie kann man ihnen – mit bestem Willen und ohne jede Deutschtümelei – klarmachen, daß dieses Ehrgefühl in Deutschland keinen Platz hat, daß man keine Gewalt gegen Kinder und Frauen ausüben darf und daß Mann und Frau gleichberechtigt sind?

A. Toprak: Es wird bei einigen gehen, bei anderen nicht. Das wird man einfach akzeptieren müssen. Aber ich bin der Meinung, daß die Zahl derjenigen, die die westlichen Menschenrechte nicht akzeptieren werden, viel geringer sein wird, als wir glauben. Aber bis dato haben wir wenig getan, und die gesamte Integrationsdebatte ist eine Debatte bei Politikern und in akademischen Kreisen, und sie kommt dort unten, bei den betroffenen Menschen, überhaupt nicht an.

W.W.: Können die Imame in den Moscheen auch etwas bewirken?

A. Toprak: Selbstverständlich. Man muß die Imame und die türkischen Kulturvereine gewinnen. Und wenn wir sie gewinnen, haben wir großen Einfluß auf die Migranten. Diese Menschen muß man einladen, ebenfalls die türkische Presse, die einen sehr großen Einfluß auf die Migranten hat. Wenn man das vielschichtig angeht, habe ich die große Hoffnung, daß wir in den nächsten zehn Jahren sehr viel weiter sein werden als heute.

W.W.: Wenn eine Importbraut aus der Türkei geholt wird und vielleicht erst ein Jahr nach der Hochzeit nach Deutschland übersiedelt, ist es dann von Nachteil, daß das Ehepaar in Deutschland im Hause der Großfamilie bzw. bei den Eltern des Bräutigams wohnt?

A. Toprak: Rechtlich wird das sehr schwer durchzusetzen sein, aber für die Braut ist es von ungeheurem Vorteil, wenn sie nicht bei den Schwiegereltern im Hause wohnt. Denn dort muß sie bedienen, wird unter Druck gesetzt und kontrolliert.

W.W.: Wie kann man das Unrechtsbewußtsein der türkischen Männer in bezug auf Zwangsehe und Gewalt gegen Frauen verändern?

A. Toprak: Man muß den Männern klipp und klar sagen, daß das ein Unrecht ist, denn die meisten wissen das überhaupt nicht. Viele glauben, daß sie nichts Böses tun, wenn sie ihre Frauen schlagen. Sie glauben, daß die Frauen ihnen dankbar sein müßten, da sie sie aus den Slums nach Deutschland geholt haben, und sie glauben, ihre Frauen zu lieben, wenn sie sie schlagen. Hier kann man eine Änderung nur durch Bildung erreichen. Allerdings löst Bildung nicht alle Probleme, denn wir haben auch bei gebildeten deutschen Familien Gewaltprobleme.

W.W.: Nehmen wir einmal einen deutschen Arbeitgeber, der alles andere als ausländerfeindlich eingestellt ist und vor der Situation steht, einen Türken einstellen zu wollen. Können Sie verstehen, daß er ihn nicht einstellt, wenn er erfährt, daß dieser Türke auf die Ehre schwört, seine Frau schlägt und gegebenenfalls seine Tochter umbringen würde?

A. Toprak: Nein, das kann ich nicht verstehen. Natürlich muß man von Fall zu Fall entscheiden, denn nicht in jeder konservativen Familie wird geschlagen. Schließlich reden wir in diesem Interview immer noch über Randerscheinungen und nicht über die Mehrheit der türkischen Migranten. Auf jeden Fall sollte man sich davor hüten, irgend etwas, was man in der Presse liest, zu verallgemeinern. Obendrein wird man damit nicht einmal der Minderheit gerecht; denn diese Minderheit ist sehr viel vielschichtiger, als man denkt.

W.W.: Ganz so war meine Frage nicht gemeint. Ich kann es auch ganz persönlich machen. Ich habe einen Verlag und bin der letzte, der etwas gegen Ausländer hätte. Nehmen wir an, es würde sich bei mir ein Türke bewerben, von dem ich erfahre, daß er im Ehrenkodex verwurzelt ist, seine Frau schlägt und die Regelverletzung seiner Tochter mit einem Ehrenmord ahnden würde. Einen solchen Menschen würde ich nicht einstellen!

A. Toprak: Wenn ein Mann so weit kommt, daß er sich bei Ihnen bewirbt, dann wird er sich sicherlich von diesen Einstellungen verabschiedet haben. Wenn er sich bei einem Verlag bewerben kann, muß er ein gewisses Bildungsniveau erreicht haben, und dann wird er auch nicht mehr auf die Ehre schwören. Vielleicht ist er auch intelligent genug, Ihnen gegenüber eine andere Meinung zu vertreten, aber insgeheim setzt er diese Dinge dann doch um. Ein intelligenter Mensch wird natürlich auf entsprechende Fragen keine ehrliche Antwort geben. Deswegen sind ja auch alle Einbürgerungstests vollkommen unsinnig, weil man sich auf solche Tests genau vorbereiten kann.

Die türkischen Medien in Deutschland

W.W.: In den türkischen Medien wurde bis in die 80er Jahre ein durchaus positives Bild von Deutschland gezeichnet, aber danach änderte sich das. Warum?

A. Toprak: Es änderte sich vor allem nach den rechtsextremen Anschlägen gegen Türken in Deutschland. Seitdem trägt ein Großteil der in Deutschland erscheinenden türkischen Presse nicht mehr zur Integration bei, denn es wird sehr einseitig berichtet. Man spricht von „den Deutschen“ und „den Türken“, aber die gibt es nicht, denn jeder Mensch ist individuell. Eine weitere Verschärfung in der Frage der Deutschfeindlichkeit entstand am Ende des vorigen Jahrhunderts, als Politiker wie z.B. Roland Koch versuchten, auf dem Rücken der Migranten Wahlen zu gewinnen.

W.W.: Ist die in Deutschland erscheinende türkische Presse deutschfeindlicher als die in der Türkei?

A. Toprak: Auf jeden Fall, allerdings würde ich nicht von deutschfeindlich, sondern eher von integrationsfeindlich sprechen. Diese Presse trägt sehr wenig zur Integration bei. Der Ton in vielen Medien ist sehr problematisch, viel schärfer als in der Türkei, und manchmal frage ich mich, ob das noch Journalismus ist.

W.W.: In der türkischen Zeitung *Türkiye* wurde die Freundschaft mit Nicht-Muslimen bekämpft, und es wurde sogar zum Dschihad gegen sie aufgerufen. Ist das nicht eindeutiger Rassismus oder zumindest Ausländerfeindlichkeit?

A. Toprak: Ja, das ist nicht nur eine fundamentalistische, sondern auch eine sehr nationalistische Zeitung. Und wenn diese Mischung zusammenkommt, können Sie sich ja vorstellen, was am Ende herauskommt. So etwas ist überhaupt nicht akzeptabel und absolut zu verurteilen.

W.W.: Es gibt auch sachliche türkische Zeitungen wie z.B. *Zaman*. In der Türkei ist es die Zeitung mit der drittstärksten Auflage, aber hier wird sie kaum gelesen. Sie ruft gegen Terror im Namen des Islam auf und tritt für ein Engagement in der deutschen Gesellschaft ein. Warum wird diese Zeitung bei den Türken in Deutschland so wenig gelesen?

A. Toprak: Diese Zeitung ist intellektuell-religiös. Wenn man *Zaman* rückwärts liest, heißt es *Namaz*. Und *Namaz* bedeutet beten. Aber es ist in der Türkei verboten, eine Zeitschrift mit dem Titel Beten zu titulieren. Diese Zeitung ist sehr intellektuell, und sie wird in Deutschland deshalb nicht gelesen, weil die hier lebenden Migranten sehr einfach strukturiert sind und die Sprache dieser Zeitung nicht verstehen.

Länger miteinander in der Schule lernen

W.W.: Was würden Sie abschließend sagen: Wie kann man seitens Deutschlands die Integration fördern und die Bildungschancen der Migranten stärken?

A. Toprak: Man muß auf jeden Fall in der Vorschulzeit beginnen, da in der Grundschulzeit der Zug meist schon abgefahren ist. Man muß verstärkend darauf hinwirken, daß alle Migranten sehr gut Deutsch lernen, und man sollte diesbezüglich auch in den Grundschulen weiteren flankierenden Unterricht durchführen. Für die türkischen Migranten ist es auch sehr wichtig, daß man lange zusammen in die Schule geht und nicht nach dem 4. Schuljahr in das dreiteilige Schulsystem wechselt. Das ist auch für deutsche Familien nicht förderlich. Je länger man von- und miteinander lernt, desto größer sind die Entwicklungschancen der Kinder. Wenn man alle Migrantenkinder nach der 4. Klasse in die Hauptschule schickt, die meisten der anderen in die anderen Schulen, dann hat man schon eine Zwei-Klassen-Gesellschaft. Fernerhin muß man die Eltern gewinnen und sollte in der Politik nicht ständig mit den Migranten drohen. Nur so kann man den Rückzug der Migranten in die Isolation verhindern.

Eine Reise zu den Tuareg

von Monika Mielke

Es war Januar und bitterkalt in Deutschland. Nach einem Jahr intensiver Vorbereitung waren wir nun endlich soweit, daß wir uns in das größte Abenteuer unseres bisherigen Lebens stürzen konnten. Wir, das sind mein Mann Gerhard und ich. Unser Vorhaben war es, mit dem Auto über Frankreich, Spanien, Marokko, Westsahara, Mauretanien und Mali nach Niger zu fahren, wo wir Freunde von Gerhard treffen wollten.

Niger gehört geographisch gesehen zur Sahel- und Sudanzone. Es ist – nach Äthiopien – das zweitärmste Land der Welt. Die Bevölkerung setzt sich aus Haussa (50—55 %), Djerma (20—24 %), Tuareg (unter 10 %), Kanouri (4 %), Toubou, Arat und Maouri (ca. 1,5 %) zusammen. Die Amtssprache ist Französisch, Landessprachen sind Haussa, Djern und Tamasheq. Dem Islam gehören 95 % der Bevölkerung an. Sie sind sunnitische Moslems. Dürre, Heuschrecken und Hungersnot sind Katastrophen, mit denen sich die Menschen dort immer wieder auseinandersetzen müssen. Hinzu kommt die für uns beinahe unvorstellbare Armut. Ein Arbeiter in den Salzbergwerken, der in Niger schon zu den gutbezahlten Menschen gehört, verfügt z.B. über ein Jahreseinkommen von umgerechnet 180 Euro. Das offizielle Pro-Kopf-Bruttojahreseinkommen wurde im Jahr 2003 mit 200 US$ angegeben.

Ich konnte mir nicht vorstellen, wie das Leben dort unter diesen schwierigen Voraussetzungen funktionieren kann, doch Gerhard erzählte mir immer wieder von der ansteckenden Fröhlichkeit der Menschen und der herzlichen Aufnahme, die er bei ihnen gefunden hatte, so daß ich richtig neugierig wurde und mich zur Mitreise entschloß.

Vor einem Jahr hatte sich Gerhard einen Jugendtraum erfüllt und, gemeinsam mit einem Freund, die „härteste Rallye der Welt" bis nach Dakar begleitet. Auf dieser Reise hatte er sich mit einer Gruppe Tuareg angefreundet, die ihn in ihr Dorf in der Sahara einluden. Dort verbrachte er einige Wochen. Die Tuareg gehören zu den bedrohten Völkern. Sie stammen von den Berbern ab. Zunächst lebten sie in der zentralen Sahara. Im 16. Jahrhundert drangen sie dann auch in die Sahelzone vor. Lange Zeit leisteten sie der französischen Kolonialmacht Widerstand. Erst 1917 wurde ein Friedensvertrag mit Frankreich geschlossen. Nach

Beendigung der französischen Kolonialzeit in Westafrika wurde das Siedlungsgebiet der Tuareg zwischen den Staaten Mali, Niger und Algerien aufgeteilt. Kleinere Gruppen der Tuareg leben aber auch in Libyen und Burkina Faso. Die Tuareg leben von Viehzucht oder den traditionellen Berufen Schmied, Kamelzüchter und Karawanenführer. Viele junge Leute wandern aber mittlerweile in die Touristenmetropolen ab, um dort ihr Glück zu versuchen, oder suchen sich Arbeit in anderen Ländern, je nach dem Stand ihrer Schulbildung.

Das Versprechen

Die Menschen, bei denen Gerhard zu Gast war, sind zum größten Teil Viehzüchter, die keine Ahnung von Gartenbau haben, und die dadurch, daß sie zwangsweise seßhaft gemacht wurden, nun erhebliche Schwierigkeiten haben. Gerhard wurde gefragt, ob er nicht eine Idee hätte, wie man das Lebensmittelproblem langfristig lösen könne. Daraufhin erzählte er ihnen von der Sekem-Farm in Ägypten, versprach, dorthin Kontakt aufzunehmen und dann wiederzukommen.

Nach seiner Rückkehr wurden ihm die Ausmaße seines Versprechens erst nach und nach immer deutlicher, und allmählich entstand die Idee, ein Hilfsprojekt zu organisieren. Wir gründeten einen Verein, begannen Vorträge zu halten, sammelten Informationen, frischten eigene Kenntnisse wieder auf und wehrten uns, mehr oder weniger erfolgreich, gegen die ängstlichen Unkereien der Verwandtschaft. Eine Ahnung von Schicksalsfügung wurde beinahe täglich immer stärker, und die sogenannten „glücklichen Zufälle" häuften sich. Alles, was wir für diese Fahrt benötigten, stand uns plötzlich zur Verfügung. Menschen, bei denen ich mich hier noch einmal recht herzlich bedanken möchte, gaben uns Nahrungsmittel und Medikamente mit. Sogar ein passendes Allradfahrzeug konnten wir kurz vor unserem Aufbruch günstig erwerben.

Natürlich war ich schrecklich aufgeregt – die Berichte von Geiselnahmen in der Sahara waren nicht gerade beruhigend –, aber wir hatten die Fahrt gut geplant. Gerhard hatte unser Fahrzeug, einen Suzuki Samurai mit Allradantrieb, um 50 cm verlängert, damit wir darin übernachten konnten, und zusätzliche Wasser- und Treibstoffbehälter installiert. Ich hatte mich über Sitten und Gebräuche der Länder, durch die unsere

Fahrt ging, informiert und war eigentlich ganz zuversichtlich, nicht sofort unangenehm aufzufallen.

Als Touristin in islamischen Ländern ist es ganz leicht, in Fettnäpfchen zu treten und dadurch statt auf Freundlichkeit und Respekt auf Verachtung zu treffen. Aber ich war gespannt auf dieses mir unbekannte Land. Konnte ich das Klima ertragen? Wie sollte ich mich dort mit den Menschen unterhalten? Wir sprechen beide kein Französisch! Wußte ich genug über die Landessitten? Wie stark ist der Einfluß des Islam in diesen Ländern? Wie verhalte ich mich dort als Frau angemessen? Kann ich mich dort frei bewegen, oder darf ich mich nur in männlicher Begleitung in der Öffentlichkeit aufhalten? Und, last but not least, eine typisch weibliche Frage: Was, um alles in der Welt, soll ich anziehen? Gerhard konnte mir diese Fragen nicht beantworten. Er hatte im vorigen Jahr keinerlei Probleme damit, in Afrika von der einheimischen Bevölkerung gut aufgenommen zu werden. Erstens ist er ein Mann, der noch dazu aus Europa kommt, und zweitens ist für Afrikaner die Gastfreundschaft eine Ehrensache. Hinzu kommt, daß Gerhard ein sehr ruhiger und besonnener Mensch ist, der meist freundlich auf Menschen zugeht und dadurch selten unfreundlich behandelt wird. Wie würde es diesmal sein, wenn er nicht alleine unterwegs ist, sondern mit mir? Viele Fragen, auf die es galt, eine Antwort zu finden.

Auf nach Afrika

Wir brachen auf. Durch Frankreich und Spanien ging es bis Algeciras. Dort setzten wir mit der Fähre nach Tanger über. Wir erreichten Afrika bei Sonnenaufgang. Allerdings war von der Sonne zunächst einmal nicht viel zu sehen, denn es goß in Strö-

Foto: M. u. G. Mielke

Dünenlandschaft in West Sahara/Marokko

men, und es war kalt. Für die Einreise mit dem PKW benötigten wir eine Autoversicherung, die wir bei der Ankunft erwerben wollten. Vom Vorjahr wußte Gerhard, daß sich ein Versicherungsbüro direkt am Fähranleger befand, wo man ein solches Papier bekam. Wir gingen dorthin – und standen vor verschlossenen Türen: Es war Freitag, in islamischen Ländern ein Feiertag.

Wir fuhren also unversichert los und hofften, bei Gelegenheit diesen Mangel zu beheben. Unser erstes Etappenziel war Sidi-Ifni an der Atlantikküste von Marokko. Das Land machte einen recht gepflegten Eindruck, und unsere Fahrt dorthin verlief problemlos. Die Polizisten waren außerordentlich zuvorkommend, und die Menschen schienen relativ europäisch orientiert zu sein. Die Frauen trugen zwar häufig die Landestracht, zeigten aber meist ihre Gesichter, und in den größeren Städten trugen sie auch europäische Kleidung. Der Einfluß des Tourismus auf die Traditionen war deutlich erkennbar und, wie es schien, auch erwünscht. Die meisten Menschen leben vom Tourismus, nur wenige sind noch Viehzüchter oder Hirten.

Mit den Augen verstehen

Ganz anders war dieses Verhältnis in Westsahara. Wir trafen viele Nomaden, die mit ihren Familien noch in Zelten leben und wenig mit Touristen in Berührung kommen. Mit ihren Ziegenherden ziehen sie kilometerweit durch eine traumhaft schöne, beinahe unwirkliche Dünenlandschaft. Morgens, wenn wir aufstanden, kam manchmal einer der Hirten mit seiner Herde vorbei, begrüßte uns freundlich in seiner Muttersprache und sah uns dann eine Weile zu. Ruhe und Gelassenheit ging von diesen Menschen aus und übertrug sich allmählich auch auf uns. Nach einer geraumen Zeit zogen diese Männer dann mit ihrer Herde weiter. Zuvor aber segneten sie uns und wünschten uns eine glückliche Weiterfahrt. Es war immer wieder ein Erlebnis festzustellen, daß wir uns gegenseitig verstehen konnten, ohne dieselbe Sprache zu sprechen. Es sind die Augen, die einem manchmal bis ins Herz hinein zu blicken scheinen und sich verständlich machen können. Nur selten bin ich in unserem Land Menschen mit so lebendigen und ausdruckstarken Augen begegnet.

Plötzlich ändert sich alles

An der Grenze zu Mauretanien wurde es dann schlagartig anders. Zunächst wurden wir von einer Anzahl Männer umringt, die uns bei den Grenzformalitäten helfen wollten; natürlich für Geld. Andere wollten uns als Führer dienen oder einfach nur betteln. Wir schafften es nicht, ohne einen Guide aus diesem Gewimmel zu entkommen, und wurden dann auch prompt zu ihm nach Hause gelotst. Unser neuer Bekannter hieß Jacoub und war glücklicher Betreiber eines Hotels mit Campingplatz. Wir wurden zum Essen in sein Zelt eingeladen. Jacoub ist gläubiger Moslem, wie er mir erzählte. Seine Frau trug traditionelle Kleidung, war aber nicht völlig verschleiert, obwohl Gerhard anwesend war. Allerdings saß weder sie noch ihre Tochter beim Essen mit uns zusammen. Ich wurde dadurch natürlich erst etwas unsicher, wie ich mich nun verhalten sollte, hatte aber zum Glück vorher gelesen, daß von den europäischen Touristinnen erwartet würde, gemeinsam mit den Männern zu essen. Das bestätigte sich dann auch durch das Verhalten der anwesenden Männer. Wäre ich aufgestanden und zu den Frauen gegangen, hätte ich sie beleidigt. Nach dem Essen gab es Tee, und die Frauen durften wieder dabeisein. Obwohl sich die ganze Familie große Mühe gab, fühlten wir uns dort nicht wohl, und das lag nicht nur am Dreck und dem bestialischen Gestank, der aus den Toiletten herausquoll, sondern auch an der arroganten Art, wie Jacoub mit seinen Angehörigen umging. Er behandelte sie, als wären sie sein persönliches Eigentum. Sobald wir konnten, suchten wir das Weite.

So unangenehm es bei Jacoub war, es sollte noch schlimmer werden. Auf den Straßen hatte sich das Bild verändert. Abgesehen vom übrigen Müll lagen rechts und links am Straßenrand unglaublich viele tote Tiere. Ziegen, Schafe, Esel, Kühe, Kamele oder manchmal auch Pferde wurden einfach dort liegengelassen, nachdem sie angefahren worden waren. Niemand kümmerte sich darum, diese Kadaver wegzuräumen. Auch sahen wir nur noch verschleierte Frauen, die entweder in Gruppen und mit Kindern oder in Begleitung eines Mannes unterwegs waren. In den Städten gab es Cafés und Restaurants, diese schienen aber ausschließlich für Männer reserviert zu sein. Frauen eilten mit gesenkten Köpfen zielstrebig daran vorbei, um ihre Einkäufe zu erledigen. Es kam uns so vor, als wäre das Leben von Tieren und Frauen nur so lange von Bedeutung, wie sie ihrem jeweiligen „Besitzer" nützlich sein konnten. Darüber hinaus sollten sie aber möglichst keine Schwierigkeiten verursachen, sonst würden sie verstoßen. Alte Frauen ohne Familie fristeten ihr Dasein als Bettlerinnen. Das Geben von Almosen ist eine der fünf Säulen des Islam, es sah aber für uns nicht so aus, als ob diese Säule besonders tragfähig sei. Die alten Frauen waren mager und von Krankheiten gezeichnet.

Wir wollten uns die Stadt anschauen und hatten unser Auto geparkt. Es war früher Nachmittag; ich trug feste Schuhe, Jeans und eine Bluse mit langen Ärmeln, außerdem befand ich mich in Begleitung eines Mannes. Mir konnte also nicht viel Unangenehmes zustoßen, dachte ich, denn ich war ja, nach meinem Wissen, nicht aufreizend gekleidet. Mein Mann ging neben mir, und meine Arme und Beine waren „züchtig" bedeckt. Aber es wurde ein richtiges Spießrutenlaufen, denn aus jeder Kneipe glotzten mich die Männer an, weil ich Jeans trug und deshalb in ihren Augen als Prostituierte galt.

Aber wir hielten uns dort nicht länger auf als nötig und brachen auf, um zu unserem nächsten Etappenziel, der Auberge Sahara, in der mauretanischen Hauptstadt Nouakchot zu fahren. Hier konnte ich endlich wieder aufatmen. Die Betreiber sind – wie 99 % der Menschen in Mauretanien – Muslime. Der Tagesablauf richtet sich nach den islamischen Vorschriften. Es gab einen gesonderten Raum zum Beten und Fernsehen und natürlich genügend Wasser für rituelle Waschungen. Am Freitag wurde zum Beten die Moschee aufgesucht. Die Männer aßen gemeinsam von einem großen Teller. Erst wenn diese fertiggegessen hatten, aßen die Frauen. Trotz dieser Regelungen herrschte eine recht entspannte Art, sowohl miteinander als auch mit uns Touristen umzugehen. Auch die Kleiderordnung war nicht so streng wie außerhalb der Herberge. Gastfreundschaft wurde hier wirklich gelebt. Man mußte sich schon arg danebenbenehmen, um den Respekt der Gastgeber einzubüßen. Bei einem betrunkenen Paar aus Frankreich war das leider der Fall. Sie wurden sehr höflich, aber auch sehr bestimmt gebeten zu gehen.

Außerhalb der Mauern tobten aber, trotz Hauptstadt und Tourismus, die moslemischen Moralgesetze. Das bekamen wir zu spüren, als wir in einer kleinen Gruppe, vier Männer und zwei Frauen, an einem Abend eine Pizzeria aufsuchten. Im Gegensatz zu den Einheimischen, die ihre Frauen direkt vor die Eingangstür des Restaurants fuhren, hatten wir uns zu Fuß auf den Weg gemacht. Als wir zurückgingen, war es bereits spät. Es nützte uns beiden Frauen nichts, daß vier Männer mit uns gingen, im Gegenteil! Die käuflichen Damen, die um diese Zeit unterwegs waren, wurden auch noch sauer auf uns zwei vermeintliche Konkurrentinnen, so daß wir erleichtert aufatmeten, als wir endlich in unserer Herberge ankamen. Unsere vier wackeren Begleiter hatten von der ganzen Aufregung nichts bemerkt, da sie sich auf dem ganzen Weg über die fürchterlichen Autos, die dort herumfuhren, amüsierten. Ich war jedenfalls froh, als ich nach einigen Tagen aus diesem Land heraus war und die Grenze nach Mali passiert hatte.

Trommeln in der Nacht

Auch in Mali ist der Islam die Hauptreligion. Im ganzen Land gibt es, genau wie in Marokko und Mauretanien, beinahe in jedem Ort eine Moschee. Wenn der Muezzin rief, gab es für die gläubigen Muslime kein Halten mehr. Oft sahen wir Menschen am Straßenrand beten. Manchmal waren es Familien, die ihren PKW auf der Landstraße kurzerhand zu diesem Zweck parkten, oder Busse und LKWs, die, mit Passagieren hoffnungslos überladen, nun unbeachtet am Straßenrand standen, während die Menschen ihren religiösen Verpflichtungen nachkamen. In diesem Land begegnete uns eine neue Form des Bettelns. Während wir in Mauretanien alle Mühe hatten, uns bettelnder Kinder, Erwachsener und vor allem der bettelnden Gendarmerie- und Polizeiposten zu erwehren, reichte hier ein freundliches „Non, merci!“ oder ein Kopfschütteln meist aus, um nicht weiter von Straßenhändlern oder Bettlern behelligt zu werden. Zunächst waren wir allerdings entsetzt, als wir die unendlich vielen Kinder, die mit kleinen Eimern um Essen baten, entdeckten. Schüchtern standen sie an den Eingängen zu den Hotels und Herbergen oder warteten dort, wo im Freien und am Straßenrand gekocht wurde. Es waren fast ausschließlich Jungs zwischen sechs und etwa zwölf Jahren. Blieb irgendwo Essen übrig, wurde es in die Eimer der Kinder geschüttet, die dann zur nächsten verheißungsvollen Garküche zogen.

Mir drehte sich fast der Magen um, denn mir fielen sofort die schlimmen Gerüche ein, die aus Biotonnen oder Drainageeimern entweichen, und die Kinder taten mir unendlich leid. Allein die Vorstellung, daß Fisch, Fleisch, Reis, diverse Soßen und vielleicht sogar Pudding sich in diesen Eimern ein Stelldichein gaben, reichte aus, mich das Gruseln zu lehren. Ich war direkt erleichtert, als mir ein Einheimischer erklärte, daß die Kinder nicht für sich selbst das Essen erbettelten, sondern für ihren Lehrer in der Koranschule. Das machte die ganze Angelegenheit zwar nicht appetitlicher, aber diese Männer, die wie Heilige verehrt werden, sind erwachsen. Sie haben sich diese Art zu leben selbst gewählt. Ich sagte nichts, konnte mir aber ein hörbares Luftholen nicht verkneifen, was von meinem Gesprächspartner mit einem breiten Grinsen und einem Augenzwinkern erwidert wurde. Dann bekamen wir Tee; stark, schwarz, bitter und unglaublich süß, so wie das Land, durch das wir fuhren.

Allmählich näherten wir uns unserem Ziel. Straßen oder Pisten gab es schon lange nicht mehr. Wir folgten den Spuren von Eselskarren oder orientierten uns nach dem Kompaß. Nach einigen Tagen fanden wir dann tatsächlich das von uns gesuchte Dorf, Terbiyet. Gerhard wurde sofort wiedererkannt, und mit großem Aufwand wurden wir ins Dorf zu einer unbewohnten Hütte geleitet. Hier durften wir wohnen. Wir bekamen sofort frisches Wasser und etwas zu essen. Im Dorf wurde gerade eine Hochzeit gefeiert, und so war eine frisch gebratene Lammkeule schnell aufgetragen. Mir war das etwas unangenehm – denn ich bin Vegetarierin –, und ich wußte nicht so recht, wie ich mich nun verhalten sollte. Fest stand für mich nur: Diese Köstlichkeit würde ich auf keinen Fall essen. Es stellte sich heraus, daß unsere Gastgeber dafür vollstes Verständnis hatten. In dem Dorf gab es einige Menschen, die sich ausschließlich von Milch ernährten, und so war es für sie ganz natürlich, daß ich kein Fleisch essen wollte. Ich bekam also Getreidebrei mit Milch und Zucker. Wir unterhielten uns noch bis

Foto: M. u. G. Mielke

Der Sandsturm zieht auf! Hitzerekord 69,4 °C

tief in die Nacht hinein und tranken viel Tee mit diesen Menschen, die überglücklich waren, daß Gerhard zu ihnen zurückgekommen war. Die Trommelklänge der Hochzeitsfeier begleiteten uns bis in unsere Träume.

Tod im Sandsturm

Am nächsten Morgen weckte uns der Ruf des Muezzin. Gleich nach dem Morgengebet kamen unsere Freunde und versorgten uns mit frischem Brunnenwasser, Brot und heißem Tee. Wir erfuhren von ihnen, daß ein Suchtrupp in der Wüste unterwegs sei, um einen Mann zu finden, der, wie sie sagten, verrückt geworden sei.

In den nächsten Tagen erlebten wir die ganze Dramatik dieser Tragödie, die mit dem Tod des Gesuchten endete. Es war ein Sandsturm aufgekommen, bei dem die Tagestemperatur auf 69,4 °C angestiegen war und den kein Mensch ohne ausreichend Wasser überleben konnte, auch ein Tuareg nicht. Sie fanden den Toten am Morgen nach dem Sturm. Er wurde ins Dorf gebracht und gewaschen. Noch am selben Abend fand, nach einer beeindruckenden Totenmesse, die per Lautsprecher über das ganze Dorf verbreitet wurde, die Beerdigung statt. Auch wenn wir – als Christen – nicht zu diesen Zeremonien zugelassen waren, wurde unsere persönliche Betroffenheit und ehrlich gemeinte Anteilnahme dankbar aufgenommen. Drei Tage dauerten die Trauerfeierlichkeiten, bei denen der Vater und die Mutter des Verstorbenen ihren Schmerz heraussangen und die Freunde des Toten über sein Leben berichteten. Wieder war es so, als könnten wir verstehen, was gesagt wurde, und wir waren den Tränen nahe. Dann, nach drei Tagen, war es plötzlich vorbei, und alle waren wieder fröhlich, als wäre nichts geschehen. Über den Toten wurde nicht mehr gesprochen.

Wir wurden im Dorf herumgeführt. Unsere Freunde zeigten uns den Brunnen, die Schule, in der auch die Mädchen unterrichtet werden, und die Krankenstation, die außer einem Schreibtisch und einem Blechschrank weder über Material noch über einen Arzt verfügt oder funktionsfähig ist. Nur einmal in der Woche kommt ein vollkommen überforderter Sanitäter, der mit der einzigen Injektionsnadel, die er zu besitzen scheint, Männern, Frauen und kleinen Kindern Spritzen verabreicht. Die Folgen sind entsetzliche Abszesse, Fieber und Schlimmeres.

Die Tuareg in Terbiyet sind gläubige Muslime, deren Imam darauf Wert legt, daß keines seiner Schäfchen Alkohol trinkt oder Zigaretten raucht. Kriminalität und Aids waren bisher unbekannt, und ich hoffe, daß dieser Sanitäter letzteres nicht durch sein verantwortungsloses Handeln verbreitet hat. Wir versprachen, uns darum zu kümmern, daß dieser unhaltbare Zustand geändert wird und UNICEF, von dem diese Krankenstation unterhalten wird, von uns darüber einen Bericht erhält, sobald wir wieder in Deutschland wären.

Eine Audienz

Die Audienz, die uns der Imam daraufhin gewährte, war für uns ein echtes Erlebnis. Kurz bevor wir den Innenhof seiner Residenz betraten, sagte mir sein Diener, ich dürfte dem Imam bei der Begrüßung auf keinen Fall die Hand geben, das gehöre sich nicht für eine Frau. Nur Männer wären dazu berechtigt. Es ärgerte mich zwar, aber meine Neugier war stärker als meine Empörung, und so nahm ich diese Diskriminierung meiner Weiblichkeit zähneknirschend hin. Was wir dann erlebten, war sehr beeindruckend. Wir fühlten uns, als wären wir in einer Geschichte aus Tausendundeiner Nacht gelandet. Auf einem Gestell, einem Doppelbett nicht ganz unähnlich, lag ein imposanter älterer Herr, der in einer uralten Ausgabe des Koran las. Uns wurden Sitzplätze zurechtgerückt, und als wir Platz genommen hatten, blickte er auf und begrüßte uns würdevoll. Dann gab er einige Weisheiten aus dem Koran an uns weiter und beobachtete

Foto: M. u. G. Mielke

Ein Händler bringt Stroh für den Bau einer Lehmhütte

unsere Reaktion darauf sehr genau. Höflich und so bescheiden, wie es uns als Europäern möglich war und wie es seiner gesellschaftlichen Stellung zukam, beantworteten wir ihm seine Fragen. Er schien sehr zufrieden mit uns zu sein, denn er erlaubte mir, mit seinen Frauen zu sprechen und auch Fotos von ihm und seiner Familie zu machen.

Anschließend wurden wir zum zweiten Teil der Hochzeitszeremonie seines jüngsten Sohnes eingeladen, die am Abend stattfinden sollte. Das Haus des jungen Paares war fertig, und die Braut, die nach der Eheschließung vor zwei Wochen weiterhin bei ihrer Familie gelebt hatte, sollte das neue Domizil begutachten und möglichst auch einziehen. Das ganze Dorf war auf den Beinen, um dieses Ereignis gebührend zu feiern. Als wir uns zu den Dorfbewohnern, die um die improvisierte Tanzfläche herum lagerten, setzen wollten, wurden wir aufgefordert, auf der Ehrentribüne Platz zu nehmen. Da saßen wir dann und lächelten, die halbe Nacht hindurch, mehr oder weniger würdevoll ins Volk. Unsere Freunde waren mächtig stolz auf uns. Wir waren in die Gemeinschaft aufgenommen.

Zukunftspläne

Bald darauf hieß es Abschied nehmen. Erst als wir mehrfach versichert hatten, auch ganz bestimmt wiederzukommen – Inschallah! – wurden wir unter vielen Tränen zum Auto begleitet, das uns nach Niamey, zum Flugplatz, brachte. Der Imam versprach, unser Projekt zu unterstützen, so gut er könne. Zum Abschied stellte er uns ein Grundstück zur Verfügung.

Dort werden wir, gemeinsam mit den Tuareg, ein kleines Krankenhaus und Unterkünfte für Ärzte und Ärztinnen errichten, deren Hilfe dort ganz dringend gebraucht wird. Außerdem planen wir den Anbau von Gemüse und anderen Nutzpflanzen, zunächst in Hausgärten, damit Hungersnöte in der Zukunft möglichst eingeschränkt werden können. Zu diesem Zweck müssen wir das Wasser aus der alljährlichen Überschwemmung nutzbar machen, was eine weitere Aufgabe sein wird. Hierbei sind wir auf die Unterstützung vieler Menschen angewiesen, die uns mit Rat und Tat oder finanzieller Hilfe zur Seite stehen können. Damit der enorme Aufwand, der zur Organisation dieses Projektes notwenig ist, geleistet werden kann, haben wir einen gemeinnützigen Verein gegründet. Der Mindestbeitrag wurde bewußt niedrig gehalten (1 Euro/Monat), damit jeder, der unsere Arbeit unterstützen möchte, dazu Gelegenheit hat. Wer interessiert ist, darf sich gerne an uns wenden.

Der Verein

Die Anschrift des Vereins lautet: Hilfe für Terbiyet e.V., Solitüde 52, 24944 Flensburg. Gerhard wird voraussichtlich Ende Juli oder Anfang August wieder in die Wüste fahren, um vor Ort mit den Baumaßnahmen zu beginnen.

Mit den Tuareg sicher durch die Wüste

Mit Lichtbildervorträgen, Bilderausstellungen und –verkauf sowie kleinen Tuareg-Festivals versuchen wir, hier in Deutschland auf die Situation der Menschen in Terbiyet aufmerksam zu machen und so die Hilfe zur Selbsthilfe zu aktivieren. Die Tuareg sind sehr stolze Menschen, die, auch wenn sie darauf angewiesen sind, keine Almosen annehmen. Wir sind daher mit ihnen so verblieben, daß sie alle Hilfsgüter oder Medikamente zu einem ganz geringen Betrag, den jeder zahlen kann, erwerben und dieses Geld dann dazu verwendet wird, das Krankenhaus zu unterstützen. Ärzten und Ärztinnen oder Helfern, die für das Projekt arbeiten wollen, bieten sie eine geführte Tour ins Air-Gebirge an, das zum schönsten Teil der Sahara gehört. Dort gibt es z.B. Felszeichnungen, die zu den ältesten der Menschheit gehören sollen. Eine von den Tuareg

Foto: M. u. G. Mielke

Wanderdüne

bewachte Reisegruppe ist überall in der Sahara recht sicher aufgehoben. Keine der marodierenden Banden würde es wagen, diese Gruppen anzugreifen. Ich persönlich habe mich selten so sicher gefühlt wie unter ihrem Schutz.

Obwohl sie alle nach den islamischen Gesetzen lebten, begegneten sie uns – anders als die Mauretanier – mit Toleranz und Respekt. Es war überhaupt kein Problem, daß wir Anhänger des christlichen Glaubens sind. Sie vertraten die Ansicht, daß es völlig egal war, ob das höchste Wesen nun Gott, Allah oder großer Chef genannt wird, gemeint wäre ja doch immer der Eine. Jesus ist, ihrer Auffassung nach, ein Prophet Gottes, genau wie Mohammed. Daß er Gottes Sohn sein soll, können sie sich allerdings nicht so recht vorstellen, denn dazu hätte Gott Sex mit Maria haben müssen, und das kann doch nun wirklich nicht richtig sein!

Ein Tuareg, der in Ghana chinesische Medizin studiert, hatte auch zum christlichen Abendmahl eine interessante Meinung. In einem Gespräch sagte er mir, die Sache mit dem Fleisch und dem Blut Christi, das wir dort zu uns nähmen, wäre doch eigentlich gar nicht so schwer zu verstehen. Aus der Homöopathie wisse er schließlich, daß heilende Substanzen, die stark verdünnt werden, sehr wirksam sein können. Das Wasser der Erde müsse daher auch Substanzen enthalten, die wir dann über die Nahrung wieder zu uns nehmen würden. Beim Abendmahl könne er sich vorstellen, daß wir uns dies mit Hilfe des festen Brotes (als das Fleisch) und des flüssigen Weines (als das Blut Christi) symbolisch wieder bewußtmachten. Allerdings solle ich doch bitte auch daran denken, daß ich dann auch alle Mörder, Diebe und sonstige Tote auf diese Weise zu mir nähme. Er fand es wesentlich einfacher, Moslem zu bleiben, denn in der Moschee würde man nicht einmal in der Woche daran erinnert werden, was man so alles mit der Nahrung zu sich nähme. Es würde ihm schon völlig reichen, daß er es durch sein Studium wüßte.

Religionstoleranz oder astraler Nebel

Es war für uns sehr interessant, wie unterschiedlich sich der Islam in Afrika darstellte: einerseits verbohrt und frauenverachtend wie in Mauretanien, andererseits offen und tolerant wie in Niger und Mali; in anderen afrikanischen Staaten eher westlich orientiert wie in Marokko. – Schon lange vor meiner Afrikareise hatte ich mich intensiv mit dem Islam beschäftigt. Mein Bruder ist mit einer Irakerin verheiratet und vor der Hochzeit zum Islam übergetreten. Schon damals fiel mir auf, daß man mit den Suren des Koran so ziemlich alles begründen oder widerlegen kann, was einem gerade so gefällt. Es gibt so viele widersprüchliche Verse im Koran, daß es anscheinend jedem Moslem anheimgestellt ist, die Aussagen so oder so zu interpretieren und seine eigene göttliche Führung daraus zu ziehen. Von friedliebend und tolerant bis terroristisch und menschenverachtend ist eigentlich alles zu begründen. Beispielsweise heißt es in Sure 5:28: „Wenn du auch deine Hand nach mir ausstreckst, um mich zu erschlagen, so werde ich doch nicht meine Hand nach dir ausstrecken, um dich zu erschlagen. Ich fürchte Allah, den Herrn der Welten." – In Sure 47:4 dagegen steht: „Wenn ihr (in der Schlacht) auf die stoßet, die ungläubig sind, schlagt ihnen ihre Köpfe (am Nacken) ab; und wenn ihr sie so überwältigt habt, dann schnüret die Bande fest."

Ich will aber nicht werten und den Islam in irgendeiner Form verdammen! Auch im Christentum gibt es ja immer noch genügend Menschen, die es eher mit dem Alten Testament halten und denen es näher liegt, eine Tat Auge um Auge und Zahn um Zahn zu quittieren, als auch noch die andere Wange hinzuhalten. Ich denke, daß jede Religion gleichberechtigt neben den anderen stehen sollte; und mein Entzücken fand beinahe keine Grenzen, als ich bei Rudolf Steiner (GA 138) folgende Passage fand:

„Wer die Entwicklung der Menschheit so betrachtet, der kommt ganz selbstverständlich – und beim wahren Okkultismus war das immer der Fall – nicht zu einer irgendwie gearteten von vornherein angenommenen Bevorzugung der einen Religion vor der anderen. Es gehört zu den allerersten Erfordernissen der Initiation, alle jene Vorurteile, alle jene Voremptindungen und Vorgefühle abzustreifen, welche in der Menschenseele dadurch erwachsen, daß sie in irgendein Religionssystem, in irgendeine Religionsgemeinschaft inkarniert ist. Sorgfältig muß die Selbsterziehung darüber wachen, daß nichts mehr in der Seele sitzt, was der einen Religion den Vorzug geben könnte vor der anderen. Mit völliger Unbefangenheit muß gegenübergestanden werden dem, was Inhalt der verschiedenen Religionen ist, die im Laufe der Menschheitsentwicklung durch die Initiation als Impulse in die Entwicklung hineingestellt worden sind. Sobald man eine Vorliebe hat für die eine oder andere Form, bildet sich sogleich etwas wie ein astralischer Nebel, durch den man keinen freien Ausblick haben kann. Wer noch aus der ja für das gewöhnliche Leben selbstverständlichen Zuneigung eine vorurteilsvolle Bevorzugung der einen Religion in der Seele hat, der wird ganz gewiß nicht die anderen Religionen verstehen können, denn er wird in sich fühlen – wenn er auch nichts davon weiß – das Vorherrschen des einen Teiles der Initiationsinhalte und wird nicht zu einer vorurteilsfreien Erkenntnis des anderen Teiles kommen. So ist es für eine okkulte Betrachtung ganz selbstverständlich, in unbefangener Weise allen verschiedenen Ausflüssen und Impulsen aus den Initiationen gegenüberzustehen. So wenig wie jemand, der eine Pflanze betrachtet und der Blüte den Vorzug vor der Wurzel gibt, sich ein objektives Urteil über den ganzen Bau der Pflanze schaffen kann, so wenig kann derjenige ein richtiges Urteil gewinnen, der die Religionen nicht in völlig gleicher Unbefangenheit betrachten kann." (GA 138/1959/26.8.12/S. 36)

Interviewer und Autoren

Katharina von Bechtolsheim, geb. 1967 in Würzburg, Studium der Slawistik in Berlin und Petersburg, Ausbildung zur Klassenlehrerin am Waldorflehrerseminar Kiel, Ausbildung zur heilpädagogischen Lehrerin in Hamburg, Russisch- und Klassenlehrerin an der Freien Schule Hitzacker, seit August 2004 Klassenlehrerin an der FWS Berlin Kreuzberg.

Helmut N. Gabel, geb. 1965. Studium der Eurythmie am Eurythmeum Stuttgart, Arbeitswissenschaften Uni Hannover. Tätig in der Erwachsenenbildung von Unternehmen aller Art und Größe durch Themen wie Motivation und Verantwortung.

Monika Mielke, geb. 1954 in Elmshorn, Baumschulgärtnerin, Industriekauffrau, langjährige Tätigkeit als GmbH-Geschäftsführerin in der Automobilbranche, Ausbildung zur Klassenlehrerin und Handarbeitslehrerin am Waldorflehrerseminar Kiel, z.Zt. tätig als Klassenlehrerin an der FWS Vaihingen, Mitbegründerin des gemeinnützigen Vereins Hilfe für Terbiyet e.V..

Wolfgang Weirauch, geb. 1953 in Flensburg, Studium der Politik und Germanistik. Studium der Theologie an der Freien Hochschule der Christengemeinschaft. Herausgeber der Flensburger Hefte, Politiklehrer an der FWS Flensburg, Vortragsredner, Mitarbeiter beim Fernstudium Waldorfpädagogik & Coaching e.V.

Die Titelbildgestalterin

Veronika Emendörfer, geb. 1957 in Stuttgart, Studium der Aquarellmalerei in Regensburg. Seit 2000 freischaffende Künstlerin in Darmstadt mit eigenem Atelier. Mitglied im Bundesverband Bildender Künstler (BBK, Frankfurt/Main). Seit 1982 regelmäßige Ausstellungen. Gestaltung von Buchtiteln, Kunstkarten und Kalendern. Aquarellkurse: www.atelier-holzhofallee.de

Jesaiah Ben-Aharon
Die globale Verantwortung der USA
Individuation, Initiation und Dreigliederung
148 S., kt., € 15,– ISBN 3-935679-19-X

Johannes Rogalla von Bieberstein
Die These von der Verschwörung 1776–1945
Philosophen, Freimaurer, Juden, Liberale und Sozialisten als Verschwörer gegen die Sozialordnung
216 S., kt., € 17,– ISBN 3-926841-36-2

Jimmy Carter
Frieden schaffen im Gespräch
Ein Impuls für die nächste Generation
206 S., kt., € 17,– ISBN 3-926841-71-0

Carola Cutomo
Medialität, Besessenheit, Wahnsinn
188 S., kt., € 11,– ISBN 3-926841-19-2

Hans-Diedrich Fuhlendorf
Rückkehr zum Paradies oder Erbauen des Neuen Jerusalem?
Geschichtsbetrachtungen in apokalyptischer Zeit
352 S., kt., € 20,– ISBN 3-926841-37-0

Wolfgang Gädeke
Anthroposophie und die Fortbildung der Religion
448 S., Leinen, € 25,– ISBN 3-926841-23-0
448 S., kt., € 19,– ISBN 3-926841-24-9

Ludger Helming-Jacoby
Zeugnissprüche
und Sprüche aus dem Hauptunterricht einer Waldorfschule
2. Aufl., 188 S., kt., € 15,– ISBN 3-926841-95-8

Dieter Hornemann
Geheimnisvolles Afrika
Anthroposophische Arbeit im Urwald
102 S., 32 farb. Abb., kt., € 14,– ISBN 3-926841-60-5

Johannes Kiersch
Argumente für die Waldorfschule
Die Antwort auf PISA
2. veränd. Auflage,160 S., kt., € 15,– ISBN 3-926841-33-8

Peter Krause
Das Judasproblem
Von den spirituellen Hintergründen der Gewalt
128 S., kt., € 11,– ISBN 3-926841-38-9

Peter Krause
Feuer in Tschernobyl
Die Ukraine nach dem SuperGAU
168 S., 37 farb. Abb., kt., € 15,– ISBN 3-926841-58-3

Peter Krause, Faustus Falkenhahn (Hg.)
Einsam – gemeinsam
Jugend im Gespräch
192 S., kt., € 12,– ISBN 3-926841-43-5

Georg Kretzschmar
Das Brot
Mythologie, Kulturgeschichte, Praxis
Betrachtungen eines Bäckermeisters
140 S., 39 sw. Abb., kt., € 16,– ISBN 3-935679-28-9

Henning Kullak-Ublick (Hg.)
Erziehung zur Freiheit –in Freiheit
AKTION MÜNDIGE SCHULE
160 S., 15 farb. Abb., kt., € 10,– ISBN 3-926841-94-X

Andreas Meyer (Hg.)
Seele und Geist
Ansätze zu einer spirituellen Seelentherapie
160 S., kt., € 14,– ISBN 3-926841-47-8

Hans Philippsen
Götter, Hexen und Naturgeister
Sagen und Sagenhaftes der Insel Föhr
144 S., 16 farb. Abb., kt., € 13,– ISBN 3-926841-84-2

Sidney Saylor Farr
Tom Sawyers Nah-Todeserfahrung und die Wandlung seines Lebens
2. Aufl., 204 S., kt., € 17,– ISBN 3-926841-82-6

Verena Staël von Holstein, Friedrich Pfannenschmidt (Hg.)
Gespräche mit Müller
Feinstofflicher Austausch mit Geistwesenheiten. Band 1 und 2
Band 1: 324 S., geb. € 22,– ISBN 3-935679-11-4
Band 2: 344 S., geb. € 22,– ISBN 3-935679-12-2

Verena Staël von Holstein, Friedrich Pfannenschmidt (Hg.)
Mühlengespräche 1 **Naturgeister 6**
Metall-, Boden- und Zeitwesen
144 S., kt. € 15,– ISBN 3-935679-30-0

Wolfgang Weirauch
Im Spiegel der Finsternis
Roman für Jugendliche und Erwachsene. Ab 13 Jahren.
252 S., geb. € 17,– ISBN 3-926841-86-9

FH 11
Über Tod und Sterben
4. Aufl., 232 S., kt., € 15,– ISBN 3-926841-11-7

FH 13
Hexen, New Age, Okkultismus
3. Aufl., 196 S., kt., € 13,– ISBN 3-926841-08-7

FH 14
Erneuerung der Religion
Die Christengemeinschaft, Sakramente, Kirche und Kultus
4. Aufl., 184 S., kt., € 12,– ISBN 3-926841-07-9

FH 15
Waldorfschule und Anthroposophie
3. Aufl., 132 S., kt., € 8,– ISBN 3-926841-00-1

FH 16
Kulturvergiftung: Rauschgift, Sucht und Therapie
2. Aufl., 228 S., kt., € 12,– ISBN 3-926841-21-4

FH 17
Kulturvergiftung: Alkohol
z..Zt. vergriffen, 3. Aufl. in Vorb., 160 S., kt., €

FH 18
Biologisch-dynamische Landwirtschaft, Ökologie, Ernährung
2. Aufl., 184 S., kt., € 13,– ISBN 3-926841-03-6

FH 19
Musik
2. Aufl., 184 S., kt., € 12,– ISBN 3-926841-06-0

FH 20
Sexualität, Aids, Prostitution
z..Zt. vergriffen, 3. Aufl. in Vorb., 170 S., kt., €

FH 22
Erkenntnis und Religion
Zum Verhältnis von Anthroposophischer Gesellschaft und Christengemeinschaft
132 S., kt., € 12,– ISBN 3-926841-13-3

FH 23
Engel
3. Aufl., 196 S., 9 farb. Abb., kt., € 15,– ISBN 3-926841-15-X

FH 24
Direkte Demokratie / 1789–1989
240 S., kt., € 12,– ISBN 3-926841-16-8

FH 25
Rechtsleben und soziale Zukunftsimpulse
Von der Dreigliederungsidee Rudolf Steiners zur Volksgesetzgebung
244 S., kt., € 12,– ISBN 3-926841-17-6

FH 26
Michael
Januskopf Bundesrepublik
184 S., 8 farb. Abb., kt., € 12,– ISBN 3-926841-22-2

FH 27
Strafprozeß, Strafvollzug, Resozialisierung
224 S., kt., € 12,– ISBN 3-926841-20-6

FH 28
Naturwissenschaft und Ethik
204 S., kt., € 12,– ISBN 3-926841-25-7

FH 29
Freie Schule
248 S., kt., € 13,– ISBN 3-926841-28-1

FH 30
Märchen
2. Aufl., 212 S., kt., € 15,– ISBN 3-926841-29-X

Abo- und Bezugsbedingungen s. Impressum, 2. Umschlagseite. Alle Titel auch im Buchhandel erhältlich. Preisänderungen vorbehalten.

FH 31
Biographiearbeit
5. Aufl., 232 S., 7 farb. Abb., kt., € 15,– ISBN 3-926841-31-1

FH 32
Anthroposophen und Nationalsozialismus
168 S., kt., € 12,– ISBN 3-926841-32-X

FH 33
Destruktive Kulte, schwarze Magie, Sexualmagie
232 S., kt., € 14,– ISBN 3-926841-40-0

FH 34
Alte und neue Seelenfähigkeiten
192 S., kt., € 13,– ISBN 3-926841-41-9

FH 35
Die Christengemeinschaft heute
Anspruch und Wirklichkeit
212 S., kt., € 13,– ISBN 3-926841-42-7

FH 36
Schwangerschaftsabbruch
212 S., kt., € 14,– ISBN 3-926841-44-3

FH 37
Indianer
212 S., 6 farb. Abb., kt., € 14,– ISBN 3-926841-45-1

FH 38
Konfliktbewältigung
2. Aufl., 220 S., 10 farb. Abb., kt., € 14,– ISBN 3-926841-50-8

FH 39
Christus
184 S., 16 farb. Abb., kt., € 14,– ISBN 3-926841-51-6

FH 40
Ausländerhaß, Nationalismus, Rassismus
188 S., 13 farb. Abb., kt., € 14,– ISBN 3-926841-52-4

FH 41
Anthroposophie und Rassismus
212 S., kt., € 14,– ISBN 3-926841-54-0

FH 42
Sind wir noch zu retten?
Zerstörung oder Verwandlung der Erde?
224 S., 26 farb. Abb., kt., € 14,– ISBN 3-926841-56-7

FH 43
Gebet heute
168 S., kt., € 14,– ISBN 3-926841-57-5

FH 44
Scheidung – warum?
Partnerschaftsprobleme und ihre Bewältigung
2. Aufl., 228 S., 11 farb. Abb., kt., € 15,– ISBN 3-926841-59-1

FH 45
Hüter der Schwelle
Der Mensch am Abgrund
172 S., kt., € 14,– ISBN 3-926841-61-3

Siehe auch die folgende Seite.

FH 46
Jugendideale
208 S., kt., € 14,– ISBN 3-926841-62-1

FH 47
Übungen zur Selbsterziehung
2. Aufl., 216 S., 16 farb. Abb., kt., € 15,– ISBN 3-926841-65-6

FH 48
Angst
188 S., 16 farb. Abb., kt., € 14,– ISBN 3-926841-66-4

FH 49
Depression
200 S., 8 farb. Abb., kt., € 14,– ISBN 3-926841-67-2

FH 50
Erziehung
188 S., 8 farb. Abb., kt., € 14,– ISBN 3-926841-68-0

FH 51
Nah-Todeserfahrungen
Rückkehr zum Leben
2. Aufl., 180 S., kt., € 15,– ISBN 3-926841-72-9

FH 52
Auferstehung
Von der Gegenwart Christi
168 S., 8 farb. Abb., kt., € 15,– ISBN 3-926841-73-7

FH 53
Gedächtnis und Erinnerung
184 S., kt., € 15,– ISBN 3-926841-74-5

FH 54
Ernährungsfragen
176 S., kt., € 15,– ISBN 3-926841-75-3

FH 55
Naturgeister
Vom Wirken der Elementarwesen
2. Aufl., 192 S., 16 farb. Abb., kt., € 15,– ISBN 3-926841-76-1

FH 56
Über Reinkarnation und Karma
Erfahrungen früherer Erdenleben
188 S., kt., € 15,– ISBN 3-926841-78-8

FH 57
Die Welt im Umbruch
Globalisierung und Kampf aller gegen alle
196 S., 29 farb. Abb., kt., € 15,– ISBN 3-926841-79-6

FH 58
Wirkungen der Musik
204 S., kt., € 15,– ISBN 3-926841-80-X

FH 59
Umgang mit dem Sterben
204 S., 8 farb. Abb., kt., € 15,– ISBN 3-926841-81-8

FH 60
Die Impulse des Bösen am Jahrtausendende
196 S., kt., € 15,– ISBN 3-926841-83-4

FH 61
Die Hintergründe von 666
196 S., 8 farb. Abb., kt., € 15,– ISBN 3-926841-85-0

FH 62
Arbeitslosigkeit
Weg ins Ungewisse
184 S., kt., € 15,– ISBN 3-926841-87-7

FH 63
Feldzug gegen Rudolf Steiner
Über O.T.O.-, Rassismusvorwürfe und Angriffe auf die Waldorfschulen
240 S., kt., € 15,– ISBN 3-926841-88-5

FH 64
Liebe – Die Sonne der Welt
200 S., 8 farb. Abb., kt., € 15,– ISBN 3-926841-90-7

FH 65
Doppelgänger
Der Mensch und sein Schatten
228 S., 8 farb. Abb., kt., € 15,– ISBN 3-926841-91-5

FH 66
Hellsehen
Der Blick über die Schwelle
192 S., kt., € 15,– ISBN 3-926841-92-3

FH 67
Esko Jalkanen – der Heiler aus dem Norden
Vom Zauber finnischer und baltischer Kultur
184 S., 19 farb. Abb., kt., € 15,– ISBN 3-926841-89-3

FH 68
Liebe Leben
Homosexualität und die Vielfalt der Lebensformen in Zeiten der Individualisierung
192 S., kt., € 15,– ISBN 3-926841-93-1

FH 69
Islamische Impressionen
Brücken zwischen Orient und Okzident
228 S., 12 farb. Abb., kt., € 15,– ISBN 3-926841-96-6

FH 70
Träume
Was wollen sie uns sagen?
192 S., kt., € 15,– ISBN 3-926841-97-4

FH 71
Einblicke in die Anthroposophie
200 S., kt., € 15,– ISBN 3-926841-99-0

FH 72
Es ist an der Zeit
Aspekte der Anthroposophie
216 S., kt., € 15,– ISBN 3-935679-00-9

FH 73
Eurythmie
Aufbruch oder Ende einer jungen Kunst?
204 S., 12 farb. Abb., kt., € 15,– ISBN 3-935679-01-7

FH 74
Abgründe und Chancen in Zeiten des Egoismus
192 S., kt., € 15,– ISBN 3-935679-02-5

FH 75
Einsamkeit
Wege des Ich
216 S., 20 farb. Abb., kt., € 15,– ISBN 3-935679-04-1

FH 76
Kampf der Kulturen?
Eine andere Welt ist möglich
204 S., kt., € 15,– ISBN 3-935679-06-8

FH 77
Gegen das Elend der Welt
Eine Reise nach Afghanistan
200 S., 16 farb. Abb., kt., € 15,– ISBN 3-935679-07-6

FH 78
Familie im Wandel
192 S., kt., € 15,– ISBN 3-935679-08-4

FH 79
Was die Naturgeister uns sagen **Naturgeister 1**
Im Interview direkt befragt
4. Aufl., 208 S., kt., € 15,– ISBN 3-935679-09-2

FH 80
Neue Gespräche mit den Naturgeistern
Naturgeister 2
3. Aufl. in Vorb., 196 S., kt., € 15,– ISBN 3-935679-10-6

FH 81
Die neue Weltordnung
Der Irak-Krieg und seine Folgen
200 S., kt., € 15,– ISBN 3-935679-13-0

FH 82
Aspekte anthroposophischer Psychotherapie
208 S., kt., € 15,– ISBN 3-935679-14-9

FH 83
Werte
Was bestimmt unser Tun und Lassen?
228 S., kt., € 15,– ISBN 3-935679-15-7

FH 84
Eine andere Welt erbauen
Das WeltSozialForum in Mumbai
244 S., kt., € 15,– ISBN 3-935679-16-5

FH 85
Sucht
Neue Drogenwirkungen, Onlinesucht, Beziehungssucht
240 S., kt., € 15,– ISBN 3-935679-20-3

FH 86
Schuld...
...immer nur die anderen?
240 S., kt., € 15,– ISBN 3-935679-21-1

FH 87
Individualität
Ich sein oder Ich haben?
228 S., kt., € 15,– ISBN 3-935679-22-X

FH 88
Lügen
196 S., kt., € 15,– ISBN 3-935679-23-8

FH 89
Lex Bos – ein Lebensbild
Form kann Freiheit schaffen
192 S., kt., € 15,– ISBN 3-935679-24-6

FH 90
Die Zukunft der Freiheit
192 S., kt., € 15,– ISBN 3-935679-27-0

FH 91
Heilen
Bekannte und unbekannte Wege
204 S., kt., € 16,– ISBN 3-935679-29-7

FH 92
Kulturdialog oder Kulturkampf?
Islamische und westliche Werte im Gespräch
220 S., kt., € 15,– ISBN 3-935679-33-5

So 1
Partnerschaft und Ehe
5. Aufl., 212 S., kt., € 15,– ISBN 3-926841-04-4

So 2
Das Geheimnis der EAP
212 S., kt., € 9,– ISBN 3-926841-05-2

So 4
Partnerschaft und Ehe II – Briefe
2. Aufl., 72 S., kt., € 8,– ISBN 3-926841-14-1

So 5
Volkssouveränität und Volksgesetzgebung
Die Kernpunkte der Demokratiefrage
338 S., kt., € 14,– ISBN 3-926841-18-4

Abo- und Bezugsbedingungen s. Impressum, 2. Umschlagseite. Alle Titel auch im Buchhandel erhältlich. Preisänderungen vorbehalten.

Siehe auch die folgende Seite.

So 9
Zehn Jahre real-existierendes freies Geistesleben
Zur Geschichte der Gädeke-Studie
92 S., kt., € 12,– ISBN 3-926841-39-7

So 20
Wortgetreu und unverfälscht?
Haben wir in der Gesamtausgabe Texte Rudolf Steiners?
76 S., kt., € 8,– ISBN 3-935679-05-X

So 19
Die Welt am Abgrund
Jeder Mensch eine Bombe?
200 S., kt., € 15,– ISBN 3-935679-03-3

So 7
Kunst
368 S., 25 farb. Abb., kt., € 16,– ISBN 3-926841-26-5

So 16
Die Schande Europas
Der Krieg auf dem Balkan
200 S., kt., € 15,– ISBN 3-926841-70-2

So 10
Biographiearbeit II
Grundlagen, Praxis, Ausbildungen
2. Aufl., 184 S., 8 farb. Abb., kt., € 15,– ISBN 3-926841-48-6

So 18
Erfahrungen im Umgang mit Tod und Sterben
Beiträge von Leserinnen und Lesern
180 S., kt., € 15,– ISBN 3-926841-98-2

So 12
Schwarze und weiße Magie
Von Satan zu Christus
2. Aufl., 184 S., kt., € 14,– ISBN 3-926841-55-9

So 8
Anthroposophen in der Zeit des deutschen Faschismus
164 S., kt., € 12,– ISBN 3-926841-27-3

So 21
Naturgeister 3
Von Rauchwesen, Wiesenwesen, Torfwesen und Maschinenwesen
196 S., kt., € 15,– ISBN 3-935679-17-3

So 14
Mensch und Computer
156 S., kt., € 14,– ISBN 3-926841-64-8

So 13
Waldorfschulen in Not
244 S., kt., € 14,– ISBN 3-926841-63-X

So 17
Ita Wegman und die Anthroposophie
Ein Gespräch mit Emanuel Zeylmans
216 S., kt., € 16,– ISBN 3-926841-77-X

So 22
Naturgeister 4
Fragenkompendium
236 S., kt., € 15,– ISBN 3-935679-18-1

So 23
Die Freiheitsstatue und die soziale Plastik
Ein Gespräch mit Johannes Stüttgen
ca 100 S., kt., ca € 12,– ISBN 3-935679-31-9

So 24
Liebe – Freiheit – Christuswesen **Naturgeister 5**
Leserinnen und Leser antworten auf die Fragen der Geistwesen
108 S., kt., € 14,– ISBN 3-935679-32-7

HB 01
Zwei Interviews mit Dr. Volker Fintelmann
Flensburger Hörbücher 01
3 CDs,[191'15], € 19,– ISBN 3-935679-25-4

HB 02
Die Höllenfahrt der Selbsterkenntnis
Flensburger Hörbücher 02
2 CDs,[ca. 140'], € 19,– ISBN 3-935679-26-2